BRÜSTE UMSTÄNDEHALBER ABZUGEBEN

Nicole Staudinger arbeitete viele Jahre erfolgreich als Vertrieblerin, bevor sie beschloss, sich als zertifizierte Trainerin mit »Schlagfertigkeitsseminaren für Frauen« selbstständig zu machen. Von ihren Karriereplänen konnte sie auch der Brustkrebs nicht abhalten. Über ihren Kampf mit dem Krebs schrieb sie dieses Buch, das gleich zum SPIEGEL-Bestseller wurde. Auch ihr zweites Buch *Schlagfertigkeitsqueen* stand monatelang auf der Bestseller-Liste. Mit ihrem Mann und ihren zwei Söhnen lebt sie in Schleiden bei Köln.

Nicole Staudinger

BRÜSTE UMSTÄNDEHALBER ABZUGEBEN

MEIN LEBEN ZWISCHEN KINDERN, KARRIERE UND KREBS

Eden BOOKS

Inhalt

Tag X

Was für ein tolles Gefühl! Man hat eine Idee, überlegt nicht lange, setzt sie in die Tat um, und dann der Hammer: Sie funktioniert! So ist es mir im vergangenen halben Jahr ergangen. Dabei war meine Idee echt verrückt: ein unterhaltsames Schlagfertigkeitsseminar nur für Frauen. Was habe ich nicht alles angestellt, um diese Idee zum Leben zu erwecken: Pressearbeit, Kooperationen, Networking – eben alles, was mir so einfiel. Vor einigen Wochen dann – es war der 8. Mai – war es endlich so weit.

50 Frauen hatten mein Seminar gebucht und so fand in der Nähe von Köln vor ausverkauftem Hause endlich die Premiere statt: Die Frauen waren begeistert, haben viel gelacht und sich neu ausprobiert.

Ich habe viele Jahre als Sales Director in einem Lifestyle-Verlag gearbeitet und meinen Job geliebt. Doch im Jahr zuvor hatte ich ihn aufgegeben, um mehr Zeit für meine Kinder zu haben. Dennoch wollte ich irgendetwas machen, etwas Neues, etwas Sinnvolles. Ich will damit nicht sagen, dass Kindererziehung nicht sinnvoll ist, aber sie füllt nun mal nicht immer aus. Also ließ ich mich zur Trainerin zertifizieren und arbeitete an meiner neuen Idee, dem Schlagfertigkeitsseminar. Wie zu vermuten, geht es darum, Frauen schlagfertiger zu machen. Ich will genau jenen Frauen helfen, die schon so oft sprachlos zurückgeblieben sind mit nichts als dem sehnlichen Wunsch, beim nächsten Mal ganz sicher die richtige Antwort parat zu haben – also eigentlich fast allen. Ich brauchte einiges an Zeit und Energie, bis ich ein dreistündiges teilnehmeraktivierendes Seminar entwickelt und erarbeitet hatte. Dann probte ich es mit drei Freundinnen. Das war's an Praxis – bis zum 8. Mai. So sprang ich an jenem Abend vor 50 Frauen in eiskaltes Wasser. Und ich schwamm! Innerhalb kürzester Zeit folgten Anfragen aus anderen Städten und bis zum Jahresende waren bereits fünf Veranstaltungen deutschlandweit fest gebucht. Ich war stolz und glücklich. Ein halbes Jahr Arbeit und sehr viel Geld steckten in »Steh deine Frau«.

So gesehen, stehe ich meine Frau sehr gut, und das beschert mir nun schon seit Wochen ein ständiges Hochgefühl. Manchmal fürchte ich, dass die Menschen in meiner Umgebung von meiner ungebremsten Euphorie doch etwas genervt sein könnten. Allerdings hat sich bisher noch niemand beschwert, doch vielleicht trauen sie sich das auch bei mir, der Schlagfertigkeitsqueen, gar nicht erst ...

»Maus, wie lange brauchst du noch?«, höre ich von unten meinen Mann rufen. Ich nenne ihn »Hase« und er ist seit zwölf Jahren der Mann an meiner Seite. Und der Vater der zwei besten Kinder der Welt.

Kennengelernt haben wir uns damals online. Zu jener Zeit war das noch ganz verrucht und nur hinter vorgehaltener Hand zu erzählen. Uns hat das nie gestört. Allerdings haben wir nicht lange auf virtueller Basis gechattet, sondern uns nach drei Tagen persönlich in einer Bar getroffen. Und als ich ihn damals zum ersten Mal sah, wusste ich: Das wird mein Mann.

Heute, zwölf Jahre später, steht er unten in der Küche und wartet mit den Kindern darauf, dass er die Kerzen anzünden kann. Denn heute ist mein 32. Geburtstag. Ich hoffe, dass er nicht etwa 32 Kerzen anzünden will, denn das wird mit zwei Kindern schwierig.

»Hase, ich geh noch schnell duschen, dann komme ich!«

Damit will ich ihm die Chance geben, die vielen Geschenke schön zu drapieren, die Kinder schnell noch adrett herzurichten und mir einen Bilderbuch-Geburtstagsmorgen zu bescheren. Mir, der erfolgreichen Schlagfertigkeitsqueen.

Ich höre unten lautes Rumgewusel und Poltern, denke noch bei mir *Geht doch!* und steige unter die Dusche.

So! Jetzt bist du 32. Von Wehmut keine Spur, denn bis jetzt bin ich sehr zufrieden mit meinem Leben. Neben meinem Mann habe ich außerdem zwei tolle Jungs. Der große, Maximilian, ist seit fast sechs Jahren mein ganzer Stolz, und Constantin, der kleine, ist mein ewig lachender Sonnenschein. Diese drei Männer machen mein Glück komplett.

Und während ich mich gedanklich in der Sonne meines Glücks räkle, mache ich das, was ich immer unter der Dusche tue. Ich taste meine Brust ab. Seit fast 16 Jahren mache ich das täglich. Warum? Keine Ahnung. Irgendwie glaube ich, das tun zu müssen. Routinierte, schnelle Handgriffe auf meiner sehr großen Brust. Ich kenne sie in- und auswendig. Schon des Öfteren bin ich auf Knoten gestoßen.

»Mastopathie ist das, Frau Staudinger. Nichts Schlimmes. Kommt und geht mit dem Zyklus«, höre ich meine Gynäkologin sagen. »Kein Grund zur Besorgnis.«

Diese Sätze gehen mir immer durch den Kopf, wenn ich taste. Bis zum heutigen Tag. Bis zu meinem 32. Geburtstag gegen neun Uhr morgens. Bis ich auf ihn stoße. Auf den Knoten, der in den folgenden Monaten mein ständiger und ungeliebter Begleiter sein wird und dem aufgrund des Vorschlags einer guten Freundin spontan der Name »Karl Arsch« verliehen wird.

Gestatten, Karl Arsch!

In der rechten Brust, rechts oben. Da ist er. Der Knoten. Ein Tumor? Ich weiß es nicht ... nein ... bestimmt nur knotige Mastopathie. *Aber so hart? So anders? Ach, Quatsch! Du bist 32! Du warst ja gerade erst bei der Mammographie.*

Wieder höre ich meine Gynäkologin: »Ich würde Sie nach zwei gestillten Kindern gern zur Mammographie schicken. Nach dem Stillen ist das keine schlechte Idee. Sicher ist sicher.« Ich muss zugeben, so ganz ungelegen kam mir ihr Vorschlag nicht, denn ziemlich genau zwei Jahre zuvor hatte ich bereits Kontakt mit dem bösen K-Wort. Schwarzer Hautkrebs. Alles, was mir seither an Vorsorge angeboten wird, nehme ich natürlich gern mit.

Bei der Tittenquetsche – anders kann man eine Mammographie tatsächlich nicht bezeichnen – wurde mir dann vor gut einem Jahr gesagt: »Sie haben absolut unauffälliges Brustgewebe, wir wollen Sie vor dem 40. Lebensjahr nicht mehr sehen.« Dankeschön! Auf Wiedersehen! *Also, kein Grund zur Sorge, der Knoten kann gar nichts Böses sein!*

»Hase, ich habe einen Knoten in der Brust!«

»Können wir erst mal singen?«

»Ach ja, klar ... dann schmettert mal los!« Nicht schön, aber selten und vor allem laut ertönen die Stimmen meiner Kinder.

»Heute kann es regnen, stürmen oder schneien ...« – oder wie Constantin singt: »Te ka nen, odä scheeee ...« Ich verstehe jedes seiner Worte. Max besteht darauf, die Kerzen auszupusten, er kann das viel besser als seine alte Mutter.

»Constantin, der Kuchen gehört nicht dir!«

»Dooooch!!«

»Nein! Mama, sag ihm, dass der Kuchen nicht ihm gehört!«

Also, im Prinzip ist alles wie immer, nur dass beide Kinder jetzt auch noch Schokoladenkuchen im Gesicht haben. Nach dem ausgiebigen Geburtstagsfrühstück, will sagen nach dreieinhalb Minuten, dürfen die Kinder, wie immer am Wochenende (ich weiß, es ist vielleicht nicht pädagogisch wertvoll, aber dafür gemütlich), endlich fernsehen. Mein Mann und ich trinken noch in Ruhe unseren Kaffee aus und schwärmen von den Jungs.

»Was meintest du vorhin mit Knoten?«

»Ach, ich habe was in der Brust gefühlt, hier ...«

Ich lasse ihn fühlen, damit er sagen kann: »Hä? Ich fühle nichts!«

Stattdessen sagt er: »Ja, fühle ich auch!«

Männer! Wann lernen sie endlich, dass sie das zu sagen haben, was wir gern hören möchten? So wie: »Nein, wie sollte dein Hintern denn zu dick wirken? Wo nichts ist, kann auch nichts wirken!« Oder: »So ein paar Schuhe hast du aber noch gar nicht – kauf sie dir ruhig«. Und natürlich: »Knoten? Ich fühl da keinen Knoten!«

»Wie, fühlst du auch!?«, blaffe ich ihn doch recht barsch an.

»Ja, da ist was. Aber das ist bestimmt nichts Schlimmes.«

»Ach, bist du jetzt Arzt oder was?«

»Maus«, so nennt er mich immer, er ist nicht in der Lage, mich bei meinem richtigen Namen zu nennen, was ich eigentlich ganz süß finde, »du zeigst mir einen Knoten, ich sage ja, da ist was. Warum wirst du jetzt sauer? Das hattest du doch schon öfter. Gehst du morgen zum Arzt und alles ist gut.«

Genau! Alles ist gut!

»Wenn Mama nachher kommt, sag ihr bloß nichts, ja? Sie macht sich nur Sorgen!«

»Mama, ich habe einen Knoten in der Brust!«, sind die Worte, mit denen ich bei meiner Mutter Hilfe suche, so etwa zehn Minuten, nachdem ich ihre Geschenke ausgepackt habe.

»Wo denn? Schon lange? Ist ganz sicher nichts Schlimmes. Das kennen wir ja, ist harmlose Mastopathie.« So viel zu ihrer Reaktion.

Und damit ist das Thema eigentlich vom Tisch. Seit meinem Hautkrebs bin ich ängstlich geworden. Bei den letzten Halsschmerzen war ich fest davon überzeugt, einen Tumor in der Speiseröhre zu haben. Damit will ich nicht sagen, dass meine Familie mich nicht ernst nimmt, aber es ist eben schon öfter vorgekommen, dass Frau Doktor Schlagfertig bei sich einen erneuten Krebs diagnostiziert hat.

Wochen später sagten mir Freunde, dass ich mich am Telefon bei den üblichen Gratulationen schon sehr merkwürdig verhalten hätte.

»Jetzt haben Sie wohl ein Problem«

Die bereits erwähnte Gynäkologin meines Vertrauens sitzt in Köln, mitten in Köln. Seitdem wir aber Kinder haben, wohnen wir wieder etwas ländlicher, sodass ich ohne Termin inklusive Fahrzeit mindestens drei Stunden einrechnen muss. Zeit, die ich im Moment nicht habe. Denn ich möchte die Kinder früh abholen, um etwas Schönes zu kochen und mit ihnen etwas zu unternehmen. Also entschließe ich mich zu einem Anruf in der Frauenarztpraxis im Nachbarort. Meine Meinung über Landärzte ist nicht die beste, obwohl es dafür eigentlich keinen Grund gibt. Und trotzdem: Meine Mutter arbeitet, so lange ich denken kann, bei einem großen Internisten in der Innenstadt und seit Jahr und Tag hat unsere gesamte Familie ihre Ärzte in der Stadt. Ich will damit nicht sagen, dass Ärzte auf dem Land schlecht sind, aber wir haben sie halt nie ausprobiert. Egal. Um einen völlig harmlosen Knoten abklären zu lassen, wird es schon reichen, denke ich mir.

»Kommen Sie um 9.45 Uhr vorbei!«, sagt die Arzthelferin am Telefon zu mir und ich bin natürlich überpünktlich. Habe ich Herzklopfen? Ich weiß es nicht. Ein bisschen vielleicht. Trotz bester Vorsätze schockt mich die Praxis doch ein wenig. *Die haben grünen Teppichboden! In einer Praxis? Teppich? Grün?* Gefällt mir nicht! Wie die gesamte Atmosphäre. Ich weiß nicht, was mich stört. Die tuschelnden Helferinnen? Das ungemütliche Wartezimmer? Egal, ich will ja hier keinen Urlaub machen, ich will doch nur eines, ich will hören: »Ist nichts, alles gut! Schönes Leben noch!«

Obwohl das Wartezimmer voll ist und die meisten Patientinnen vor mir da waren, werde ich recht schnell aufgerufen.

Der Arzt begrüßt mich, checkt mich ab wie Frischfleisch und ist mir binnen drei Sekunden unsympathisch. Warum ich schon mal bei der Mammographie gewesen sei, will er wissen.

Ich erkläre es ihm und seine Antwort überrascht mich: »Dann ist Ihre Ärztin scheiße! Besser Sie wechseln sofort zu mir!« *Lassen Sie mich kurz überlegen: Nein!*

Für die Untersuchung gehen wir in ein anderes Zimmer. Hier steht ein Ultraschallgerät samt sehr großem Bildschirm – und jetzt spüre ich ihn zum ersten Mal, meinen Herzschlag.

»Ich taste Sie jetzt so ab, als wären Sie zur normalen Vorsorge.«

Ich entkleide mich also vor diesem Mann, der mir immer unsympathischer wird, und lasse mich abtasten. Wie alle anderen Frauen weiß auch ich, dass es Schöneres gibt, als von eiskalten Händen unsanft begrapscht zu werden, aber was muss, das muss. Fachmännisch und schnell tastet er und kommt zu dem beruhigenden Entschluss: »Nee, alles in bester Ordnung.«

Das wäre der Moment gewesen, an dem ich hätte sagen können: »Danke! Ich bin dann weg!« Denn mir hat soeben ein berufserfahrener Mediziner gesagt, dass alles gut sei. Kein Grund, das anzuzweifeln! Stattdessen höre ich mich sagen: »Dann fühlen Sie doch mal bitte hier«, und zeige ihm die bedrohliche Stelle.

Er tastet erneut und stellt in beiläufigem Ton fest: »Ach ja, da ist ein Tumor.«

Ach ja, da ist ein Tumor! Ach ja, da ist ein Tumor!! Ach ja, da ist ein Tumor!!! Ach ja, ach ja ... Wie oft hallen mir diese Worte, dieser Tonfall noch nach. *Ach ja ... Tumor ...* Ob ihm wohl bewusst ist, was er da gesagt hat? Tumor? Ich bin 32 ... ach ja ... 32!

»Bitte hinlegen«, reißt er mich unsanft aus meiner aufkommenden Panik. Und ehe ich weiß, wie mir geschieht, spüre ich das kalte Gel und den Ultraschallkopf auf meiner Brust.

Dr. Ach-Ja untersucht, schallt, sieht auf den Bildschirm und stellt in völlig ruhigem, fast gleichmütigem Ton fest: »Oha! Jetzt haben Sie aber ein Riesenproblem.«

Es klingt ebenso unglaubwürdig, wie es ist, aber doch sind dies tatsächlich seine Worte. Und damit ist es das mit meiner kleinen, heilen Welt. Kaputt! Zerstört! Mit einem Satz. Da liegt sie, die Schlagfertigkeitsqueen mit ihrem Riesenproblem. Was da genau in einem vorgeht, lässt sich nur schwer beschreiben. Es ist kalte, akute Todesangst, und sofort ist er da, der Gedanke an die Kinder. *Sie sind noch so klein! Was wird aus ihnen werden? Ich kann jetzt noch nicht sterben.* Die Panik bahnt meinen Tränen den Weg nach draußen. Ich fasse seine Hand und flehe ihn an, dass das nicht sein kann, ich taste regelmäßig, ich gehe immer zum Arzt, ich bin 32, bitte, bitte, das kann nicht wahr sein ... bitte nochmal gucken!

Aber Dr. Ach-Ja, der anscheinend alle Psychologiesemester geschwänzt haben muss, sieht mich seelenruhig an, nimmt den Ultraschallkopf von meiner Brust und sagt: »Auf so hysterische Frauen wie Sie habe ich überhaupt keinen Bock! Wenn Sie mit dem Heulen nicht aufhören, dann breche ich hier die Behandlung ab.«

Tja, gekonnt ist gekonnt. Entweder man hat ein Feeling für Patienten oder nicht.

Ich beruhige mich, was mir allerdings sehr schwerfällt, und er nimmt die Untersuchung wieder auf. Er sagt noch Sachen wie: »Boah krass, der ist schon riesig, so groß tastet der sich gar nicht. Krass!« oder: »Oh je, oh je!«

Normalerweise wären mir als Schlagfertigkeitsqueen mindestens zehn Konter eingefallen, aber hier auf diesem Tisch, mit dem Ultraschallbild vor mir, mit dem Tumor in mir, geht nichts mehr!

Ich glaube zu ersticken. Die Erde geht auf und diese Todesangst ... *meine Kinder ... meine Jungs ... lieber Gott! Ich bin 32!*

Nach einer gefühlten Ewigkeit lässt er von mir ab und rollt zu seinem Schreibtisch.

»Was mache ich denn jetzt?«, frage ich ganz zaghaft.

Er kramt in seinem Schreibtisch und antwortet mir, ohne auch nur im Geringsten zu mir aufzusehen: »Sie machen jetzt einen Termin zur Mammographie und dann im Brustzentrum. Aber das wird dauern, denn Sie sind nicht die Einzige mit einem solchen Problem«, spricht er leichthin und drückt mir zwei Broschüren in die Hand. Offensichtlich ist die Sprechstunde für ihn beendet.

»In Ihrer Haut möchte ich nicht stecken!«, ruft er mir noch hinterher, als ich tränenüberströmt und kaum noch fähig, das eine Bein vor das andere zu setzen, das Sprechzimmer verlasse. Keine Helferin kommt und fragt, ob sie mir helfen könne. Keine fragt, ob alles in Ordnung sei. Nichts. So lässt man mich aus der Praxis gehen.

Ich bin jetzt sicher, dass ich in absehbarer Zeit sterben werde, und mache das, was man in einer solchen Situation macht. Ich rufe meine Mama an. Meine Mutter, mit 53 Jahren noch recht jung, arbeitet, wie bereits erwähnt, seit etlichen Jahren in einer großen und sehr gut aufgestellten internistischen Praxis in Köln mit zwei ebenso guten Hausärzten. Normalerweise rufe ich sie nicht während der Arbeitszeit an, doch jetzt ist auch nicht normalerweise. Sie sieht meine Nummer im Display und weiß von meinem Arzttermin.

»Was hat der Arzt gesagt?«, fragt sie ohne irgendeine Begrüßung.

»Mama, jetzt müsst ihr eure Beziehungen spielen lassen.«

»Das sieht nicht gut aus«

Dreißig Minuten später stehen meine Eltern vor der Tür. So ist das immer in meinem Leben. Sie stehen hinter mir – egal, worum es geht. Ohne zu fragen. Ob ich nun den Ärger der Lehrer auf mich gezogen hatte, von anderen Kindern gehänselt wurde oder Krebs habe. Sie sind immer da. Früher wie heute und jetzt auch.

»Wir fahren sofort nach Düsseldorf zur Mammographie«, sagt meine Mutter. Ich gehorche und steige ins Auto. Während der Fahrt versichert sie mir, dass das mit an Sicherheit grenzender Wahrscheinlichkeit eine Zyste sei. Ganz, ganz sicher. Unterwegs lässt sie es sich aber nicht nehmen, bei Dr. Ach-Ja-Riesenproblem anzurufen, um zu fragen, was das denn für eine Art sei, mit den Patienten zu reden. So ist sie, meine Mutter.

Der Herr Doktor antwortet knapp, für mich aber nicht überraschend: »Auf so ein Gespräch habe ich jetzt gar keinen Bock!« Dann legt er auf. Auf was hat dieser Mann eigentlich Bock? Egal. Um den kümmern wir uns später.

Die Praxis in Düsseldorf ist edel, groß und hell, und es ist still. Sehr still. Wir müssen warten. Eine Beschäftigung, die ich in den nächsten Wochen noch zu hassen lernen werde wie nichts anderes auf der Welt. Das Warten: verschenkte Lebenszeit und vor allem der perfekte Nährboden für das Kopfkino. Binnen zehn Minuten denke ich mich bis zur Beerdigung. Es ist mir völlig neu, dass der Kopf in diesem Maße auch körperliche Schmerzen verursachen kann. Gedanken beeinflussen unser Tun und Handeln. Schon klar! Aber dass sie mir auch die Luft zum Atmen nehmen, für derartige Panik verantwortlich sein können, ist für mich eine völlig neue Erfahrung. Ich habe Angst. Meine Mutter auch. Es sind die schlimmsten Minuten unseres Lebens. Gestern war doch noch alles in Ordnung. Gestern noch war es meine größte Sorge, was ich mittags kochen soll. Heute warte ich auf eine Mammographie, um zu erfahren, was sich da in mir breitgemacht hat.

Die Untersuchung an sich geht schnell, es ist schmerzhaft. Dann wieder warten.

Nur das Wartezimmer hat gewechselt. Wir sitzen nun in der Umkleidekabine vor dem Sprechzimmer der Ärztin. Meine Mutter steht neben mir. Uns beiden ist schlecht. Sie scheint in den letzten Minuten um Jahre gealtert zu sein. Sie so leiden zu sehen zerreißt mir das Herz. Dann werden wir aufgerufen.

Im Gegensatz zu dem grobschlächtigen Landarzt von heute morgen scheint diese Ärztin eher sehr warmherzig zu sein. Aber sie guckt nicht warmherzig, sondern besorgt. Sehr besorgt.

»Frau Staudinger. Es tut mir sehr leid, aber die Aufnahmen sind recht eindeutig. Das sieht nicht gut aus. Wir haben es hier höchstwahrscheinlich mit Krebs zu tun.«

BOOM. PENG. Da war das Wort. *Ich. Krebs. Kann nicht sein. Darf nicht sein. In meinem Alter bekommt man keinen Krebs. Außerdem habe ich Kinder, da darf man ja auch gar keinen Krebs bekommen!*

»Ich mache jetzt noch einen Ultraschall, um nochmal genauer zu schauen.« Dann sagt sie komische Sachen wie: »Der Tumor sieht gut aus. Er ist klar abgrenzbar, gut zu schallen, wirft keine Schatten. Und die Lymphen sehen auch noch gut aus.«

Herzlichen Glückwunsch! Sie haben einen wunderschönen Tumor! Ich freue mich. Krebs! Aber schöner Krebs! Klasse!

Weiter meint sie, dass es sich aufgrund dieser Hinweise auch um eine Zyste handeln könnte, wäre da nicht diese eine Sache, die es dann doch eindeutig macht. Während eine Zyste

Blutgefäße verdrängt, zieht ein Tumor sie mit ein. Und das wäre hier eindeutig zu sehen.

Erst heute weiß ich, welches Glück ich hatte, an eine so gute Ärztin geraten zu sein. Sie spricht mir unvermittelt Mut zu, redet davon, wie gut Brustkrebs heilbar sei und wie weit die Forschung wäre.

Im Moment aber sehe ich nur den Tod. Glatzköpfige, ausgemergelte Menschen. Ich sehe meinen Kleinen nach seiner Mama fragen und meinen Mann zum Himmel zeigen: »Die Mama ist doch jetzt da oben.«

Ich sehe meine Mutter völlig zusammengesunken auf dem Stuhl sitzen. Nur den Kopf schütteln.

Ich sehe mich, auf einem Krankenbett, wie ich mich von meinen Lieben verabschiede. Ich sehe Panik. Rot. Tod. Schmerz. Leid. Zwei Halbwaisen. Das war's! Kein Altwerden mit meinem Mann! Kein »glücklich, bis an ihr Lebensende«. Nur Krebs. *Ich habe Krebs! Und ich habe nichts davon gemerkt!* Ich habe vor vier Wochen mein Seminar gehalten. Vor 50 Frauen, und da war ich schon krank. Wie kann das sein? Ich bin fit, jung und doch so gesund ...

»Ich werde Sie jetzt zu einem Brustzentrum überweisen für eine Biopsie«, holt die warmherzige, aber besorgte Ärztin mich aus meinen Gedanken zurück in die Realität.

Die Dame am Empfang hat irgendwie Mitleid mit mir. Sie schwingt sich sofort ans Telefon und bekommt – Gott sei Dank! – einen Biopsietermin für den nächsten Morgen in Düsseldorf.

»Ich wünsche Ihnen alles erdenklich Gute«, verabschiedet sich die Ärztin mit einem sanften, aufbauenden und zugleich ernsten Tonfall. An ihrer Stimme meine ich zu hören, dass sie den Weg schon kennt, der mir jetzt bevorsteht.

Wir fahren nach Hause. Ich, meine Eltern und der Krebs. Mein Vater, der unten gewartet hat, verliert augenblicklich die Farbe. Er sagt nicht viel. Genauer gesagt, sagt er gar nichts und fährt uns einfach nur nach Hause. Wahrscheinlich schweifen seine Gedanken in dieselbe Richtung wie die meinen.

Mein Gott, womit haben meine Eltern das verdient? Haben sie doch vor vielen Jahren bereits ein Kind verloren. Wie viel Leid kann ein Mensch ertragen? Jetzt, wo ich selbst Kinder habe, weiß ich, wie viel schlimmer ihr Leid ist als mein eigenes. Im Auto rufe ich meinen Mann an.

»Es ist Krebs, Hase.«

»Och neee, Maus!«, sagt er – und verstummt. Ich schreie und brülle, kann das alles nicht glauben.

Noch im Auto rufe ich zwei Freundinnen an. Die eine ist im Urlaub und sitzt gerade auf dem Fahrrad – nur knapp entgeht sie einem durch mich verursachten Unfall. Sie reagieren wie ich: der totale Schock. Unverständnis. Eben war noch alles gut, jetzt ist es vorbei.

Wir wohnen in einem ruhigen, kleinen Ort vor den Toren Kölns. Unsere Wohngegend würden die einen als idyllisch beschreiben, die anderen als spießig. Ich aber liebe unser Leben hier, denn die Kinder können wunderbar auf der Straße spielen, ohne gleich vom Auto angefahren zu werden. Die Nachbarn sind nett und wir fühlen uns hier seit ein paar Jahren richtig heimisch. Heute aber kann ich unser Haus kaum betreten. Ich habe das Gefühl, dass ich mit dem Krebs die Atmosphäre vergifte.

Hier in unserem Haus wird es endlich real. In Düsseldorf war der Krebs in der klinischen Umgebung noch auf merkwürdige Art und Weise gefangen, aber hier macht er sich nun breit und verspritzt sein Gift in jede Ritze unseres Lebens und unseres Heims.

Die Kinder sind bereits zu Hause. Mein Mann hat sie schon vom Kindergarten abgeholt und sie stürmen auf mich zu.

»Maaaamaaaa!«

Ich kann das nicht. Ich glaube, der Schmerz bringt mich augenblicklich um. Einerseits kann ich sie nicht mehr loslassen und andererseits traue ich mich nicht an sie heran. Meine armen Mäuse! Bald werden sie ohne ihre Mama sein. Wie sollen sie das schaffen? Wer soll sie beschützen? Wer wird ihnen abends vorlesen und beim Einschlafen sanft über den Kopf streicheln? Wer wird sie beim ersten Liebeskummer trösten und wer ihnen die Leviten lesen, wenn sie nicht pünktlich nach Hause kommen? Wie soll mein Mann das schaffen? Als alleinerziehender Vater? Meine Seele quält sich. Es tut so weh!

Oma und Opa bleiben den gesamten Nachmittag bei uns und spielen mit den beiden Jungs – so gut es geht. Mein Mann und ich haben auf diese Weise Zeit zu reden. Wir können es aber nicht wirklich, denn es gibt ja auch nicht viel zu sagen. Ja, ich habe wohl Krebs. Aber mehr wissen wir noch nicht.

Meine Mutter ist die Erste von uns, die wieder bei Besinnung ist – zumindest tut sie so.

»Maus, du hast gehört, was die Ärztin gesagt hat. Die Lymphen sehen noch gut aus. Du hast ihn ganz früh getastet. Wir schaffen das.«

»Und wenn nicht?«

»Das ist keine Option!«

»Mama, was, wenn ich das nicht schaffe?« Wir fangen beide an zu weinen.

»Jetzt hör mir zu«. Sie sieht mich ernst an und sagt in einem Tonfall, den ich so noch nie von ihr gehört habe: »Ich habe gesagt: DAS IST KEINE OPTION!«

Ich weiß nicht, wie ich den Tag zu Ende gebracht habe. Ich weiß nur, dass ich neben Max im großen Bett eingeschlafen bin und nachts immer wieder wach werde, die ersten zwei Herzschläge lang in der festen Überzeugung, dass alles nur ein böser Traum ist. Ist es aber nicht. *Ich habe Krebs. Warum ich? War ich so böse? Was habe ich verbrochen?*

Mein Held

Am nächsten Morgen bringen mein Mann und ich die Kinder in den Kindergarten und fahren nach Düsseldorf. Während der gesamten Fahrt fällt kein einziges Wort. Wir hängen unseren Gedanken nach, jeder für sich.

»Du weißt, dass meine Gedanken nur bei dir sind«, lese ich auf meinem Handy eine Nachricht von meinem Vater. *Ja, Papa, das weiß ich!* Und ich wünschte von ganzem Herzen, du müsstest dir nicht solche Sorgen um mich machen.

Mein Mann und ich nehmen in einem höchst diskreten Wartezimmer Platz. Die Lehnen der Stühle sind fast rundum mannshoch, sodass man weder umfallen noch sehen kann, wer rechts und links sitzt. Das kommt mir sehr gelegen, denn ich fühle mich, als hätte ich Rückgrat, Skelett und Muskeln an der Garderobe abgegeben.

Es ist der bisher schlimmste Moment meines Lebens, als ich in das Behandlungszimmer geführt werde, auf die Schlachtbank. Hier wird mir jetzt verkündet, wie lange ich noch zu leben habe. Der behandelnde Oberarzt lässt mich nicht lange warten. Er ist ein stiller, sehr zurückhaltender Mann, noch recht jung, vielleicht Anfang oder Mitte vierzig. Ich mag ihn auf Anhieb. Ich glaube, er mich auch. Er untersucht mich, sagt kein Wort, sieht mir tief in meine verquollenen Augen. Dann sagt auch er mir das, was ich am Tag zuvor bereits erfahren hatte. Auch er schwärmt davon, wie gut Tumor und Lymphen aussehen. Wenigstens ist man sich einig. Ich bin begeistert. Ich finde Schuhe schön oder Handtaschen. Von mir aus auch einen Sonnenuntergang, aber doch keinen Tumor!

Dr. Bertram entnimmt Proben und untersucht mich lange, ganz besonders meine Achsel.

»Die Lymphen sehen völlig unauffällig aus!«

»Das ist doch gut, oder?«, frage ich leicht panisch.

»Sehr gut«, versichert er mir.

»Warum gucken Sie denn dann so ernst?«, bohre ich weiter.

»Na, weil Sie doch noch völlig fertig sind. Sie sind doch noch in der Schockphase.« – *Ach was?! Woran das wohl liegen mag?*

»Ich kann jetzt noch nicht sterben – ich habe Kinder«, argumentiere ich, als ob er irgendetwas daran ändern könnte.

»Sie haben recht. An Krebs kann man sterben. Das werden Sie aber nicht.«

HA! Ich blicke mich um und suche Zeugen für das, was ich da gerade gehört habe. Mein Blick fällt auf die nette, blonde Arzthelferin und auf meinen Mann. *Habt ihr das gehört? Oder habe ich geträumt?*

»Ich muss nicht sterben?«, frage ich sehr ungläubig, aber hoffnungsvoll.

»Nein. Sie werden das schaffen und dann bleibt Ihre Lebenserwartung hier oben«, und dazu macht er eine mutmachende Handbewegung Richtung Decke. Ich weiß nicht, ob ich mich spontan je so schnell in einen Mann verliebt habe. Er ist plötzlich der schönste Mann auf der Welt. Mein Retter. *Tschüss, Hase, ich gehe zu Herr Dr. Bertram. Es tut mir leid, aber er macht Frauen gesund. Ich glaube nicht, dass du da mithalten kannst.*

Über eine Stunde lang beantwortet mein neuer Held mir alle Fragen. Auch ohne die Ergebnisse der Biopsie gibt er mir eine genaue Einschätzung von dem, was mich erwartet. Bis zum heutigen Tag ist es auch exakt so eingetroffen. Mein neuer Traummann ist nicht nur Heiler, er ist auch Hellseher. Er erklärt mir, dass der Tumor vermutlich hochaggressiv ist. Immerhin taste ich jeden Tag, gehe zur Vorsorge, war bei der Mammographie ... der muss schnell gekommen sein. Weiterhin vermutet er, dass eine neoadjuvante Chemotherapie das Mittel der Wahl sei und dass der Tumor mit etwas Glück auch ohne Operation darunter verschwinden werde.

»Sie haben mit 99-prozentiger Wahrscheinlichkeit keine Metastase!«

Ich liebe diesen Mann!

»Frau Staudinger, das ist zwar große Kacke, aber kalkulierbare Kacke.«

Mein Gott, ist der toll!

Während mein Held seinen Bericht schreibt, versorgt die nette Helferin die Wunden der Gewebeentnahme. Sie ist Russin und vielleicht 25 Jahre alt. Ich mag Russinnen sehr und hatte schon viele russische Kolleginnen. Ihre offene, zuweilen auch recht barsche Art liegt mir irgendwie. Sie legt mir einen festen Druckverband an und noch immer kann ich nicht aufhören zu weinen. Jetzt allerdings auch ein bisschen vor Erleichterung, dem Tod gerade noch einmal von der Schippe gesprungen zu sein.

Sie sieht mich forsch an und sagt mit liebenswertem Akzent: »Krebs können wir heilen. Deine Nerven nicht! Du machst dein Leben, wir machen Krebs weg, okay!?«

Okay! Das sind Anweisungen, mit denen ich leben und arbeiten kann, deutlich und klar formuliert. Nur sicherheitshalber frage ich sie leise: »Der Dr. Bertram, hat der schon einmal gesagt, man wird gesund und dann stirbt man doch?«

»Nein!«

Alles klar! Ich weiß gar nicht, ob ihr bewusst ist, wie wichtig ihre Worte für mich sind. Ich fühle mich gut aufgehoben und erstmals seit 24 Stunden bahnt sich ein kleines Fünkchen Hoffnung seinen Weg.

Kriegsgebiet abstecken

Wir verlassen das Krankenhaus in einer wesentlich besseren Verfassung, als wir es gut anderthalb Stunden zuvor betreten hatten.

»Er hat doch gesagt ›Ich muss nicht sterben‹, oder?«, frage ich meinen Mann bestimmt zum zehnten Mal.

»Ja, Maus, genau das hat er gesagt.« Er ist sichtlich erleichtert, und ich bin froh, dass ich mich entschieden hatte, ihn mitzunehmen. Auf die Ergebnisse der Biopsie müssen wir zwar jetzt noch zwei Tage warten, und die Hoffnung auf etwas Gutartigesist längst aufgegeben, doch zumindest kann man überleben. Aber, was mache ich jetzt? Ich habe Krebs, da kann ich doch nicht einfach so nach Hause gehen und nichts tun.

Also fahren wir auf direktem Weg zu unserem Hausarzt, einer der beiden Chefs meiner Mutter. Natürlich ist er schon ausführlich informiert.

Wir sprechen lange, und da er einige Jahre in der Onkologie gearbeitet hat, kann er mir viele meiner Fragen zur bevorstehenden Chemotherapie beantworten. Und vor allem spricht er etwas an, was ich bis dahin noch nicht kannte: die Staging-Untersuchungen. So nennt man das Absuchen nach Metastasen im Körper. Dr. Bertram hatte davon etwas erwähnt, doch ich habe nur halb hingehört, denn mir hallten ja noch »Lymphen sehen gut aus« und »Sie haben zu 99 Prozent keine Metastase« im Ohr.

Dennoch, im Brustkrebs-Sektor ist alles streng geregelt: Hast du einen Tumor, musst du zu drei Staging-Untersuchungen:

Thorax röntgen (das kannte ich schon nach dem Hautkrebs, da wurde das auf meinen Wunsch hin gemacht), Leber schallen und Knochenszintigraphie.

»Okay, aber wenn die Lymphen frei sind, muss ich doch keine Angst haben, oder?«

»Es ist nichts zu erwarten, aber wenn ich es wüsste, müssten wir es nicht machen!«, erklärt mir mein Arzt.

Dr. Bertram hatte mir zwar auch angeboten, diese Untersuchungen im Krankenhaus durchführen zu lassen, meinte aber gleichzeitig, wenn wir es schneller hinbekämen, gern auf eigene Faust. Zurzeit bin ich eine große Freundin von »auf eigene Faust«, denn so habe ich wenigstens etwas zu tun.

»Also, ich muss wissen, ob ich es nur mit dem Tumor zu tun habe oder ob mein Gegner vielleicht viel größer ist. Und ich muss das jetzt wissen«, flehe ich meinen Arzt an, der daraufhin sofort einen Termin bei seinem Kollegen zum Röntgen vereinbart.

»Das bekommen wir sofort hin. Für den Rest benötigen wir ein bisschen mehr Zeit«, erklärt er mir.

»Ich kann Ihnen was zum Schlafen und gegen die Ängste aufschreiben«, bietet er mir noch sehr freundlich an. Verlockendes Angebot! Das mit dem Schlafen ist nämlich eine tolle Sache, wenn man es denn kann. Schon in der ersten Nacht nach der Diagnose war es gar nicht mehr so einfach. Mehr als zwei Stunden waren nicht drin – der Rest war endlos lange Nacht, in der die eigenen Gedanken zu Hauptdarstellern der verschiedensten Horrorfilme wurden, die sich in Sachen Dramaturgie locker mit Alfred Hitchcock hätten messen können.

Also nehme ich das Angebot »was zum Schlafen« gern an und das sollte sich als eine der besten Entscheidungen meines Lebens herausstellen. (Rückblickend habe ich diese Schlaftabletten nur drei Tage lang genommen, danach konnte ich wieder ohne Hilfsmittel schlafen. Aber diese drei Nächte waren wichtig.)

Auch das Angebot an Angsthemmern klingt verlockend, aber ich schlage es bewusst aus. Ich will das ganze Szenario bewusst und unvernebelt erleben. Nicht, weil ich mich gern quäle, sondern weil ich der festen Überzeugung bin, dass dieses Kapitel für irgendetwas in meinem Leben gut sein wird. Ich glaube fest daran, dass ich all das hier aus einem gewissen Grund durchmache, und ich muss wissen, welcher das ist. Recht schnell habe ich für mich beschlossen, dass ich diese Zeit sehr bewusst wahrnehmen will, um ihr etwas Gutes abzugewinnen.

Eine Stunde später finde ich mich zum Röntgen in einer wieder neuen Praxis ein. In den letzten 24 Stunden habe ich mehr Praxen und Ärzte gesehen als in den gesamten 32 Jahren zuvor.

Der Ablauf von Röntgenuntersuchungen ist bekannt und vertraut. Aufmerksame, routinierte Assistentinnen machen die Aufnahmen, schicken den Patienten zurück ins Wartezimmer, bis er mit dem Arzt die Ergebnisse besprechen kann. Im Normalfall alles kein Problem. Nur wenige Stunden nach einer gesicherten Krebsdiagnose dagegen fast schon eine Katastrophe, denn erneut heißt es: Warten! Und warten bedeutet wieder Kopfkino. Vorhang auf und Bühne frei! Das heutige Programm: »Nicoles Endzeit-Szenario«. Vergessen sind die aufmunternden Worte meines Helden Dr. Bertram. Jetzt ist sie wieder da, diese Panik.

Und die netten Assistentinnen hier vor Ort tragen nicht zu meiner Beruhigung bei. Denn sie dürfen nichts sagen, während meine Metastasen oder nicht vor ihnen auf dem Monitor erscheinen.

»Wie viele Jahre machen Sie das hier schon?«, frage ich scheinheilig.

»23 Jahre bin ich jetzt hier.«

»Dann können Sie mir doch bestimmt was sagen, zu dem, was Sie da sehen.«

»Darf ich nicht!«

Oh, aber nett lächeln dürfte sie doch! Würde sie auch bestimmt, wenn das Ergebnis gut wäre. Ergo ist es das nicht. *Oh, Gott!* Metastasen im Thorax. Na, prima! Aber der Dr. Bertram hatte doch gesagt ... *Ach, was weiß der schon?* Der ist ja noch so jung. Wer weiß, wie lange er überhaupt schon praktiziert? *Ich werde sterben!* Ich habe überall Metastasen, seit Tagen schmerzt mich auch schon die, mmh, die ... ja, was eigentlich? *Irgendwas schmerzt doch bestimmt!* Meine Augen füllen sich mit Tränen.

»Warten Sie bitte noch im Wartezimmer, der Doktor ruft Sie gleich auf.«

Natürlich! Ich warte gern. Sehr gern. Mein Mann wartet neben mir. Das Wartezimmer ist voll und es wird immer voller. Einer nach dem anderen wird aufgerufen. Auch die, die nach mir kamen. Mein Mann drückt nur meine Hand. Wir sagen nichts. Ich kann auch nicht reden, denn ich überlege mir gerade den Text meiner Trauerkarte. Ich möchte nicht, dass einer Schwarz trägt und ich will keine Blumen. Ich möchte Organe spenden. Ach Quatsch – ich habe ja Krebs! Die Organe will keiner mehr. Ob die Menschen um mich weinen werden?

»Herr Schmitz, bitte in Raum drei!«

Ob mein Mann eine neue Frau findet? *Das soll er bloß nicht wagen!* Er soll trauern! Sein Leben lang! Bin ich zu egoistisch? Aber wehe, die Neue ist nicht lieb zu den Kindern.

»Frau Müller, in Raum eins bitte!«

Die kam doch viel später als ich, diese Frau Müller! Na schön, ich bin die Letzte, die aufgerufen wird. So sieht wenigstens keiner, wie ich die Fassung verliere, wenn ich mein Todesurteil erhalte.

Am besten ziehen meine Eltern zu uns. Dann ist mein Mann nicht allein, hat Hilfe, und die Kinder haben Oma und Opa. Ja, so ist es am besten. Mama wird auch jede neue Frau in die Flucht schlagen. *Wehe, die Kinder sagen »Mama« zu der Schnepfe!* So weit kommt es noch. Ich bin jetzt schon sauer auf meinen Mann – rein prophylaktisch.

»Frau Staudinger, bitte in Raum zwei!«

Ich bleibe sitzen. Mein Mann stupst mich an. Ich gehe da nicht rein. Wofür? Um mir das Unvermeidliche anzuhören? Dass ich sterben muss? Ich sehe mich um, bin tatsächlich die Letzte in der Praxis ... Recht hatte ich!

»Kommen Sie rein und setzen Sie sich«, sagt der nette ältere Arzt. Ich weiß noch nicht mal seinen Namen. Lohnt sich jetzt auch nicht mehr, neue Leute kennenzulernen und schon gar nicht mit Namen.

»Ich will mich nicht setzen. Sagen Sie es mir einfach!«

Rückblickend habe ich es vielen Menschen wirklich nicht leicht gemacht. Dieser sehr erfahrene Arzt – ich sollte mich doch noch einmal nach seinem Namen erkundigen – hat offensichtlich alle Psychologieseminare doppelt belegt. Seine Augen werden mit einem Mal so warm und verständnisvoll, und ohne groß drum herumzureden, lächelt er mich an und nimmt meine Hand.

»Es ist alles in Ordnung. Wir haben ja noch die Vergleichsaufnahmen von vor zwei Jahren, und es steht zweifelsohne fest, dass hier alles bestens ist!«

Und schon wieder verliebe ich mich in einen mir vollkommen fremden Mann. Schlimmer noch, ich werde sogar körperlich, denn ich falle ihm um den Hals und frage: »Keine Metastasen im Thorax?«

»Keine Metastasen im Thorax.«

Er will noch wissen, wie lange ich die Diagnose schon habe, und versichert mir, wie gut Brustkrebs zu behandeln sei. Dann wünscht er mir alles erdenklich Gute. Ich wünsche ihm mindestens einen Lottogewinn und zehn pralle Blondinen. Spontan fällt mir mein Held Dr. Bertram wieder ein, der mit seiner enormen Berufserfahrung genau das vorhergesagt hatte. Mein Held eben! Der kann schon was!

»Wusste ich doch, Hase. Alles ist gut«, versichere ich völlig selbstsicher.

Wenn ich den Krebs hinter mir habe, sollte ich mich vielleicht auch mal auf Paranoia untersuchen lassen ...

Zwischenstück: Laufen oder weglaufen?

Es gibt Menschen, deren ganzes Leben durch eine Krankheit in ein vollkommen neues Licht gerückt wird. Erst krank bemerken sie, worauf es im Leben ankommt. Sie erfahren neu, wie wichtig Kinder, Familie und Nicht-Materielles sind. Sie ordnen ihre Prioritäten und fühlen sich erleuchtet. Sie sortieren ihren Freundeskreis, stellen die Ernährung um und können zum ersten Mal den Sonnenschein genießen, der durch die Bäume strahlt.

Zu diesen Menschen gehöre ich nicht. Nicht, weil ich das eben Erwähnte blöd fände, sondern weil ich all das schon vorher zu schätzen wusste.

Ich war jeden Tag, wirklich jeden Tag, dankbar für das, was ich habe. Ich habe meine Gesundheit nie für selbstverständlich gehalten. Mag sein, dass es in unserer Familie schon ausreichend Denkzettel gegeben hat, die unsere Prioritäten schon Jahre zuvor richtig geordnet haben. Vor etwa einem Jahr habe ich meinen wirklich gut bezahlten Job aufgegeben. Ich wollte nicht mehr in Hetze leben. Und: Nach dem Hautkrebs habe ich das Joggen für mich entdeckt. Ich wollte dem Krebs davonlaufen, stattdessen bin ich ihm mitten in die Arme gerannt. Obwohl ... vielleicht ist das Quatsch! Vielleicht sollte das alles so sein. Vielleicht sollte ich laufen lernen, damit ich auf dem Weg, der jetzt vor mir liegt, auch nicht ins Straucheln gerate.

Nach der Krebsdiagnose im Juli 2012, als der Hautarzt mir telefonisch mitteilte: »Es tut mir leid, es war ein Melanom ... aber keine Sorge, nach einem Sicherheitsschnitt ist alles wieder in Ordnung, es wurde schon im Gesunden entfernt«, entschied ich mich für den Besuch einer Lauflernschule. Irgendetwas musste passieren. Durch meinen stressigen Job, die zweite Schwangerschaft und vor allem durch viel zu viel Essen hatte ich wirklich reichlich zugenommen und mein Lebenswandel war ungesund. Der Krebs war eigentlich nur die logische Konsequenz.

Das Programm versprach 30 Minuten Laufen am Stück in nur zwölf Wochen. Ich war motiviert bis in die Haarspitzen und ging natürlich erst einmal einkaufen. Laufkleidung und Schuhe. Das Beste vom Besten. Dick? Okay. Unsportlich? Okay. Aber unstylish: niemals!

Einmal die Woche fand das Training auf dem Sportplatz unter freiem Himmel und bei jedem, wirklich jedem Wetter statt. Einlaufen und Koordinationsübungen. Wobei das Einlaufen bei uns Anfängern ja schnell ging. Wir starteten mit 30 Sekunden am Stück.

›Lächerlich‹, wollte ich gerade noch sagen, konnte es aber nicht mehr, weil mir bereits nach sieben Sekunden die Luft dazu fehlte. Nach zehn Sekunden fragte ich mich, warum die Stoppuhr der Trainerin nicht funktionierte, nach 15 Sekunden war ich überzeugt, dass das hier nicht das Richtige für mich sei, und nach genau 30 Sekunden war ich dem Tod näher als dem Leben.

Ich hatte ein Stück Arbeit vor mir, das war klar. Neben dem wöchentlichen Training vor Ort bekamen wir natürlich auch Hausaufgaben auf. Klar, sonst wäre das mit den zwölf Wochen ja auch recht knapp geworden.

Das Training war wider Erwarten das Beste, was mir passieren konnte. Ich habe fleißig mitgemacht, war immer da, habe die Hausaufgaben stets absolviert, bin bei Wind und Wetter gelaufen und kam mir vor wie Rocky Balboas Tochter.

Und siehe da, meine ersten 30 Minuten am Stück lief ich an einem Donnerstagabend im Februar bei zwei Grad und Eisregen. Es war ein wunderbares Gefühl, und ich wünschte, meine ehemalige Sportlehrerin hätte mich sehen können. Da ich früher niemals eine Ehren-, geschweige denn eine Siegerurkunde erkämpfen, sondern immer nur eine Teilnehmerurkunde mit nach Hause bringen konnte, kam das erste Sportabzeichen also mit rund zwanzigjähriger Verspätung.

Von jenem Tag an habe ich mit dem Laufen nie wieder aufgehört. Ich muss aber jetzt ehrlicherweise sagen, dass es mir nie Spaß gemacht hat, weder davor, noch währenddessen und auch nicht danach.

Und dennoch, durch das Laufen lernte ich Astrid kennen und allein dafür hat es sich schon gelohnt. Sie ist mir eine liebe Freundin geworden. Wir haben uns beim Laufen oft über Krebs unterhalten. Warum? Weiß ich gar nicht, vielleicht, weil wir keine Angst davor hatten. Zu unseren Höchstzeiten liefen wir jeden zweiten Tag sieben Kilometer und kamen uns unsterblich vor. Ich nahm 15 Kilo ab, kündigte, wie gesagt, meinen Job und begann meine Laufbahn als Trainerin. Die Kinder waren gesund, ich gehörte zu den sportlich aktiven Newcomern. Alles passte, es lief perfekt! Und: Es sollte ja so anders kommen.

Das Leben der anderen

Relativ schnell wird mir bewusst, dass die Diagnose nicht nur mich verändern wird. Unser gesamtes Umfeld wird und ist betroffen. Und als »Betroffene« hat man natürlich mehrere Möglichkeiten, damit umzugehen. Die einen ziehen sich zurück und verarbeiten den Krebs erst einmal für sich. Die anderen müssen darüber reden, um ihn verdauen zu können. Zu welcher Gattung ich persönlich gehöre, können Sie sich wahrscheinlich denken. Nicht, dass ich sofort jeden angerufen hätte, den ich kenne. Nein, dazu fehlt selbst mir die Kraft. Während mein Handy sonst immer mein ständiger Begleiter war, bleibt es jetzt gern einmal für Stunden allein zu Hause. Aber reden will ich schon, doch mit wem und wann, das soll bitte mir überlassen bleiben.

Ich will, dass die Welt irgendwie stehenbleibt. Immerhin habe ich Krebs. Der Schock sitzt tief und ich will ihn gern mitteilen. Daher entschließe ich mich, meinen Krebs auf Facebook zu posten. Die Monate zuvor habe ich hier auch alle mit meinem Schlagfertigkeitsseminar genervt, vielleicht auch überrascht oder gar begeistert. Sollen sie doch jetzt alle sehen, wie schnell meine Welt aus den Fugen geraten ist. Ich bin 32, habe zwei Kinder und Brustkrebs. *Und bitte, alle die ihr Daumen habt, drückt sie für mich!*

Ich weiß, dass ein solcher Weg dem einen oder anderen befremdlich erscheinen mag, aber das Schöne ist: Es ist meine Entscheidung, und es hat mich noch nie sonderlich interessiert, Leuten gegenüber, die mir unwichtig sind, Rechenschaft abzulegen. Der Krebs hat das nicht geändert. Und die Reaktionen sind überwältigend und helfen mir. Nicht nur online, sondern natürlich auch im echten Leben.

Mir ist durchaus bewusst, dass ich gerade für die Frauen in meinem Umfeld irgendwie bedrohlich bin. Ich habe den Krebs in ihre Nähe gebracht. Nun ist Brustkrebs kein Thema mehr, das nur fernab passiert. Dabei kennt wahrscheinlich jeder irgendwen im Bekannten-, Freundes- oder Familienkreis, der an Brustkrebs erkrankt ist. Meist natürlich nicht so jung wie ich, aber dafür sehr häufig mit gutem Ende.

Dennoch sind die Reaktionen so unterschiedlich wie die einzelnen Menschen selbst. Für fast jede habe ich Verständnis. So sagt eine Freundin ganz offen zu mir: »Ich weiß nicht, wie ich mit dir umgehen soll.«

Das finde ich ehrlich und kann es verstehen. »Am besten normal«, antworte ich ihr.

Meine Freundin Anke surft im Internet, stellt mir einen umfangreichen Ordner mit Informationen zusammen und bringt mir diesen vorbei. Sie handelt sofort auf eine sehr rationale Weise und versichert mir, dass ihre Recherchen die besten Heilungschancen ergeben hätten.

Meine Freundin Geri reagiert, wie Geri immer reagiert – wie ein Fels in der Brandung. Sie ist einfach da, findet die richtigen Worte: »Nicole, ich kenne keinen Mann, der so viele Eier in der Hose hat wie du. Du schaffst das. Mit links!«

Sie ist mir eine große Stütze. Wir sind seit vielen Jahren befreundet, obwohl wir uns gar nicht so oft sehen, aber Geri gehört zu den Menschen in meinem Leben, bei denen ich nachts um drei Uhr klingeln könnte. Sie würde mich einfach unter ihre Decke holen, ohne zu fragen, warum.

Meine älteste Freundin Julia fängt panisch an zu weinen. Das könne nicht sein. Woher die das denn wissen ohne Biopsie-Ergebnis? Und wie es weiterginge – und überhaupt.

Und: »Wann kommt Karl Arsch denn weg?«

»Wer kommt wo hin?«

»Na, Karl Arsch, so heißt der blöde Kerl in deiner Brust ab heute!«

Die Idee finde ich gut. Nicht, dass ich Interesse hätte, ihn näher kennenzulernen, aber jetzt, wo er schon mal da ist, bekommt er auch einen Namen. Vielleicht ist er dann schneller zufrieden und geht friedlich wieder.

Meine liebe Freundin Astrid war bei der Diagnose im Urlaub und kommt gefühlte fünf Minuten nach ihrer Rückkehr vorbei, setzt sich zu mir auf die Couch und wir weinen zusammen.

»Mensch, haben wir nicht gesagt, wir laufen dem Krebs davon?«

«Doch, hatten wir, und werden wir auch!«

Astrid ist die mitfühlendste Person, die ich kenne. Ich glaube, ihr tut es körperlich weh, mich so zu sehen. Wir gehen spazieren, an die frische Luft, und reden. Ich erzähle ihr von den letzten Tagen und merke nicht zum ersten Mal, dass Reden meine persönliche Therapie ist. Es ist Fronleichnam. Im Park treffen wir Gaby, eine weitere Freundin, die meine Diagnose bereits von meiner Facebook-Seite kennt. Sie kommt sofort auf uns zu und wir weinen zu dritt.

»Meine Nachbarin ist auch eine Amazone. Wenn sie das schafft, schaffst du das erst recht!«, muntert sie uns auf.

»Natürlich schaffe ich das!«, höre ich mich selbst sagen.

Dann werden wir unterbrochen. Kirchengesang! Die Fronleichnamsprozession mit all ihren sehr gläubigen Katholiken läuft schwermütig und mit ernster Miene an uns vorbei.

»Und wenn du glaubst, es ist Nacht, kommt von irgendwo ein Lichtlein her«, ertönt die getragene Stimme des Geistlichen durchs Mikrofon. Die Situation ist so absurd, dass wir drei heulend, wie wir da stehen, fürchterlich anfangen zu lachen.

»Nee, wirklich nicht! Die ertrage ich im gesunden Zustand schon nicht, geschweige denn mit Krebs!«

»Wissen die Pappnasen schon Bescheid?«, fragt Gaby geheimnisvoll.

»Das weiß ich nicht, aber das erkennst du gleich.«

»Woran?«

»Warte ab, wenn die Bescheid wissen, dann legen sie verständnis- und mitleidsvoll die Köpfe nach rechts, wenn sie mich sehen. Das ist der Wir-haben-es-gehört-und-wünschen-dir-alles-Gute-Blick, den habe ich jetzt schon öfter gesehen. Gern wird der Blick von kleinen geballten Fäusten unterstützt, die gedrückte Daumen symbolisieren sollen.«

»Du bist verrückt, Nicole!«

Meine Freundinnen lachen.

In diesem Moment gehen die streng katholischen und stets politisch korrekten Dorfbewohner an uns vorbei. Frau Müller stupst Frau Meier in die Seite und informiert sie zischelnd: »Da ist sie!«

Frau Meier, Frau Schmitz und alle anderen sehen zu uns hinüber, legen die Köpfe leicht zur Seite und nicken uns verschwörerisch zu. Der Heilige des Ortes streckt die Fäuste theatralisch in die Luft, um mir auf diesem Wege seine und Gottes Kraft zu spenden. Gaby, Astrid und ich brauchen diese Kraft nun tatsächlich, um uns nicht vor Lachen in die Hosen zu machen.

Noch am selben Tag treibt der Wind ein weiteres Gespräch unserer Nachbarn in meine Ohren: »Das war die mit dem Krebs!« – »Achduje! So jung!« – »Ja ja ...« – »Werden ja immer jünger. Aber angeblich hat sie recht gute Chancen« – »Wer weiß, wer weiß ... die Ärzte beschönigen ja auch gern!« – »Mensch, die Kinder sind ja noch so klein. War sie denn immer bei der Vorsorge?« – »Das weiß ich natürlich nicht. Glaub ich aber nicht, die hatte immer so einen Stress!« – »Ach, zur Vorsorge muss man schon gehen, sonst ist man ja fast selbst schuld!« – »Ja ja ... ich gehe ja immer regelmäßig!« – »Ja, ich doch auch! Deswegen haben wir auch so was nicht!« – »Genau! Sag mal, was kochst du denn heute?« – »Schweinebraten!« – »Lecker!«

Und im Stillen frage ich mich, ob ich noch vor wenigen Tagen nicht genauso war. Nein! Definitiv nicht! Ich wäre nie zu einer Fronleichnamsprozession gegangen. Und ich mag auch keinen Schweinebraten.

»Du, Schatz, die Mama ist krank«

Es sind diese Tage der Schwebe, die mich alle Nerven kosten. Ich habe noch keinen Behandlungsplan, habe noch zwei Staging-Untersuchungen vor mir und kann eigentlich nichts machen. Und vor allem wird noch nichts gegen Karl Arsch unternommen. Das macht mich nervös. Gibt es denn kein Medikament, das man mir schon geben könnte, damit er nicht weiter wächst? Und wenn er gerade jetzt streut? In diesem Moment? Warum tut denn keiner was? Ich befinde mich wieder in einer ganz akuten Panikattacke. Liege auf der Couch unter der Decke und bekomme Schüttelfrost vor Angst. *Ich will das alles nicht! Ich will mein altes Leben zurück!*

Aber das ist weg. Für immer. Ab jetzt wird nichts mehr so sein, wie es war. Immer wird man von »vor« oder »nach« dem Krebs sprechen. Das schwierigste im Moment ist für mich, die Kinder an mich ranzulassen. Böse Gedanken wie »Besser, sie entwöhnen sich schon mal von mir« fliegen wie dunkle Schatten an mir vorbei. Sage ich es eigentlich den Kindern? Max merkt schon deutlich, dass etwas nicht in Ordnung ist. Er wird nächste Woche sechs (oh, Gott, ich muss noch einkaufen!) und ist ein sehr sensibles Kind. Heute habe ich seinen Erzieherinnen im Kindergarten Bescheid gesagt. Sabine, die Leiterin, ein Engel – so wie das gesamte Team – verspricht mir:

»Wir stehen zu 100 Prozent hinter euch und sind immer für euch da!«

Sie gibt mir den Rat, mit Max ehrlich zu sein, ihn zwar mit Details zu verschonen, aber es ihm kindgerecht zu erklären.

»Lass ihn nicht in einer falschen Realität leben. Wenn du weinst, sag ihm, warum, und lüge ihm nicht vor, du hättest was im Auge.«

Das leuchtet mir ein. Zumal ich ihm eh nichts vormachen kann. Also setze ich mich am Nachmittag mit ihm hin, baue Lego und fange an, mit ihm zu reden.

»Du, mein Engel, die Mama ist krank.«

»Hast du Schnupfen? Hat Charlotte nämlich auch!«

»Nee, keinen Schnupfen. Meine Brust ist krank. Da wächst etwas, was da nicht hingehört.«

»Blumen?«

»Nein, mein Schatz, eine Art Knoten.«

»So aus Wolle?«

»Nee, härter als Wolle. Weißt du, wie bei Rosi damals. Da ist doch auch was gewachsen.«

Rosi ist seine Erzieherin, die auch an Krebs erkrankt ist, sich aber wieder bester Gesundheit erfreut.

»Ach, wie bei Rosi. Ja, ich weiß. Manchmal war sie deswegen zu Hause.«

»Genau. Rosi war zu Hause, weil sie müde und erschöpft war. Ein bisschen, wie wenn man Schnupfen hat. Und so ist das jetzt auch bei mir. Ich bekomme jetzt auch Medikamente, die mich sehr müde machen. Dafür machen die mich aber auch wieder gesund.«

Er sagt nichts. Guckt nur. Dann: »Bist du traurig deswegen?«

Meine Augen füllen sich mit Tränen.

»Ja, mein Schatz. Sehr traurig und auch wütend und, um ehrlich zu sein, stinkesauer.«

»Ich auch!«

»Das ist gut. Dann sind wir beide sauer auf diese blöde Krankheit.«

»Kann ich zu Tom spielen gehen?«
»Natürlich!«
Jeden Tag fragt Max mich nun nach meiner Brust.

Haarige Angelegenheiten

Mir werden die Haare ausfallen. Daran führt kein Weg vorbei, sagen die Ärzte. Wie das wohl sein wird? Sind sie alle auf einmal weg? Oder verschwinden sie nach und nach?

Natürlich beschäftigt mich das Thema sehr. Man sagt, dass sie kurz nach der ersten Chemo anfangen auszufallen. Noch habe ich keinen blassen Schimmer, wann dieser Tag sein wird, aber ich will definitiv vorher handeln. Keine Chemo dieser Welt wird mir vorgeben, wann ich wie und wo meine Haare verliere. Das käme einer Fremdbestimmung gleich, die ich mir nicht gefallen lassen möchte – und schon mal gar nicht von Karl Arsch.

Um ehrlich zu sein, wollte ich schon immer wissen, ob ein Kurzhaarschnitt mir steht, aber wie auch vielen anderen Frauen fehlte mir bisher der Mut. Doch wenn nicht jetzt, wann dann? Exakt drei Tage nach der Diagnose rufe ich bei meinem Friseur an und falle hochsensibel mit der Tür ins Haus: »Ich muss bitte sofort einen Termin haben, ich habe Krebs und brauche einen Kurzhaarschnitt.«

Vier Stunden später sitzen wir alle beim Friseur. Mein Mann und meine beiden Kinder ebenfalls, denn ich finde, dass auch sie eine neue Frisur benötigen. Vielleicht ist es auch nur meine Angst, allein zu gehen, die ihre Haare auf einmal zu lang erscheinen lässt.

Meine schulterlangen, blonden Haare sind das Ergebnis zweijähriger, kostenintensiver Pflege. Genau genommen sind sie exakt so lang, wie ich sie haben möchte. Ich habe dickes, starkes, gesundes Haar.

»Soll ich es langsam, Stück für Stück abschneiden oder alles auf einmal?«

»Alles auf einmal«, sage ich dem Friseur selbstsicher und entschieden.

In diesem Moment klingelt mein Telefon und ich erkenne die Nummer von Dr. Bertram aus Düsseldorf. Stimmt, heute ist Freitag, der Tag der Biopsie-Ergebnisse.

»Frau Staudinger, es ist schon so, wie ich es vermutet habe ...«

Er sagt noch viel mehr, ich verstehe ihn schlecht, weil es beim Friseur so laut ist und weil er nicht wirklich mit Fachausdrücken spart.

»Herr Doktor, ist da irgendetwas Neues, von dem Sie sagen, das hätte mir erspart bleiben können oder schlimmer, nehmen Sie Ihre Aussage, dass ich nicht sterben muss, wieder zurück?«

»Nein!«

Er erzählt wieder viel. Es fallen Worte wie Triple negativ und OP. Ich verstehe das nicht, er hatte doch gesagt, erst Chemo, dann OP. Er spricht von Wächterknotendiagnostik und wir vereinbaren einen Gesprächstermin für den kommenden Montag. Heute ist Freitag. Natürlich! Wieder heißt es warten.

Obwohl das Telefonat nicht wirklich überraschend war, die Neuigkeiten nicht niederschmetternd, bin ich mit den Nerven am Ende. Vielleicht hatte ich unterbewusst doch diesen absurd kleinen Hoffnungsschimmer, dass er anruft und sagt: »April, April, es war nur eine Zyste – da oben sind die Kameras, winken Sie doch mal dem Publikum.«

Stattdessen höre und spüre ich die Schere in meinem Nacken.

»Willst du sie behalten?«, fragt mich der Friseur, der mich mit seinen Worten ins Hier und Jetzt zurückholt. Meine Augen füllen sich mit Tränen. Nein, möchte ich nicht. Meine Haare stehen für ein altes, längst vergessenes Kapitel in meinem Leben: Es hieß »Unbeschwertheit«. Die ist weg. Für immer. So wie die Haare. Die Diagnose ist erst drei Tage alt und mein altes Leben erscheint lange schon vergangen.

Er schneidet und formt und gibt sich unglaublich viel Mühe.

»Meine Mutter hatte letztes Jahr auch Brustkrebs. Ihr wurden beide Brüste abgenommen. Es war eine schwere Zeit, aber heute ist sie krebsfrei«, sagt er.

Diese Geschichten höre ich immer öfter und sie tun mir gut, wirklich.

»Du siehst wunderschön aus. Es gibt nicht viele, die das tragen können!«, sagt er schließlich.

Ich drehe mich zu meinen drei Jungs um.

»Mama, das sieht ganz ganz blöd und auch ein bisschen uncool aus. Am besten wir kaufen dir eine tolle Perücke!«, ist das fachmännische Urteil meines Sohnes Max. Auch mein Mann sieht nicht wirklich glücklich aus, schwafelt irgendwas von wegen »dran gewöhnen« und »sie kommen ja wieder«. Schön, wenn Männer immer so die passenden Worte finden.

»Mama, du weißt, dass ich heute Leichtathletik habe, ne?«, sagt Max unvermittelt.

»Du, Schatz, ich glaube, das lassen wir heute besser ausfallen«, interveniert mein Mann sofort.

»Das glaube ich aber nicht«, werfe ich freundlich, aber bestimmt dazwischen. Meiner Meinung nach haben Kinder ein Recht auf Normalität. Auch mit dem neuen Familienmitglied Karl Arsch. So weit käme es noch, dass wir wegen Monsieur Tumor wichtige Sporttermine der Kinder sausen lassen. Zugegeben, so wichtig ist es jetzt vielleicht nicht, aber für Max ist es ein Bestandteil seiner wöchentlichen Routine. Und da in naher Zukunft noch genügend Veränderungen auf uns zukommen werden, soll ihm sein So-wie-immer so lange wie möglich erhalten bleiben.

»Maus, ich sehe doch, dass es dir nicht gut geht«, versucht mein Mann, mich noch umzustimmen. Er hat absolut recht. Es geht mir sogar ziemlich schlecht: die neue Frisur, der endgültige histologische Befund, Karl Arsch in meiner Brust, den ich mittlerweile ständig zu spüren glaube, und die bittere Gewissheit, dass die nächsten beiden Tage nichts passieren wird. Dabei macht der Krebs am Wochenende doch keine Pause! Wieder kommt diese Panik in mir hoch. Wie kann man mich denn jetzt einfach so allein lassen? Gibt es kein einziges Krankenhaus, wo ich jetzt hinkann? »Es geht schon, Hase«, lüge ich wenig überzeugend und mir steigen die Tränen in die Augen.

Auf dem Sportplatz treffe ich auf viele andere Mütter und mein Krebs hat sich mittlerweile rumgesprochen. Alle sind betroffen, ehrlich berührt, auch geschockt und keiner weiß so recht, was er sagen soll. Ich weiß es auch nicht, meine Fähigkeiten als schlagfertige Entertainerin sind gerade auf dem Nullpunkt. Ich will nur Hilfe.

Mit Dr. Bertram hatte ich schon besprochen, dass ich die Chemotherapie in einem Kölner Brustzentrum machen werde, einfach weil es viel näher ist und die Ärzte hier mindestens genauso gut sind. Das habe ich jetzt schon mehrfach gehört und die Tatsache an sich ist für mich auch in Ordnung. Wenn nur dieses Warten nicht wäre. So langsam entwickelt sich ein Bild aus dem kaputten Puzzle: Wir kennen die Tumorart, wissen, dass es sich um einen hochaggressiven Tumor handelt, wissen auch, dass es zumindest keine Metastasen im Thorax gibt. Offen sind die Fragen, was es mit der Wächterknotendiagnostik auf sich hat, ob die Lymphen wirklich frei sind und wie genau es danach weitergeht. All diese Fragen werden mich die nächsten zwei Tage quälen und ich werde über das ganze, lange Wochenende nicht handeln können. Das macht mich wahnsinnig ängstlich, traurig und wütend zugleich.

Ich hänge meinen Gedanken nach, meine Augen sind hinter einer großen Sonnenbrille versteckt, und ich sehe den Kindern beim Training zu. Von außen betrachtet ähnele ich wahrscheinlich dem Typus der total hippen Spielerfrau: trendige Kurzhaarfrisur, große Sonnenbrille, todernster Gesichtsausdruck. Ein bisschen wie Victoria Beckham vielleicht - zugegeben, mit dem zweifachen Körperumfang (oder dreifach? Ich weiß es nicht). Um mich herum haben sich viele Mütter versammelt, die ich kaum wahrnehme. Ich kenne sie alle und normalerweise führen wir anderthalb Stunden lang die nettesten Gespräche. Heute habe ich keine Lust zu reden. Die anderen aber schon, speziell eine Mutter: »Ach mein Gott! Wenn ich dich so sehe, bin ich wirklich froh, dass ich gerade bei der Vorsorge war! Ich gehe da ja immer regelmäßig hin! Weißt du, bei zwei Kindern macht man sich ja schon so seine Gedanken!«

Meine Freundin Nicole sitzt neben mir und drückt meine Hand, als wolle sie sagen: »Lass sie reden!«

Es fehlt mir die Kraft für einen passenden Konter. Ich kann mich nicht auf jede Bemerkung einlassen. Aber vielleicht sollte ich doch meine letzten Reserven mobilisieren und ihr in den Bauch boxen? Ich lasse es ...

Wie viel Rabatt gibt es für Kinder mit Krebs-Mamas?

Nächste Woche hat mein Großer Geburtstag. Er wird sechs Jahre alt. Mein Gott, wo ist nur die Zeit geblieben? Diese schöne, unbeschwerte Zeit? Ich hatte schöne Schwangerschaften, auch wenn die zweite nicht ganz problemlos war – im Vergleich zu Karl Arsch war sie definitiv ein Sonntagsspaziergang. Leider sind meine beiden Kinder durch Kaiserschnitte zur Welt gekommen, dennoch waren es wunderschöne, unvergessliche Erlebnisse. So etwas wie Baby-Blues oder Wochenbettdepressionen habe ich nicht erlebt. Die Kinder gehörten sofort zu mir, und ich war von Anfang an dazu bestimmt, ihre Mutter zu sein.

Und nächste Woche wird mein großer, toller Erstgeborener schon sechs Jahre alt. Die Party und letztlich auch die Geschenke müssen organisiert werden. Das ist gut, denn das ist Ablenkung. Am Samstagnachmittag treffen wir uns mit meinen Eltern in einem großen Fahrradgeschäft. Es wird das erste Mal sein, dass meine Eltern die kurzen Haare sehen, und ich habe Angst davor, dass es ihnen vielleicht die Tränen in die Augen treiben wird. Mein Vater hat ein Aortenaneurysma und muss sich in ein paar Wochen einer schweren Bauchoperation unterziehen. Eigentlich waren wir davon ausgegangen, dass ein solches Programm unserer Familie für dieses Jahr reichen würde. Karl Arsch belehrt uns aber eines Besseren. Auf jeden Fall aber will ich vor meinem

Vater die Starke mimen, denn ihn voller Sorgen zu sehen würde mir die letzte Kraft rauben.

»Mein Gott, wie toll du aussiehst, Maus!«, drückt und herzt mich meine Mutter, und es klingt so, als würde sie es ernst meinen.

»Ehrlich Schatz, du siehst zehn Jahre jünger aus«, bekräftigt mein Vater, was nun wirklich mehr als überraschend kommt, denn er zog mich immer mit langen Haaren vor. Nun bin ich es, der die Tränen in die Augen schießen, dabei ist es mir relativ egal, ob auch meine Eltern vielleicht nur die Starken mimen. Ganz sicher tun sie das, aber es gelingt ihnen fantastisch – und so viel besser als mir.

Max darf sich zum Geburtstag ein neues Fahrrad aussuchen und das erste Mal seit vier Tagen ist Karl Arsch für eine Stunde komplett vergessen.

»Mama, das ist doch wohl super supercool!«, ruft Max völlig außer sich. Er hat sein Traumfahrrad gefunden und darf es auf dem Indoor-Parcours ausprobieren. Der Verkäufer stimmt Max zu und meint auch, dass das Rad für ihn wie geschaffen sei. »Dass Sie bei dem Preis begeistert sind, ist mir schon klar«, grinse ich den Verkäufer freundlich an. Max hat sich treffsicher ein eher teureres Modell ausgesucht und ich handele nun mal für mein Leben gern. Außerdem habe ich ein Krebsass im Ärmel.

»Das ist eine sehr gute Marke und hat außerdem fünf Jahre Garantie!«, rechtfertigt der junge Mann den hohen Preis.

»Das mag ja sein, aber fünf Jahre im Voraus können wir im Moment eh nicht planen. Was kann man da am Preis noch machen? Wissen Sie, ich habe Krebs, und das Kind soll etwas haben, woran es sich erfreuen kann!«

Schließlich bekommen wir das Fahrrad mit einer Ermäßigung von zehn Prozent und eine Fahrradtasche obendrauf. Geht doch!

»Du bist so was von unmöglich!«, schimpft meine Mutter. Auch 20 Minuten später steht ihr die Schamesröte noch immer im Gesicht.

»Lass das Kind!«, verteidigt mich mein Vater. Er kommt gerade mit einem großen Tablett voller Kaffee, Kuchen, Eis und Apfelsaft zu uns an den Tisch und hat natürlich nur die Hälfte mitbekommen. Das aber reicht ihm, um seiner Tochter schützend zur Seite zu stehen. Seine Angst vor der eigenen Operation ist völlig in den Hintergrund gerückt, und ich bin mir noch unschlüssig, wie ich das finden soll.

»Wir haben doch Geld gespart und glaube mir, die kalkulieren schon vorher einen Rabatt mit ein«, erklärt er meiner Mutter.

»Aber dem Mann das mit dem Krebs so hinzuknallen, dem ist ja die Farbe aus dem Gesicht gewichen.«

»Er wird es überleben, Mama.«

»Das meine ich aber auch«, mampft mein Vater mit vollem Mund. Er hat sich gerade ein Stück Kuchen in den Mund geschoben.

»Papa, du hast eine klitzekleine Glücksspinne auf dem Kopf!«, sage ich zu ihm.

»Maus, das glaubst du nicht, aber du auch«, staunt mein Mann. Tatsächlich, bei meinem Vater und mir krabbelt jeweils eine winzig kleine Spinne auf dem Kopf herum. Wir sehen uns beide an und wissen nicht so recht, ob wir lachen oder weinen sollen. Irgendwie ist es ein Zeichen. Und es ist komischerweise nicht das erste. Zwei Tage, bevor ich Karl Arsch gefunden habe, war Freitag der 13. Auf dem Weg in den Kindergarten habe ich auf der Straße einen Glückspfennig (keinen Cent!) gefunden. »Guck mal, Hase, das sieht aus wie ›ganz viel Kacke, die aber gut ausgeht‹, oder?«, meinte ich zu meinem Mann und bezog diesen vermeintlich schicksalshaften Fund auf die Operation meines Vaters.

»Die können sich jetzt aber vom Acker machen, oder?«, lacht mein Vater und hebt die Spinnen langsam runter.

»Genau! Die brauchen wir jetzt auch nicht mehr!«, stimme ich ihm zu. Wir sind uns aber einig, dass wir sie vorsichtig absetzen und ihnen sicherheitshalber alles Gute und ein möglichst langes Leben wünschen. Heute glaube ich fest, dass das kein Zufall war.

Abends auf der Couch, nach einem überraschend schönen und entspannten Tag, wird mir zum ersten Mal klar: Ablenkung und Normalität *müssen* sein. Nur so bekommen Kopf und Seele ihre wohlverdiente Pause. Eine Pause, die sie zur Verarbeitung der Erlebnisse dringend brauchen.

Diagnose: Krebs

Rückblickend betrachtet, möchte ich behaupten, dass die ersten Tage mit all ihrer Unsicherheit die schlimmsten sind. Bis auf die Diagnose Krebs hat man noch recht wenig Ahnung, was genau da auf einen zukommt. Es bleiben nur das unsichere Bangen und die bittere Erkenntnis, dass es so schnell wohl nicht vorbeigehen wird.

Am Sonntagmorgen erwische ich mich dabei, wie ich minutenlang unter der Dusche stehe und Karl Arsch begrapsche. Ich tue dies mit einer Mischung aus Trauer, Wut und der bitteren Erkenntnis: Ich habe Krebs. Ich habe scheißblöden, saudoofen Krebs. Und der passt jetzt mal so gar nicht in mein Leben. Ich habe doch gerade die Firma gegründet, ich wollte doch gerade mit meinem Schlagfertigkeitsseminar auf Tournee gehen, ich wollte noch so viel machen, aber ich wollte doch jetzt, bitte, keinen Krebs. Irgendwie ahne ich, dass Karl Arsch das jetzt so gar nicht interessiert.

Während das Wasser unaufhörlich auf mich niederprasselt, stelle ich mir vor, wie schön es gewesen wäre, hätte ich ihn nicht gefühlt. Dann wäre meine Welt noch in Ordnung. Eine intakte, krebsfreie, kleine, heile Welt.

Wäre das wirklich so? Nein. Ich würde nur nichts wissen. Wie lange schon weiß ich nichts? Wie lange wächst Karl Arsch denn schon in mir? Als ich so erfolgreich mein erstes Seminar gehalten habe, muss er schon da gewesen sein. Mit anderen Worten: Ich stand schon als schwer kranke Frau vor meinem Publikum. Und rein statistisch gesehen, müssen noch mindestens fünf weitere krebskranke Frauen unten auf den Stühlen gesessen haben.

Wann fing er wohl an zu wachsen? Ich lasse mir die letzten Monate durch den Kopf gehen. Ja, da gab es einen Moment, um genau zu sein, zwei Tage, an denen es mir wirklich nicht gut ging. Es muss so vor vier Monaten gewesen sein: Da wurde ich nachts wach und weckte meinen Mann, weil ich glaubte, ein Flugzeug würde über unserem Haus abstürzen. Es war so laut, alles drehte sich, ich hörte nichts mehr. Mein Mann hatte keine Ahnung, wovon ich sprach. Er hörte kein Flugzeug. Zwei ganze Tage lang dröhnten mir die Ohren und ich war der festen Überzeugung, einen Hörsturz zu haben. Aber die Ärzte fanden nichts und meinten, es sei Stress. Ich hatte aber keinen Stress ... War das vielleicht der Moment? War das der Moment, in dem mein Körper den Kampf gegen die Krebszellen, die jeder Mensch jeden Tag herstellt und meist erfolgreich abwehrt, verloren hat? Ich werde es nie erfahren.

Ich weiß nicht mehr, wie lange ich schon unter der Dusche stehe, aber irgendwann wird mir bewusst: Ich habe nur dann eine Chance, wenn ich das jetzt annehme. Wer weiß, wofür es gut ist. Hadern bringt nichts. Die Frage nach dem Warum führt leider auch zu nichts. Besser gesagt, führt sie zu einer recht klaren Antwort: Warum denn nicht? Jeden Tag bekommen viele Menschen Krebs, darunter leider auch viele Kinder. Warum sollte gerade ich davor verschont bleiben? Hier unter der Dusche, hier, wo alles begonnen hat, treffe ich den festen Entschluss: Ich nehme dieses Schicksal an und kämpfe dagegen, so gut es eben geht. Abhauen gilt nicht. Aufgeben auch nicht. Ja, ich habe Krebs. *Aber nicht lange!*

Die Details

Auch das längste Wochenende geht einmal vorbei und am Montagmorgen begleitet mich meine Mutter nach Düsseldorf in das Brustzentrum. Dr. Bertram hat jetzt auch die letzten Biopsie-Ergebnisse und bespricht mit uns das weitere Vorhergehen.

Der Wächterknoten soll so schnell wie möglich entnommen werden. Das ist der Lymphknoten, der die anderen sozusagen »bewacht«. Ist dieser noch frei, so ist es recht wahrscheinlich, dass die Lymphen auch frei sind. Wenn nicht, werden so lange Lymphen entnommen, bis man im Gesunden ist.

»Wir können das jetzt am Mittwoch machen«, schlägt Dr. Bertram vor.

»Oh nein, das geht leider nicht, da wird mein Sohn sechs.«

»Nein, das geht dann wirklich nicht«, lächelt er mich gutmütig an und wir vertagen die Operation um genau eine Woche.

So weit kommt es noch. Da kommt Karl Arsch unangemeldet in mein Leben, ruft vorher nicht an, lässt sich keinen Termin geben und will sich dann auch noch vor Max drängeln. So nicht, mein lieber Freund! Merk dir Regel Nummer 1: Du bekommst die Aufmerksamkeit, die du verdienst, aber kein bisschen mehr!

Bei der Art des Tumors, wie ich ihn habe, einer der aggressivsten Formen überhaupt, ein Triple negativ G3, 2,8 cm *(War ja klar, ein kleiner unauffälliger Karl Arsch hätte ja auch nicht zu mir gepasst!)*, gibt der Therapiezweig vor, dass wir erst mit der Chemotherapie starten.

»Soll das etwa heißen, der Tumor bleibt drin?«, frage ich leicht panisch. »Ich hänge nicht sonderlich an meinen Brüsten! Ich will nur, dass Sie das wissen. Nehmen Sie sie ruhig ab. Alle beide. Von mir aus die Arme dazu – Hauptsache ich darf leben!«, flehe ich ihn an.

»Das hat damit nichts zu tun. Wir wollen gucken, wie der Tumor auf die Chemo reagiert. Mit etwas Glück verschwindet er vollständig.«

Diese Therapieform nennt man »neoadjuvante Chemotherapie«, und wie sinnig die ganze Sache ist, soll ich erst viel später erfahren.

Außerdem besteht der Arzt auf einem Besuch im familiären Zentrum für Brust- und Eierstockkrebs. »Wir müssen wissen, ob Sie genetisch vorbelastet sind. Das ist wichtig für die Zusammensetzung der Chemo und auch für die Frage, wie wir langfristig planen.« Ich kann mir denken, worauf er anspielt. Wie viele andere hatte auch ich von Angelina Jolie und ihrer Maßnahme gelesen, sich einer beidseitigen prophylaktischen Mastektomie zu unterziehen, um ihr hohes, durch eine genetische Mutation verursachtes Brustkrebsrisiko zu minimieren.

»Wie weit sind Sie mit den Staging-Untersuchungen?«

»Heute Morgen war der große Ultraschall der inneren Organe. Alles frei!«, strahle ich ihn an.

»Und am Donnerstag ist dann noch die Knochenszintigraphie.«

Er ist sehr zufrieden und wir verabschieden uns bis zum folgenden Dienstag – zur stationären Aufnahme.

Tatsächlich war der Ultraschall der inneren Organe wenige Stunden zuvor ein Klacks. Was damit zusammenhing, dass ich nicht warten musste. Denn während des Schallens sprach mein Hausarzt immer wieder beruhigende Worte wie ›völlig unauffällig‹, ›ganz normal‹ und ›das sieht alles gut aus‹. Zeit fürs Kopfkino gab es also nicht, und ehe ich mich versah, war die zweite Staging-Untersuchung ohne Befund abgeschlossen. Wieder ein Berg geschafft.

»Mama, weißt du, was wir jetzt haben?«, frage ich meine Mutter, die mir seit der Diagnose nicht mehr von der Seite gewichen ist. Sie hat sich in ihrer Praxis freistellen lassen und begleitet mich überall hin. Mein Mann kümmert sich derweil um die Kinder und geht natürlich seiner Arbeit nach. Eine nicht einfache Situation für ihn und für uns alle, aber er schlägt sich wacker. Und ich glaube, so im Stillen ist er dankbar dafür, dass meine Mutter an meiner Seite ist. In diesen Momenten ist man doch auch mit 32 noch ganz Kind und wünscht sich nichts sehnlicher als die Mutter an der Seite, die immer wieder den Kopf streichelt und leise haucht »Alles wird gut, mein Schatz!«

»Nee, was haben wir denn jetzt?«

»Wir haben jetzt Krebs-Pause, bis Donnerstag! Kein Arzt – keine Untersuchung! Dafür einen schönen Kindergeburtstag und ansonsten Ruhe.« Es ist dieser dringende Wunsch nach Ruhe, der in mir schreit. Ich will jetzt nur noch nach Hause und Ruhe haben vor Karl Arsch. Ich will jetzt für meinen Sohn eine tolle Party schmeißen und für drei Tage – anders als noch vor dem Wochenende – vom Thema Krebs definitiv nichts hören.

Happy Birthday, großer Junge!

Ist man gesund, ist Routine irgendwie negativ. Jeden Tag die gleichen Abläufe, dieselben Alltagssorgen und sich ständig wiederholende Erledigungen. Mit einer frischen Krebsdiagnose aber ist Routine etwas, das man sich von ganzem Herzen wünscht. Was würde ich darum geben, wenn einkaufen, putzen, waschen, kochen oder bügeln meine wichtigsten Probleme wären. Routine gibt Sicherheit und steht für etwas, das mir gänzlich genommen wurde, für Normalität.

»Sie müssen für sorgenfreie Momente sorgen«, hatte mein Hausarzt mir geraten und ich dachte noch: *Lustig ... Wie soll das denn gehen?*

Und dann geht es doch. Die drei krebsfreien Tage, die jetzt anstehen, werden zwar alles andere als sorgen- oder gedankenfrei, aber ich habe eine Pause von Ärzten und Untersuchungen dringend nötig. Was auch immer kommen mag, heute wird auf jeden Fall nicht gestorben. Heute wird gebacken und gefeiert. Wir versuchen, so viel Normalität wie möglich einkehren zu lassen, ich gehe einkaufen und richte für Max einen tollen sechsten Geburtstag aus.

»Bist du sicher, dass das nicht zu viel für dich wird?«, fragt mich Astrid bei einer Runde Nordic Walking. Ich bin aufs Walken umgestiegen, weil ich Angst habe, dass meine besten Stücke beim Joggen zu sehr wackeln. Ich will Karl Arsch nicht mehr ärgern, als nötig ist. Schließlich gehe ich auch nicht mehr baden, um die Wärme zu vermeiden, bei der sich bekanntlich alles weitet.

Aufgrund meiner umfassenden medizinischen Kenntnisse, die ich unter anderem bei *Greys Anatomy* erworben habe, verzichte ich auch auf Süßstoff, den ich zuvor in großen Mengen zu mir genommen habe. Cappuccino oder Quark mussten schon süß sein, aber die Kalorien standen im Vordergrund. Es gibt auch keine Margarine mehr und nichts in Olivenöl Gebratenes. Letzteres wird nur noch kalt für den Salat verwendet. Ich glaube zwar nicht, dass irgendetwas davon »schuld« an Karl Arsch ist, aber all das steht ja im Verdacht, nicht gerade förderlich zu sein. Und füttern mag ich ihn nicht.

»Ich brauche diese Ablenkung, Astrid. Außerdem nimmt mir Karl Arsch nicht die Freuden des Lebens. Ich will nur an dem Tag selbst von keiner Mutter darauf angesprochen werden.«

»Dann solltest du das ihnen vielleicht sagen, für die meisten ist es nicht eindeutig, wie du es gern hättest.«

Ja, das ergibt Sinn. Wenn es nur für mich immer so eindeutig wäre. Denn wenn mich niemand fragt, bin ich beleidigt. Werde ich aber ständig gefragt, ist es auch nicht gut.

»Heute kann es regnen, stürmen oder schneien, denn du strahlst ja selbst wie ein Sonnenschein!«, singen wir aus voller Kehle für meinen, jetzt ach so großen Max. Es ist der schwerste Geburtstag meines Lebens. Normalerweise sind Kameras gezückt und die Szene wird jedes Jahr aus allen nur erdenklichen Winkeln festgehalten. Nicht so in diesem Jahr. Ich will keine Erinnerung an diese Zeit. Da ist der Gedanke, dass meine Lieben auf den Tag genau ein Jahr später sagen werden: »Guck mal hier, da war die Mama noch dabei. Da dachten wir noch, alles würde gut werden.«

Dieses böses Gedankengut ist der größte Feind, der im Moment in mir wütet. Es ist nicht Karl Arsch, es ist das immer wieder aufkeimende Endzeitszenario, das mir regelmäßig das Blut in den Adern gefrieren lässt.

Nichtsdestotrotz organisieren wir für Max einen tollen Tag. Am Nachmittag kommen zwölf Kinder, die auf der eigens angemieteten Hüpfburg im Garten um ihr Leben springen. Und am Ende des Tages bin ich durch viele Erkenntnisse reicher. 1.: Ablenkung tut immer noch gut. 2.: Kinder sind perfekte Ablenker. 3.: Nicht alle Tage müssen ab jetzt automatisch schlecht oder deprimierend sein. 4.: Du hast nur dann eine Chance, wenn du die Pausen, die zwischendurch anstehen, nutzt und ganz viel Luft holst, für das, was da noch kommt.

Die Hölle – besser bekannt als Knochenszintigraphie

Die Diagnose ist acht Tage alt und ich habe mich auf erschreckende Art und Weise an dieses Krebsding gewöhnt, nicht aber an den psychischen Stress vor einer Untersuchung. Heute steht das Knochenszintigramm auf dem Programm, die dritte und letzte Untersuchung im Rahmen des Stagings. Die Suche nach möglichen Metastasen ist für mich schlimmer als alles andere. Mit Karl Arsch komme ich zurecht. Das Kriegsgebiet beschränkt sich ja ›nur‹ auf die Brust, aber weitere Herden im Körper schaffe ich nicht. Mein Großvater hatte vor vielen Jahren Prostatakrebs und später im ganzen Körper Metastasen. Er hatte starke Schmerzen und sein Tod war für ihn mehr Erlösung als Strafe.

»Sie haben zu 99 Prozent keine Metastasen«, hallt es mir immer noch von Dr. Bertram nach. Warum fällt es mir nur so schwer, seinen Worten einfach zu vertrauen? Zum ersten Mal im Leben wünsche ich mir, ein Brot zu sein. Und naiv, so naiv, dass ich einfach denken könnte: »Die Ärzte haben doch gesagt, ich werde wieder gesund. Fertig.« Nein, stattdessen habe ich schon wieder diese fürchterliche Panik und diesen riesigen Kloß im Hals.

Meine Mutter holt mich um sieben Uhr morgens zu Hause ab, wir müssen um kurz vor acht in Köln sein, damit mir die radioaktive Flüssigkeit gespritzt werden kann. Diese muss sich dann dreieinhalb (!) Stunden im Körper ausbreiten, bevor die eigentlichen Aufnahmen gemacht werden können, die wiederum ungefähr eine Stunde dauern. Macht alles in allem fast fünf Stunden, bevor ein Arzt mit mir sprechen wird. Ganz ehrlich, das ist unmenschlich. Diese Untersuchung bedarf dringend weiterer Forschungs- und Optimierungsarbeit. Sinn und Zweck des Ganzen ist es, das Skelett und eventuelle Störungen mithilfe der radioaktiven Flüssigkeit darzustellen.

»Am besten, Sie trinken binnen der nächsten Stunden mindestens 1,5 Liter. Das hilft, die Flüssigkeit gut im Körper zu verteilen«, rät mir die blonde, freundliche Arzthelferin. »Dann sehen wir uns in gut drei Stunden wieder.«

Super! Es ist morgens acht Uhr in Köln. Shoppen fällt leider flach, denn die Geschäfte machen ja nicht wegen mir früher auf. Schade eigentlich, denn beim Shoppen vergeht wenigstens die Zeit. Also bleibt erst einmal nur ein Café.

»Maus, du weißt, dass da jetzt nichts zu erwarten ist, oder?«

Mir schießen die Tränen in die Augen. »Woher willst du das so genau wissen?«

»Deine Lymphen sahen auf dem Ultraschall doch ganz normal aus. Wie soll denn sonst was in den Körper gelangt sein?«

»Ich habe im Internet gelesen ...«

»Du hattest mir was versprochen!«, unterbricht mich meine Mutter barsch.

Mist! Stimmt ja. Ich sollte ja nicht mehr googeln. Und damit hat sie nicht unrecht. Denn die Ergebnisse, die man mit Google auf das Stichwort »Triple negativ« findet, stimmen alles andere als positiv. Dank dem Autofilling-Google-System erscheinen schon bei der Eingabe »Triple neg...« sofort die Vorschläge »Triple negativ Überlebenschance« oder »Triple negativ Todesurteil?«

Ich hatte eigentlich gedacht, seit Bettina Wulff hätte man Google dieses Autofilling verboten. Wohl nicht – dann wird es aber Zeit! Auf jeden Fall hatte ich über Google meine fundierten medizinischen Kenntnisse intensiviert und viele »Fakten« zum Thema »Schläferzellen« oder »befallene Lymphen trotz unauffälligem Sono« gefunden. Zugegeben, das macht nicht wirklich Mut.

»Ich weiß, was ich versprochen habe. Aber ich muss doch informiert sein«, versuche ich, mich zu rechtfertigen.

»Ja, aber dann frag doch bitte deine Ärzte und nicht das Internet!«

Mist! Jetzt hat sie schon wieder recht.

Nach einer gefühlten Ewigkeit verlassen wir das Café und bummeln um halb neun über die anliegende, immer noch geschlossene Einkaufsstraße. Meine Mutter gibt sich alle Mühe, meine Gedanken auf irgendwas anderes zu lenken, aber es ist alles zwecklos. Um viertel vor neun ist mein Kloß im Hals so groß, dass ich kaum noch atmen kann. Wieder denke ich an meine Kinder, die beide nichtsahnend im Kindergarten sind. Für Max sind es die letzten Tage in seiner gewohnten Gruppe, bevor er nach den Sommerferien in die Schule kommt. Wenn man mich fragt, ein paar Veränderungen zu viel im Leben: Die Mutter hat Krebs und in die Schule muss er auch noch.

Ob Knochenmetastasen eigentlich wehtun? Wieder fällt mir mein Opa ein, der am Ende starke Schmerzen hatte. *Ob man an Knochenmetastasen überhaupt sterben muss?* Immerhin sind meine inneren Organe ja frei. Das ist doch schon mal sehr gut.

Aber die Knochen sind doch die Basis ...

»Nicole, komm – hier gehen wir mal rein!« Meine Mutter hat ein offenes Schuhgeschäft gefunden. Ich probiere ein paar Sandalen an. Och, die sind aber hübsch und solche habe ich noch gar nicht. Passen prima zu dem Rock, den ich mir letzte Woche gekauft habe.

»Wir nehmen die mit«, entschließt sich meine Mutter.

»Nein.«

»Warum denn nicht?«

»Ich möchte nicht.«

»Aber solche hast du doch noch gar nicht.«

»Mag sein.«

»Ich kaufe sie dir.«

»Nein.«

»Du denkst nicht das, was ich glaube, oder?«

»Keine Ahnung«, lüge ich meine Mutter an, die mich längst durchschaut hat.

»Du denkst: Lohnt sich eh nicht mehr, Schuhe zu kaufen, oder?« Meine Mutter sagt es exakt in dem Tonfall, in dem ich es gedacht habe, und ich muss lachen.

»Ja, warten wir erst mal die Untersuchung ab«, beharre ich dennoch.

»Du tickst ja nicht mehr sauber.«

Es ist mittlerweile halb zehn, noch eine Stunde. Wieder gehen wir in das Café, ohne neue Sandalen – ich muss ja trinken. Uns gegenüber sitzt ein altes Ehepaar und ich kann ihren Anblick kaum ertragen. Ich bin neidisch auf sie. Dabei bin ich gar kein neidischer Mensch und gönne wirklich jedem sein Glück. Aber eben auch mir! Ich will auch so alt werden. Mir mit meinem Mann jeden Mittag im Café ein schönes Stück Sahnetorte gönnen und so richtig schön fett werden. Ich will auch meine Enkelkinder auf dem Schoß schaukeln. Ich will auch Bingo spielen gehen und *Musikantenstadl* gucken. Obwohl: Das muss jetzt nicht wirklich sein.

Stattdessen aber sitze ich hier und muss um mein Leben bangen. Mit nur 32 Jahren! »Lass uns gehen«, sage ich.

»Es ist noch viel zu früh!«

»Ist mir egal.«

Und so sind wir dreißig Minuten vor Ablauf der Zeit wieder in der Arztpraxis und müssen natürlich das tun, was ich in den letzten Tagen so zu hassen gelernt habe: warten.

»Legen Sie sich bitte auf die Liege und bleiben Sie ganz still. Ich stelle immer wieder das Gerät über Ihnen ein und so machen wir Stück für Stück die Aufnahmen«, werde ich instruiert. Wir sind in einem sehr großen Untersuchungsraum, meine Mutter darf bei mir bleiben. Über mir schwebt ein großes, undefinierbares medizinisches Instrument, das die Arzthelferin in regelmäßigen Abständen über meinem Körper justiert. Auf dem Bildschirm vor ihr erscheinen relativ schnell Aufnahmen meines Skeletts. Meine Mutter hat freien Blick auf die Bilder, ich erhasche nur Auszüge aus dem Augenwinkel.

»Und? Was sehen Sie?«

»Ich darf Ihnen leider nichts sagen, das macht der Arzt gleich.«

Oh, wie ich das hasse! Kann sie nicht sagen: »Genaueres bespricht gleich der Arzt, aber ich würde mir keine Sorgen machen«, oder sonst etwas, was meinen Puls auf einen normalen Modus zurückbringen würde?

»Mama, du kennst doch solche Aufnahmen auch. Sag du mir was!«

»Schatz, ich sehe hier nichts. Aber ich bin auch kein Arzt.«

Das darf doch nicht wahr sein, jetzt fängt meine eigene Mutter auch so an! Gut, dann gucke ich eben selbst. Ich drehe meinen Kopf so gut es geht, und meine Augen leisten Schwerstarbeit, aber irgendwie gelingt es mir, einen Blick auf den Bildschirm zu erhaschen. Ich sehe ein lilafarbenes Skelett, den Brustkorb mit den Rippen. Und überall auf den Rippen sind Punkte. Unregelmäßige Punkte. *Metastasen!*

Ich denke, die Schweiz wäre der richtige Ort zum Sterben. *Ich warte doch nicht in irgendeinem Hospiz auf den Tod. Das will ich selbst bestimmen.* Wie schnell es wohl geht? Bei meinem Opa waren es schon ein paar Jahre, bis er letztlich erlöst wurde. Ich glaube nicht, dass man Knochenmetastasen heilen oder operieren kann.

»Sie haben es geschafft. Warten Sie bitte noch ganz kurz im Wartezimmer, der Arzt ruft Sie ganz schnell. Versprochen.«

Ich höre ihr gar nicht mehr zu. Meine Mutter führt mich nach draußen: »Maus, hallo? Bist du da?«

Nö.

»Maus, es ist ganz sicher alles in Ordnung!«

Ich bin abwesend. Entweder bekomme ich gleich einen Hirnschlag oder einen Herzinfarkt.

»Frau Staudinger bitte.«

Meine Mutter steht sofort auf. Ich nicht.

»Nein, ich gehe da nicht rein!«

Der nette Arzt, den ich vorher kurz kennengelernt hatte, kommt dafür raus zu mir, kniet sich vor mich hin, nimmt meine Hände und spricht in einem sehr väterlichen Ton: »Warum denn nicht? Es ist alles in Ordnung. Nicht zu 100, sondern zu 1000 Prozent.«

Ich höre den spitzen Schrei meiner Mutter, dann schwankt der Boden unter meinen Füßen und ich breche innerlich zusammen.

»Ich kann natürlich nur für die Knochen sprechen«, ergänzt der Arzt noch.

»Es war die letzte Staging-Untersuchung«, antwortet meine Mutter.

»Und die anderen waren alle in Ordnung?«

»Ja.«

»Also ist es nur der Tumor in der Brust?«

»Ja«, auch meine Mutter verliert langsam ihre Stimme.

»Na, dann, ist es doch Pillepalle«, sagt der Arzt und zum dritten Mal binnen sieben Tagen falle ich einem wildfremden, älteren Mann um den Hals – und es fühlt sich gut an.

Die »Es-ist-ja-nur-Brustkrebs«-Party

Während die ganze Vordiagnostik mit ihren ständigen Aufs und Abs mich in den letzten Tagen fast aufzufressen drohte, liegt Deutschland im Fußballfieber, die WM 2014 ist in vollem Gange. Am Abend der letzten Staging-Untersuchung wird die Begegnung Deutschland – USA mit Spannung erwartet.

Der Fernseher läuft, doch wir bekommen nur mit, dass die Deutschen gewinnen. Wir nehmen nur meinen eigenen Sieg wahr und feiern eine »Nur-Brustkrebs«-Party.

»Hase, den Tumor, den schaffe ich!«

»Na, selbstverständlich schaffst du den!«

Ich fühle mich um zehn Kilo erleichtert und befreit. Die Diagnose bleibt natürlich, aber ich kenne jetzt zumindest den Gegner. Wenigstens fast, denn die Wächterknoten-OP steht ja noch aus. Aber für mich und meinen gesunden Menschenverstand ist vollkommen klar: Selbst wenn der Krebs schon ein paar Lymphen befallen haben sollte, dann hat er es zumindest nicht in die Organe und Knochen geschafft. Eine bessere Nachricht kann es zu diesem Zeitpunkt nicht geben und daher bin ich zufrieden. Den Krebs nimmt mir keiner mehr ab, das ist klar. Aber die einzelnen Berge, die ich zu besteigen hatte, muss ich ja nun auch feiern. Brustkrebs ja, aber: Thorax frei. Bingo! Organe frei. Bingo! Knochen frei. Wiederum Bingo!

Und jetzt wieder Pause genießen, bis zur Operation nächste Woche.

Krankenhäuser und Kreuzfahrten

»Ich möchte mal gern wissen, warum wir so früh da sein müssen«, sagt meine Mutter unwillig.

»Du kennst das doch, Mama. Man muss immer so früh im Krankenhaus sein, damit man besonders lange warten kann. Schließlich brauchen die für eine Blutabnahme, Urinprobe und Blutdruckkontrolle ja einen ganzen Tag.«

Meine Mutter und ich sind schlecht gelaunt. Denn wir sollen am Dienstagmorgen zwischen acht Uhr und halb neun im Krankenhaus sein, obwohl die Operation erst am Mittwochnachmittag durchgeführt wird. Da dies nicht mein erster Krankenhausaufenthalt ist, weiß ich als schlagfertige und erfahrene Patientin jetzt schon, dass ich den ganzen Tag nur warten darf. Normalerweise sind wir immer gern eine Viertelstunde früher überall, doch heute Morgen lassen wir uns so richtig Zeit.

»Wir sind frühestens um halb neun da, Mama, das reicht locker.«

Und tatsächlich, völlig untypisch für uns betreten wir um 8 Uhr 34 das Krankenhaus. Der Düsseldorfer Verkehr ist für die vier zusätzlichen Minuten verantwortlich.

Meine Laune ist noch immer nicht besser, weil ich genau weiß, was jetzt passieren wird. Missmutig werden mich fragende Schwestern empfangen, die über meine Einweisung nicht informiert wurden. Sie werden sich unschlüssig ansehen, telefonieren, mich zum Warten auffordern und mir nach drei Stunden mein Zimmer geben. Nach weiteren zwei Stunden werden sie mir

Blut abnehmen und mir ansonsten kaum Beachtung schenken. So ist das doch in deutschen Krankenhäusern. Ich denke, solche Erfahrungen hat jeder schon gemacht, und ich habe im Moment eigentlich keine Lust darauf.

Ich wäre lieber noch bei meinen Jungs geblieben und hätte sie gern noch in den Kindergarten gebracht. Der Abschied ist mir heute Morgen extrem schwergefallen. Zwar gehöre ich nicht zu den Müttern, die sich von ihren Kindern nicht trennen können – das musste ich schon aus beruflichen Gründen früher recht oft –, aber dass ich wegen einer Krebsoperation ins Krankenhaus muss, von der ich noch nicht mal weiß, wie sie wohl ausgehen wird, das ist neu.

»Tschö, Mama«, rief Constantin und lief mir noch mit gespitztem Mund hinterher für einen dicken Abschiedskuss. Max war da schon cooler und musste zu einem Kuss genötigt werden. Er ist halt Vorschulkind und in seiner Welt gibt man keine Küsse mehr. Im Auto fing ich an zu weinen.

»Du hast sie in drei Tagen wieder«, versuchte meine Mutter, mich zu trösten, was ihr aber sichtlich schwerfiel, denn auch sie kämpfte mit den Tränen.

Das ungefähr ist meine Stimmung, als ich an diesem Morgen das zertifizierte Brustzentrum in Düsseldorf betrete. »Ach, Sie sind bestimmt die Frau Staudinger. Wir haben Sie schon erwartet«, begrüßt mich eine sehr junge, freundlich lächelnde Krankenschwester. Ich drehe mich kurz um, nur um sicherzugehen, dass sie wirklich mich meint. Aber da ist niemand.

»Haben Sie sich schon unten angemeldet?«

Nein, vergessen. Also wieder runter zum offiziellen »Hier-bin-ich-und-ich-bin-bereit-für-die-OP«. Die Anmeldung ist recht gut besucht und wir müssen ... na? Warten.

Unsere Stimmung ist durch die sachkundige Begrüßung der Krankenschwester ein wenig erhellt. Um uns die Zeit zu vertreiben, tun meine Mutter und ich das, was nach Shoppen durchaus als unsere Lieblingsbeschäftigung durchgehen könnte: Wir stellen fest. Manche würden das als Lästern bezeichnen, aber das trifft es nicht. Wir stellen nur Dinge über andere Menschen fest, die allzu offensichtlich sind.

»Junge, Junge, die hätte sich vor dem Aufenthalt aber auch mal die Haare waschen können«, sind die wohl noch harmloseren Kommentare. Dabei sitzen wir mit dem Rücken zur Anmeldung, die durch eine Glaswand von den Wartenden abgetrennt ist. Nacheinander werden die Nummern der Patienten aufgerufen und es geht eigentlich recht schnell. Vielleicht drei bis vier Minuten pro Patient. Doch irgendwann ist eine Dame an der Reihe, die scheinbar erst noch ihre Lebensgeschichte dokumentieren will. Nach zehn Minuten verliere ich allmählich die Geduld und stelle fest: »Meine Güte, ob die da drinnen eine Kreuzfahrt bucht? Das ist ja nicht zu fassen ... wir sind doch hier nicht im Reisebüro.« Wir kichern. Finden uns sehr lustig. Sind irgendwie überdreht. Psychologen hätten ihre Freude an uns.

Dann endlich kommt die reiselustige Dame heraus und wir sind an der Reihe. Hinter dem Schreibtisch sitzt eine freundliche, üppig mit Schmuck behangene Dame, die uns irgendwie sonderbar angrinst, ohne dass wir wüssten, warum. Während sie meine Daten abfragt, hören wir plötzlich hinter uns recht deutlich jemanden sprechen. Um genau zu sein, sogar sehr deutlich, als ob noch jemand im Raum wäre. Ich drehe mich um und sehe nur den Wartebereich, in dem wir beide bis vor einer Minute noch gesessen haben. Und da sitzt eine Frau, die telefoniert. Ich kann sie hören. Laut und deutlich. Trotz der Glaswand ...

Meine Mutter und ich gucken uns nur an. Wenn wir die Stimmen von draußen so gut hören können ... dann würde das vielleicht bedeuten ...? Ich bekomme einen derartigen Lachanfall, dass ich nicht mehr atmen kann. Meine Mutter auch. Die Frau von der Anmeldung auch. Es bedarf keiner Worte: Sie hat jeden Kommentar von uns gehört. Das Lachen ist so befreiend und macht mir binnen Sekunden klar: Du kannst es noch. Du kannst noch genauso lachen wie vor Karl Arsch. Was für eine unglaubliche Wohltat! Es dauert lange, bis wir weitermachen können. Schlussendlich hat sie alle Formalitäten aufgenommen und händigt mir einen Stapel Papiere aus. Ich nehme sie dankend entgegen und frage mehr aus Höflichkeit: »Ist es eigentlich wichtig, dass ich privat zusatzversichert bin?«

Sie lächelt, nimmt mir die Unterlagen wieder ab und zerreißt sie langsam von oben nach unten: »Das wäre dann jetzt die zweite Kreuzfahrt, dir wir buchen.«

Kaum sind wir wieder auf der Station angekommen, erwartet uns wiederum eine lächelnde Krankenschwester – die zweite.

»Schön, dass Sie da sind. Sie können direkt in ihr Zimmer und dann geht es aber auch sofort für Sie los. Sie sprechen erst mit Dr. Bertram, dann geht es weiter zum MRT in ein anderes Krankenhaus, dann in ein Strahleninstitut, dann zur Anästhesie. Ich hoffe, wir schaffen alles bis heute Abend.«

Ich bin verblüfft. Was wird denn nun aus Warten und blödsinnig Rumsitzen?

Die nächsten acht Stunden vergehen wie im Flug. Eigentlich hatte ich erwartet, ängstlich oder nervös zu sein, doch ich bin es nicht. Ich bin glücklich, weil es jetzt endlich losgeht und der erste Schritt Richtung Behandlung startet.

Das MRT ist übrigens auch eine Untersuchung, die noch entwicklungsbedürftig ist. Bäuchlings liegt man eine gute halbe

Stunde auf einer Pritsche, während beide Brüste durch zwei extra dafür vorgesehene Löcher »baumeln«. Dann bekommt man dicke Kopfhörer auf den Kopf und los geht die Fahrt. Es ist eng und unendlich laut. Für einen kurzen Moment bekomme ich Panik. Wenn du jetzt den Notfallknopf drückst, musst du das Ganze nur noch ein weiteres Mal über dich ergehen lassen, rede ich mir ein und stelle mir vor, ich wäre auf einem Techno-Konzert. Denn so ähnlich hört es sich an, und ich frage mich kurz, ob die Kopfhörer überhaupt etwas von dem Lärm abhalten.

Danach geht es weiter in ein Strahleninstitut und man spritzt mir radioaktive Flüssigkeit durch die Brust. Ja, es gibt Schöneres – aber auch Schlimmeres. Doch ich stehe alles durch und bin mir der Technik, die ich dazu anwende, durchaus bewusst: Ich konzentriere mich ganz auf meinen Humor und wir lachen viel an diesem Tag. Das macht ihn nicht nur erträglich, sondern vielleicht sogar ein bisschen nett. Dazu kommt, dass all die anderen Menschen um mich herum auch nett sind. Alle Ärzte und Schwestern, die ich an diesem Tag treffe, tun ihr Möglichstes, um es mir so angenehm wie möglich zu machen.

Zwischendurch treffe ich auf meinen Helden, Dr. Bertram. Er nimmt sich wie immer sehr viel Zeit. Er untersucht mich, malt mich an, fotografiert, klärt auf und markiert Karl Arsch.

»Sehr häufig kommt es vor, dass wir den Tumor nicht mehr finden, weil er unter der Chemotherapie verschwindet.«

Und deswegen wird er markiert. Dazu schießt er Metallclips durch meine Brust in Karl Arsch. Ja, wieder gibt es Schöneres. Doch seit den Erlebnissen der letzten Tage machen mir körperliche Schmerzen nicht viel aus. Die Schmerzen, die das Kopfkino bereitet, sind für mich viel schlimmer. Körperliche Schmerzen gehen vorbei und daran ist auch noch keiner gestorben.

Schließlich besprechen wir den Therapieplan, der nach der Operation ansteht.

»Sie sind doch morgen bestimmt auch hier, oder?«, fragt Dr. Bertram meine Mutter.

»Ja, natürlich.«

»Dann geben Sie mir doch Ihre Handynummer, ich rufe Sie noch aus dem OP an, um Ihnen das Ergebnis vom Schnelltest der Lymphen mitzuteilen.«

Ich glaube, das war der Moment, in dem dann auch meine Mutter ihr Herz an meinen Helden verloren hat.

So vergeht der Tag ohne Probleme und ich versinke dank Schlaftabletten in einen sanften, tiefen Schlaf. Bis zum nächsten Tag, dem Tag der OP.

Luuuustig

»Ich habe Angst, Mama. Ich habe jetzt nur den einen Wunsch: Ich will wieder wach werden.«

»Aber natürlich wirst Du wieder wach, mein Schatz«, tröstet mich meine Mutter, die natürlich wieder an meiner Seite ist. Mein Mann ist zu Hause bei den Kindern, meinen Vater haben wir arbeiten geschickt. Er soll sich ablenken, und ich möchte nicht, dass er alles mitbekommt.

»Schwester, wann darf ich denn endlich die Happy-Tablette bekommen?«

Meine ganze Hoffnung liegt auf der Alles-egal-Pille, deren Wirkung ich schon ein paar Mal erfahren durfte.

»Die Tablette wirkt leider nur drei Stunden. Das wäre noch zu früh. Sobald wir wissen, wann Sie dran sind, bekommen Sie sie«, lächelt Schwester Stefanie.

»Wären Sie so freundlich und horchen nochmal? Vielleicht gibt es schon was Neues«, mischt sich freundlich, aber bestimmt, meine Tante Evelyn ein. Evelyn ist eigentlich gar nicht meine Tante, hat sich aber selbst zu dieser ernannt. Sie ist seit etlichen Jahren eine der engsten Freundinnen meiner Mutter und mir wie eine enge, immer aufgeschlossene Tante, die ich dann zur »richtigen« Patentante meiner Kinder gemacht habe. Als ich ihr am Telefon von der Diagnose mit den einfühlsamen Worten »Du Eve, ich habe Brustkrebs!« berichtete, verlor sie augenblicklich die Fassung und begann zu weinen. Es war für mich das erste Mal, dass ich sie so erlebt habe. Seitdem steht auch sie an unserer

Seite und unterstützt heute meine Mutter, tröstet und hält Händchen, während ich im OP bin.

Schwester Stefanie nickt und macht kehrt, um im OP nachzufragen.

Und für uns heißt es wieder einmal warten.

Nach einer gefühlten Ewigkeit kommt sie dann, die erlösende Happy-Pille. Ich weiß gar nicht, wie dieses Wunderwerk der Medizin wirklich heißt, aber sie ist ein Segen. Es gibt Patienten, die bemerken ihre Wirkung gar nicht, oder solche, die sie einfach verschlafen. Nicht so bei mir. Das Pillchen wirkt wie etliche Biere und einige Schnäpse. Ich beginne unverzüglich, diverse Karnevalslieder anzustimmen, und alles, aber auch wirklich alles ist sehr, sehr lustig.

Aufzug in den OP – hahahha!

Zugang zur Narkose legen – hahahahahaha!

Von zehn an rückwärts zählen – zehn, hahahah ... und weg!

Merke: Ich möchte diese Pillen für Zuhause. Eine pro Tag und die Welt ist immer in Ordnung.

»Sie boxen das einfach so weg!«

»... inger ... all ... okay ... wie ... gesagt ... ehen ... später ...«

Es ist hell. Es ist kalt. »Da zittert aber jemand«, höre ich weit entfernt eine Stimme und spüre unglaublich warme Hände auf meiner Wange. »Alles wird gut«, haucht die gleiche Stimme und hüllt mich in Decken.

Schemenhaft nehme ich immer mehr von meiner Umwelt wahr. Da war doch eben jemand, der mir irgendwas gesagt hat. War das Dr. Bertram? Hat er gesagt, alles war okay? Oder habe ich geträumt? Ich will reden, kann es aber nicht. Mein Mund ist zu trocken und ich bin müde. Unendlich müde. »... ester ...«

»Ja«, sagt die Stimme und die Schwester mit den warmen Händen kommt sofort wieder zu mir.

»Dr. Bertram da?«

»Der war eben bei Ihnen, ja. Aber ich weiß nicht, was er Ihnen gesagt hat.«

Mist. Ich muss jetzt sofort wissen, was mit den Lymphen war.

Ein paar Minuten später werde ich aus dem Aufwachraum wieder auf die Station gebracht. Mir ist immer noch kalt und ich bin auch immer noch nicht ganz da, aber ich nehme wieder alles um mich herum wahr. In viele Decken gehüllt schiebt mich die Schwester durch die Flure in Richtung Aufzug.

»Haben Sie gehört, was der Arzt gesagt hat? Was mit den Lymphen war?«

»Nein, tut mir leid. Aber er kommt bestimmt später nochmal zu Ihnen.«

Oben angekommen, öffnet sich die Aufzugstür, und da ist sie, meine Mutter! Nie war es schöner, sie zu sehen. Und nie war es schöner, ihre Stimme zu hören, denn als sie mich sieht, stößt sie sofort einen Jubelschrei aus.

»Maus!!!!! Es ist alles okay!!! Die Lymphen sind frei!«

Dr. Bertram hat meine Mutter tatsächlich mitten aus dem OP angerufen und ihr das Ergebnis des Schnelltests mitgeteilt. Wie ich erst später erfahren würde, ist meine Mutter aber vor lauter Angst gar nicht in der Lage gewesen, ans Telefon zu gehen. Das hat dann Tante Eve übernommen.

Wir sind überglücklich. Keine Metastasen! Freie Lymphen! Nur Brustkrebs! Ich bin so dankbar – und so unfassbar erleichtert.

Etwa eine Stunde später kommt dann auch mein persönlicher Held zur Tür herein. »Sie haben bei der Anästhesistin mächtig Eindruck gemacht«, lächelt er.

»Da kann ich nichts zu sagen. Ich erinnere mich leider nicht«, strahle ich ihn an.

Auch Dr. Bertram grinst über beide Ohren und versichert uns, dass alles nach Plan gelaufen sei und dies auch weiterhin würde.

»Sie werden das einfach so wegboxen.«

»Herr Doktor?«

»Ja?«

»Ich liebe Sie! Ich bin glücklich verheiratet, aber ich liebe Sie trotzdem!«

»Ich auch«, stimmen meine Mutter und Evelyn gleichzeitig mit ein.

Dr. Bertram wird ein bisschen verlegen und wünscht uns noch einen schönen Tag. Aber nicht, bevor er mir noch versichert, dass ich am nächsten Tag schon nach Hause darf: »Eine Frau wie Sie wird nicht im Krankenhaus gesund.«

Stimmt! Und abgesehen davon, hat Max übermorgen seine Kindergarten-Abschiedsfeier, und Karl Arsch und ich waren uns ja bereits einig, dass er mir meine Pläne nicht durchkreuzen wird.

Besuch der alten Dame

Dank meiner privaten Zusatzversicherung habe ich Anrecht auf ein Zweibettzimmer. Doch bisher liege ich allein, und obwohl ich recht kommunikativ bin, bin ich nicht böse darum.

Am Tag meiner Entlassung allerdings wird auch das zweite Bett belegt. Eine Frau mittleren Alters oder etwas mehr bezieht in Begleitung eines Mannes mein Zimmer.

»Och nee, das Zimmer ist aber klein! Hast du an meine Schüssler Salze gedacht, Dieter?«

»Nein.« »Och nee, Dieter!«

»Ich gehe sie dir direkt besorgen.«

»Ja, bitte. Was soll ich denn noch alles ertragen?«

»Hallo«, mache ich kurz auf mich aufmerksam.

»Ach, hallo, Entschuldigung, ich bin ein bisschen durch den Wind.« »Ist doch kein Problem.«

Die Frau ist sehr nervös und ängstlich, und im Moment scheint man ihr nichts recht machen zu können. »Ist das nicht alles schrecklich hier?«

»Was jetzt genau?«, frage ich nach.

»Na, alle hier. So unsensibel. Und das Zimmer. Nee, das kann ich alles nicht! Weswegen sind Sie denn hier?«

»Wegen der Wächterknoten-OP«, antworte ich ihr, denn wir sind hier auf der Senologie, hier liegen fast nur Frauen mit demselben Problem.

»Och, haben Sie es gut! Ich habe Brustkrebs!«

Ja! Bingo! Da kann ich natürlich nicht mithalten.

Ich erkläre ihr kurz, was eine Wächterknoten-OP ist, und sie merkt, dass es mir dann ja doch nicht so viel besser geht als ihr.

»Aber das ist alles unmenschlich hier. Diese Untersuchungen! Die haben mich sogar angemalt!«

Nein! Nicht Ihr Ernst? Der Armen bleibt aber auch nichts erspart. Da hat sie Krebs und wird dann auch noch angemalt. Relativ schnell merke ich, dass ich an keinem weiteren Austausch mit ihr interessiert bin. Doch leider kann man das von ihr nicht behaupten. Sie erzählt mir in sämtlichen Einzelheiten, wie man sie wo untersucht hat und wie unglaublich unsensibel man zu ihr war.

»Die haben mir das einfach so an den Kopf geknallt.«

»Na ja, wie hätten Sie es denn gern gehabt? Mit Fleurop frei Haus?«

»Nein, aber so was von knallhart, ohne darüber nachzudenken, wie das bei mir ankommt. Das finde ich unmenschlich! Was haben Sie denn für einen Tumor?«

»Ich habe einen Triple negativ.«

»Oh, nein! Na dann, gute Nacht!«

Schön, wenn Menschen so einfühlsam sind.

Wieder zu Hause

Mein Mann holt mich aus dem Krankenhaus ab. Nachdem die Schwestern sich ungläubig rückversichert hatten, dass ich wirklich weniger als 24 Stunden nach der Operation das Krankenhaus verlassen darf, noch dazu mit der Drainage, die in meiner Wunde steckt, fahren wir am frühen Vormittag nach Hause.

Es ist keine schmerzfreie Angelegenheit. Jede Unebenheit auf der Straße, jedes Schlagloch und jedes Mal, wenn mein Mann schaltet oder bremst, werden Wunde und Drainage lebendig. Nie kamen mir Deutschlands Straßen so schlecht vor. Doch die Tatsache, dass ich gleich meine Jungs wiedersehen darf, lässt mich alles ertragen, fast schon vergessen. Denke ich – irgendwie naiv.

»Mama!«, ruft mir mein kleiner Sonnenschein entgegen und kommt mit voller Wucht auf mich zugerannt.

»Vorsicht!«, ruft mein Mann und schnappt ihn im letzten Moment, bevor er über den Drainageschlauch stolpert. Zaghaft übergibt er mir den Kleinen, und wir drücken uns, so gut es eben geht.

»Mama aua?«, fragt Constantin vorsichtig und ich merke schon wieder diesen Kloß im Hals.

»Ja, mein Schatz. Aber nicht so schlimm. Wir müssen nur eben ein bisschen aufpassen.«

Max steht mit fragendem Blick vor mir und will wissen, wie doll es alles geblutet hat, wie groß das Messer war, was mich aufgeschnitten hat, und ob ich geschrien habe.

»Nein, Mummel. Ich habe nicht geschrien, ich habe geschlafen, während alles passiert ist.«

Das ist ihm zu langweilig und wir gehen zum Tagesgeschehen über, mehr oder weniger jedenfalls.

Ist man gesund, steht man morgens auf, geht duschen und zieht sich an. Einfach so. Wenn der eigene Körper dann Grenzen zeigt und mal nicht so funktioniert, wie wir das gern hätten, werden wir schnell unleidlich. Mir zumindest geht es so. Bisher war von Karl Arsch wenig zu spüren oder zu sehen gewesen. Ich wurde in meinem täglichen Leben von meinem neuen Mitbewohner nicht beeinflusst. Man sah es mir nicht an und ich spürte auch nichts. Man kann sich darüber streiten, ob das wirklich gut ist. Vielleicht wäre es besser, mit dem Entstehen eines Tumors würden sich äußere Zeichen bemerkbar machen – vielleicht mit einer giftig grünen Warze. Dann wüsste man wenigstens, dass etwas nicht stimmt, und ginge sofort zum Arzt: »Hallo, Herr Doktor. Hier ist eine grüne Warze. Soll heißen, ich habe wohl irgendwo Krebs.« So ist es aber nicht. Krebszellen fliegen unterhalb des Radars (so hat es mir ein Onkologe erklärt) und nisten sich unbemerkt ein.

Die Operation aber beeinträchtigt mich nun in meinem Leben. Ich habe Schmerzen. Ich weiß nicht, wie ich sitzen, stehen oder liegen soll. Die Achsel tut weh und die Drainage auch. Ich funktioniere nicht wie üblich und das ist frustrierend. Noch frustrierender aber ist die sichere Vorahnung, dass dies nur ein Vorgeschmack dessen ist, was mich während der Chemotherapie erwartet.

Was ich zurzeit am meisten vermisse, ist mein beflügelndes Gefühl. Ich war doch so glücklich, dass alles nach Plan lief. So dankbar und hoffnungsvoll. Davon ist jetzt nicht viel bis gar nichts mehr übrig.

»Kommst du heute zur Abschiedsfeier?«, fragte mich Astrid am Telefon.

»Na klar, warum denn nicht?« »Na, vielleicht weil du vor zwei Tagen operiert wurdest?«

»Das ist kein Grund! Das verpasse ich nicht! Mir geht es gut und ich schaffe das!«, lüge ich nicht nur Astrid, sondern vor allem mich selbst an. Mir geht es nicht gut, weder körperlich noch seelisch. Dennoch lasse ich mich von meinem Mann waschen, mir beim Anziehen und Stylen helfen.

Max' Abschiedsfeier findet an einem netten, kleinen See bei uns im Ort statt. Alle anderen Eltern haben sich viel Mühe gegeben und gekocht und gebacken, aufgebaut und geschmückt – nur Karl Arsch und ich haben nichts dazu beigetragen.

Mein Mann und ich kommen mit Constantin relativ spät an. Alle anderen Eltern sind schon da, aber die eigentlichen Highlights, die Vorschulkinder, sind erst noch mit den Erziehern auf dem Weg zur Location.

Mein Herz klopft bis zum Hals, ohne dass ich genau erklären kann, warum. Den Drainagebeutel habe ich in einer kleinen Tasche verschwinden lassen, ich will ja niemandem den Appetit verderben. Untergehakt bei meinem Mann, bewege ich mich mehr kriechend als gehend über die Wiese. Ich bin aufgeregt, denn sie alle wissen, dass ich gerade aus dem Krankenhaus komme. Ich habe Angst. Angst davor, dass jeder sieht, wie schlecht es mir geht. Angst davor, dass alle bei meinem Anblick an Krebs denken und Mitleid haben. Ich lächle so aufrichtig wie möglich, ziehe mir meine Sonnenbrille tief ins Gesicht und höre mich gefühlte hundert Mal sagen: »Gut, danke.«

Etwas später tragen die Kinder uns Eltern vor, was sie tagelang geübt und geprobt haben: lustige Lieder und kurze Theaterstückchen zum Thema »Schule«. Solche Aufführungen und singende Kinder rührten mich schon immer zu Tränen. Und nun erst recht.

Max so groß zu sehen, ihn mit seinen Freunden und Erziehern singen zu hören, raubt mir jegliche Fassung. So große Sonnenbrillen gibt es gar nicht, die das verbergen könnten. Also lasse ich meinen Tränen still und ein wenig abseits einfach ihren Lauf. In ihnen steckt nicht nur die Traurigkeit, dass die Kindergartenzeit unwiederbringlich vorbei ist, in diesen Tränen steckt so viel mehr. Angst, Wut, Trauer, Verzweiflung und unglaublich viel Liebe. Die Angst, bei Constantins Abschied schon nicht mehr dabei sein zu können, und die Angst, dass unsere gesamte Familie für immer ihre Unbeschwertheit verloren haben könnte. Ich muss hier weg. Und ich kann es nicht. Ich habe mich so auf diesen Tag gefreut, doch jetzt bereue ich, dass ich ihn mir angetan habe.

Sofort nach den offiziellen Feierlichkeiten kommt mein Mann zu mir.

»Wir fahren jetzt besser.«

»Ja, Hase.«

RATSCH

»Soll ich Ihnen noch einen Port organisieren?«

»Was auch immer das ist. Aber ja, gern!«

»Ein Port ist eine Art unterirdischer Zugang, über den Sie dann die Chemotherapie injiziert bekommen«, erklärt mir Dr. Bertram beim nächsten Termin.

Heute, fünf Tage nach der Operation, wird die Drainage gezogen und der endgültige histologische Befund der Lymphen liegt vor.

»Es war wie schon beim Schnellschnitt: alles frei!«, das erste Mal seit Tagen geht es mir wieder besser, denn ich kann es in dem Bericht schwarz auf weiß lesen.

Während Dr. Bertram mir weitere Details zum Port erklärt, lüftet er die Verbände und bereitet alles vor, um den Drainageschlauch zu ziehen. Dies ist eines der wenigen Dinge, um die ich mir so gar keine Gedanken gemacht habe. Und irgendwie konnte ich es mir auch nicht vorstellen. Ja, da steckt ein Schlauch in mir drin. Fertig. Wie lang der wohl ist, wo der herkommt, wo der hingeht, hat mich irgendwie gar nicht interessiert. Eigentlich ist das untypisch für mich, aber in diesem Fall ist es gut.

»Möchten Sie sich setzen?«

»Nöö. Wofür?«

RATSCH! RATSCH! RATSCH!

Mir wird schwarz vor Augen und die Beine knicken mir weg.

»Das war's.«

Ich kann noch nicht antworten.

»Es tut mir leid. Aber auch mit Vorwarnung wird es nicht besser.«

Ich kann immer noch nicht antworten. Mein Mann sitzt weiter hinten im Raum und ist grün im Gesicht. Typisch Mann! Wer hat denn gerade die Drainage gezogen bekommen? Diesen scheinbar meterlangen Schlauch, der jetzt gute fünf Tage Zeit hatte, sich schön in meinem Körper einzunisten und richtig festzuwachsen. Ich bin nicht schmerzempfindlich. Aber ich bekomme lieber noch drei Kinder, als mir noch einmal einen solchen Schlauch ziehen zu lassen.

»Sie waren mir bis eben noch ausgesprochen sympathisch, Herr Dr. Bertram«, sage ich irgendwann, nachdem ich merke, dass der Schmerz zwar schnell und heftig kam, aber auch genau so schnell wieder ging. Er grinst nur. Lustig ist er.

»Das war's von unserer Seite, Frau Staudinger. Wir übergeben Sie jetzt mit den besten Wünschen zu den Kölner Kollegen. Wann haben Sie da nochmal Termin?«

»Morgen direkt.«

»Und wann haben Sie den Termin zur Genuntersuchung?«

»Ende der Woche.«

»Sehr gut. Und übermorgen kommen Sie für den Port noch einmal kurz hier vorbei. Das geht sehr, sehr schnell.«

»Dr. Bertram, es wird alles gut werden, oder?«

»Ganz sicher wird es das.«

Ich habe ein bisschen Abschiedsschmerz. Ich habe mich hier doch so gut aufgehoben gefühlt. Aber ich sehe ja ein, dass es für die Chemotherapie einfach zu weit ist.

»Darf ich?«, fragt mein Held und deutet eine Umarmung an. *Ja, bitte unbedingt!*, denke ich, und: »Sehr gern!«, sage ich, endlich wieder glücklich.

Shoppen

Anders als Madonna bin ich kein *Material Girl.* Aber ich gehe gern shoppen. Und zwar immer. Am liebsten natürlich Mode – was aber leider nicht immer geht. Meist ist es eine Frage der Konfektionsgröße. Schon so manches Mal habe ich Größe 44 überschritten und dann habe ich einfach keine Lust mehr auf Mode. In Wahrheit habe ich keine Lust, mir Säcke zu kaufen, die ich nur kaufe, weil sie passen, und nicht, weil sie gefallen. Wenn ich also 44-plus bin, schalte ich um auf Handtaschen und Schuhe. Und wenn mir auch daran die Lust vergeht, weil sie nicht zu den Säcken passen, dann verlege ich mich auf Deko und Wohnartikel. Dazwischen shoppe ich natürlich gern auch für die Kinder und im absoluten Notfall auch für meinen Mann. Ich gebe gern Geld aus, vorzugsweise auch Geld, das ich noch gar nicht verdient habe. Vielleicht bin ich also doch ein *Material Girl*? Aber ein nettes!

Kurz vor Karl Arsch hatte ich mir einiges an überflüssigen Kilos weggejoggt. Ich bin zwar noch weit entfernt vom Model-Design, aber ich kann in den Spiegel sehen, ohne gleich grün anzulaufen. Mit einer gesunden 42 steht für mich der Modehimmel weit offen. Und man muss ja nun nicht unmodisch sein, nur weil man Krebs hat. Ganz im Gegenteil, seit der Diagnose habe ich immer das Gefühl, mir etwas Gutes tun zu müssen. Dabei spielt es keine Rolle, ob ich das Gute in besonders gutem Essen, einer heißen Badewanne, einem neuen Nagellack (ich habe mit weit über 50 Farben eine beachtliche Sammlung!) oder neuen Klamotten sehe.

Shoppen ist also nicht nur Ablenkung, sondern auch eine Art Therapie für mich – zugegeben, eine recht teure Therapie.

Mein neues Kölner Brustzentrum liegt mitten in einem recht noblen Stadtteil von Köln. Ich kenne diese Gegend recht gut, denn mein Mann und ich hatten hier unsere erste gemeinsame Wohnung. Und es gibt hier eine sehr schöne Einkaufsstraße. Was liegt also näher, als sich die Umgebung des Brustzentrums mal genauer anzusehen?

»Maus, zieh bitte mal die Stiefel hier an«, befiehlt meine Mutter mir, und wenn Mütter etwas sagen, muss man gehorchen. Allerdings gestaltet sich das aufgrund der noch frischen Operationsnarbe doch etwas schwierig, und meine arme Mutter muss mir kniend zu Hilfe eilen.

Die Verkäuferin beäugt uns etwas irritiert. »Ich bin frisch operiert, normalerweise kann ich das gut allein«, lächle ich sie an.

»Ach, Sie Arme. Was hatten Sie denn?«, fragt sie wahrscheinlich nur aus Höflichkeit und mit der festen Überzeugung, so etwas wie »Sehnenriss« oder schlimmstenfalls »Blinddarm« zu hören.

»Brustkrebs«, ist meine ehrliche Antwort. Zugegeben, es macht mir ein klitzekleines bisschen Spaß, die Menschen zu schockieren, immerhin wurde ich ja auch mit der Diagnose geschockt. Außerdem ist fast immer zu beobachten, dass das Gegenüber zwar zu Beginn verwirrt und unsicher ist, dann aber meist die Antwort kommt: »Ach, hatte meine Mutter/Schwester/Oma/Tante/Nichte/Nachbarin/Freundin/Kollegin/etc. auch.«

Diese Verkäuferin stößt einen kleinen Schrei aus und fasst sich unwillkürlich an die eigenen Brüste. Übrigens, auch das ist ein normales Phänomen.

»Oh, Gott. Oh äh, mmhh, ?!?!?!«

»Ja, ich weiß, Sie sind jetzt geschockt. Aber so ist es nun mal.«

»Ja, nein, ich meine … das ääh tut mir leid.«

»Ja, mir auch. Aber ich werde ganz sicher wieder gesund.« Wenn ich es oft genug wiederhole, glaube ich es selbst immer mehr.

»Haben Sie die Stiefel auch in 40?«

»Ja, Moment.«

Sie ist noch nicht ganz aus dem Lager wieder heraus und schon ruft sie von dort: »Meine Tante hatte auch sehr jung Brustkrebs. Ist aber schon viele Jahre her und ihr geht es blendend.«

Wusste ich es doch. Da jede achte bis zehnte Frau erkrankt, ist es rein statistisch gesehen einfach nur logisch, dass einfach jeder die eine oder andere kennt, die erkrankt ist oder es war.

Die Stiefel sind gekauft sowie passend dazu eine völlig überteuerte, aber extrem schicke Lederjacke.

»So, und jetzt, wo Sie wissen, was für eine arme kranke Maus ich bin, gucken Sie doch mal, was man da noch am Preis machen kann.«

Meine Mutter versinkt im Erdboden und ich freue mich über zehn Prozent Rabatt.

Kann, muss aber nicht

»Ambulante Chemotherapie« steht in großen, schwarzen Buchstaben auf dem Türschild. Mir dreht sich der Magen um. Das sind diese Momente, in denen das ganze Szenario so fürchterlich real wird. CHEMOTHERAPIE. Bisher kam ich mit dem Wort nur über Hörensagen in Berührung. Und das noch nicht mal aus meinem direkten Umfeld, sondern höchstens über Prominente wie Sylvie Meis, Kylie Minogue oder Miriam Pielhau. Komischerweise hat mich die Berichterstattung immer interessiert. Bei Brustkrebs habe ich immer hin- und nie weggehört. Seitdem ich denken kann und Brüste habe, begleitet mich diese Angst, selbst daran zu erkranken. War es Vorahnung? Oder waren es die Geister, die ich rief? Ich weiß es nicht. Auf jeden Fall habe ich irgendwie keine genaue Vorstellung, was genau ich mit Chemotherapie verbinden soll. Schemenhaft habe ich Sachen wie »besser verträglich als früher, aber immer noch heftig« im Ohr. Die Prominenten ziehen sich ja meist einfach ein paar Monate zurück und kommen dann mit pfiffiger Kurzhaarfrisur wieder zurück. Aber was passiert dazwischen? Wie werde ich den Cocktail wegstecken und wie funktioniert das überhaupt?

Das erste Treffen im Kölner Brustzentrum mit meinem behandelnden Arzt Herrn Dr. Meier verläuft sehr angenehm. Da ich von Natur aus ein Gewohnheitsmensch bin, ist mir die Umstellung unangenehm, zu sehr habe ich mich an Düsseldorf gewöhnt. Das ändert sich jedoch schlagartig, als ein hochgewachsener Lockenkopf meinen Namen aufruft. Als ich ihn sehe, ahne ich, dass Herr Dr. Meier auch als Kind nicht viel anders ausgesehen haben mag. Er hat etwas herrlich Jungenhaftes und Spiztbübiges, strahlt dabei aber eine unglaubliche Ruhe aus.

»Liebe Frau Staudinger. Sie kommen ja als Quereinsteiger. Wo hole ich Sie denn jetzt ab?«, fragt er mich auf seine einfühlsame Art. Ich mag ihn auf Anhieb.

»Ich möchte eigentlich nur wissen, warum mir der Tumor nicht rausoperiert wird? Dann wären wir doch sicher, dass er nicht weiterwachsen kann«, falle ich mit der Tür ins Haus. So ganz habe ich die Sache mit der neoadjuvanten Therapie schließlich immer noch nicht verstanden. Auch die Kommentare meiner Umwelt wie »Wie, der bleibt drin?«, »Oh Gott – die holen ihn nicht raus? Warum denn nicht?«, haben da nicht helfen können.

»Das ist eine gute Frage, Frau Staudinger. Doch über die Tumorart, die Sie haben, wissen wir seit ein paar Jahren sehr viel. Und es ist die beste Behandlungsmethode. Sie müssen sich das vorstellen wie bei einem Ameisenhaufen, den Sie vom Balkon aus beobachten. Sie können hingehen und mit der Schubkarre den Hügel direkt abtragen. Dann aber müssen Sie trotzdem die Wiese mit Gift besprühen. Oder aber sie besprühen sofort und sehen nur noch zu, wie der Hügel und die Ameisen immer kleiner werden.«

Das habe selbst ich jetzt verstanden. Man will also sehen, wie und ob der Tumor auf die Chemo reagiert. »Werde ich spüren, wie der Tumor schrumpft?«

»Ja, davon gehe ich aus.«

»Kann es sein, dass der Tumor auf die Chemo nicht anschlägt?«

»Maus, bitte!«, wirft meine Mutter ein. Ich muss das aber wissen. Ich habe von chemo-resistenten Fällen gehört und der Gedanke beunruhigt mich sehr.

»Ja, rein theoretisch ist das möglich, aber sehr selten«, erklärt mir Dr. Meier. Meine Stimmung ist automatisch auf dem Nullpunkt.

»Frau Staudinger, da gehen wir nicht von aus. Sie bringen die besten Voraussetzungen mit, um wieder ganz gesund zu werden. Aber«, seine Stimme wird ein bisschen ernster, »Sie müssen die Behandlung auch durchziehen.«

Und damit sind wir auch schon beim Thema Chemotherapie. Angesetzt sind insgesamt 16 Sitzungen. Es gibt zwei unterschiedliche Cocktails. Die ersten vier – aufgrund der verabreichten Wirkstoffe Epirubicin und Cyclophosphamid EC genannt – kommen im Zwei-Wochen-Rhythmus und sind wohl recht »heftig«. Dann gibt es drei Wochen Pause, bevor dann im wöchentlichen Abstand noch zwölf Mal Paclitaxel – besser als Taxol bekannt – verabreicht wird. Das Gentestergebnis, das in der dreiwöchigen Pause eintreffen wird, wird dann noch über die Zugabe von Carboplatin entscheiden, ein Medikament, das meist für Frauen mit genetischer Vorbelastung bestimmt ist.

Bisher sagt mir das alles recht wenig. Ich sehe nur einen wahnsinnig langen Weg vor mir. Und ich habe Angst, wie und ob ich die Zeit überstehen werde.

»Wir konzentrieren uns jetzt erst mal auf die viermal EC. Haben Sie schon den Port?« »Den bekomme ich morgen in Düsseldorf.«

»Super. Dann können wir am Freitag loslegen.«

Oh, Gott! Heute ist schon Dienstag. So schnell also ...

Damit steht der Plan. Nun kommen die berühmten Risiken und Nebenwirkungen. Es ist mir klar, dass Ärzte über alle – und zwar wirklich alle – möglichen eventuellen Komplikationen aufklären müssen. Aber verstehen sie denn nicht, dass ich als Patientin – die keine andere Wahl hat – es gar nicht hören möchte? Irgendwann, so zwischen Wechseljahresbeschwerden und Leukämie, klinke ich mich dann aus. Nach fast anderthalb Stunden Nebenwirkungsgespräch frage ich mich, was man eigentlich von der Chemotherapie nicht bekommen kann. Ich glaube, Schnupfen hat er nicht erwähnt. Doch hat er, zumindest indirekt.

»Die größte Herausforderung wird sein, ohne Infekte durch die Zeit zu kommen. Gerade mit zwei kleinen Kindern. Das bedeutet allerdings nicht, dass Sie räumlich getrennt werden müssen.«

Bitte? Das wäre ja noch schöner! Räumlich getrennt von meinen Kindern? Eher nicht!

»Aber Sie müssen aufpassen, und wenn ansteckende Krankheiten in Schule oder Kindergarten auftreten, dürfen Sie da nicht mehr hin.«

»Okay. Aber all das, was Sie aufgezählt haben, kann passieren, muss aber nicht, richtig?«

»Ganz genau!«

»Gut. Dann kriege ich das nicht«, beschließe ich hiermit und Herr Dr. Meier lächelt.

»Genau so. Sehen Sie die Therapie als Ihren Freund. Das ist wichtig. Um eine Sache werden Sie allerdings nicht herumkommen. Das ist der Haarausfall. Der wird sie kurz vor der zweiten Chemotherapie treffen.«

Ich habe es befürchtet. Und das macht mir wirklich Angst. Der Haarverlust ist für mich irgendwie das Zeichen für ein unausweichliches ›Willkommen im Club‹. Und ehrlich gesagt, bin ich nicht so der Club-Typ!

Herr Dr. Meier begleitet mich dann vom Brustzentrum in die Ambulante Chemotherapie (ACT) und übergibt mich dort an die Schwestern. Hier ist er also, der Ort, der das nächste halbe Jahr eine so eine vereinnahmende Rolle in meinem Leben spielen wird. Der Arzt verabschiedet sich und eine niedliche kleine Schwester spanischer Herkunft bittet mich, noch kurz im Wartezimmer Platz zu nehmen. Die ACT ist wie eine in sich abgeschlossene Praxis mit eigenen Öffnungszeiten. Der Geruch hier ist einzigartig seltsam. Das Wartezimmer ist recht groß und überall liegen Broschüren über Perücken und Kopftücher. An der Wand hängt unter anderem ein Plakat für ein Schminkseminar für Betroffene. Toll, was es so alles für die armen kranken Frauen gibt, denke ich so bei mir, beziehe es aber nicht im Entferntesten auf mich. Der Tag war lang, und um ehrlich zu sein, sehne ich mich nach diesem langen Gespräch nach Ruhe. Ich will hier nicht sitzen. Was soll ich hier in der Praxis der ambulanten Chemotherapie?

»Kommen Sie bitte durch«, ruft die Spanierin und führt mich in einen Behandlungsraum. Hier erklärt sie mir jetzt alles, was ich wissen muss. Doch mein Kopf ist voll und ich kann nichts mehr aufnehmen. Gut, dass meine Mutter dabei ist. Sie erklärt, dass ich einmal die Woche zur Blutabnahme kommen muss, und händigt mir einen hoch komplizierten Medikamentenplan aus, aus dem hervorgeht, wann ich welche Pille nehmen muss und wofür die sind.

»Soll ich Sie für das Schminkseminar anmelden?«

»Wie bitte?«

»Ob ich Sie für das Schminkseminar anmelden soll?«

»Mich?«

»Ja«, antwortet sie leicht irritiert.

»Was soll ich denn da?«

»Na ja, ich dachte vielleicht, das wäre was für Sie.«

Nee! Ist es nicht. Was soll ich denn auf einem Schminkseminar für Krebskranke? Ich bin nicht krank! Ich will das hier alles nämlich gar nicht. Und ob ich in Zukunft blauen oder grauen Lidschatten verwende, kann nicht wirklich kriegsentscheidend sein.

»Nein, danke. Das ist nichts für mich«, antworte ich entschlossen.

»Okay. So, und das hier ist Ihr Therapieausweis«, fährt sie fort und händigt mir ein kleines Heftchen aus: »Chemotherapie. Therapieausweis. Patientin: Nicole Staudinger, 15.06.1982«.

Und da ist er: der Moment. Jetzt erst begreife ich, was die hier von mir wollen. Ich bin hier in der ambulanten Chemotherapie. Da steht es. Schwarz auf weiß. Ich kann diesen Ausweis nicht annehmen. *Bitte lieber Gott, lass mich jetzt aufwachen! Du hattest deinen Spaß, aber jetzt ist es gut!* Meine Augen füllen sich mit Tränen und ich kann nicht atmen.

»Mama, ich will den nicht«, flüstere ich kaum hörbar. »Ich will nach Hause!« Meine Mutter und auch die süße Spanierin haben Tränen in den Augen. Super! Vollprofis hier! Fangen direkt mit an zu heulen.

»Entschuldigung. Ich bin noch nicht so lange hier, und wenn Sie so traurig sind, bin ich mit traurig«, rechtfertigt sich die Spanierin, die ich augenblicklich in mein Herz schließe.

Der unsichtbare Helfer

Am nächsten Morgen geht es weiter, wir müssen schon früh in Düsseldorf sein. Bei örtlicher Betäubung soll mir der Port gelegt werden. Ich bin mir nicht sicher, ob mir eine Vollnarkose nicht lieber gewesen wäre - allein schon wegen der Happy-Tablette. Die gibt es heute leider nicht, was ich sehr schade finde, denn ich könnte sie sehr gut gebrauchen. Einerseits bin ich froh, dass nun alles so schnell geht, doch ich vermisse auch die Ruhe, die ich brauche, um all das zu verarbeiten.

Konsequenterweise ist meine Mutter wieder mit mir unterwegs und wartet mit mir sowie mehreren betroffenen Frauen in einem Krankenhauszimmer. Ja, wir sind viele. Das merke ich immer deutlicher. Allein an diesem Vormittag bekommen in diesem Krankenhaus sechs Frauen einen Port. Und so wie häufig in den letzten Tagen, kommen wir auch mit diesen Frauen direkt ins Gespräch. Man begegnet sich auf einer höchst intimen Ebene, wir fühlen uns unmittelbar verbunden und das, obwohl wir uns noch nie gesehen haben. Bis auf wenige Ausnahmen sind diese Begegnungen bereichernd, anrührend und wertvoll. So auch an diesem Morgen.

Nach einer kurzen Wartezeit werde ich abgeholt und meine Mutter bleibt mit zwei fremden, frisch operierten Frauen zurück im Zimmer. Ich vermisse die Happy-Tablette sehr, als ich in den OP geschoben und vorbereitet werde. Doch die Ärzte und Schwestern geben sich große Mühe, es mir so angenehm wie möglich zu machen. Augenblicklich ist meine Angst verflogen, und ich bin froh, wieder hier zu sein.

»Nicole Staudinger, richtig?«, fragt mich ein sehr junger Mann, den ich eher als Abiturient eingestuft hätte.

»Richtig!«

»Tumor rechts, also Port links?«

»Richtig!«

»Oh, hier muss aber ein Fehler sein«, sagt er ehrlich irritiert und schaut erst mich, dann die Krankenakte an.

»Warum? Was ist denn los?«

»Das Gewicht, das hier steht, das kann nicht stimmen.«

Ich denke, dieser junge Mann hat den Kurs »Komplimente machen leicht gemacht« äußerst erfolgreich absolviert.

»Doch, das stimmt. Ich habe schwere Knochen«, erwidere ich mit ernster Miene. Wir müssen beide lachen.

»Nee, aber im Ernst. Wie groß sind Sie denn? 2,11 Meter?«

»Ja, fast!«

Die Operation geht recht schnell, aber ich finde sie unangenehm. Frau Dr. Schlömer ist die operierende Ärztin und quatscht eigentlich ununterbrochen mit mir.

»Wenn Sie irgendetwas spüren, geben Sie Bescheid, dann spritzen wir nochmal nach.«

»Bescheid!«

»Okay. Legen wir nochmal nach.«

Wir reden über die Kinder, die Arbeit, mein Seminar und über Karl Arsch.

»Wissen Sie, Frau Staudinger, eine Tüte Mitleid können Sie auch kriegen, aber die nutzt Ihnen nichts! Die nächsten Monate werden hart, aber sie werden das schaffen!«

Es ist unglaublich, was Worte wie diese in mir auslösen. Für mich ist das genau der richtige Ton. Denn es stimmt: Mitleid hilft nicht, Zuversicht aber sehr viel!

»Wenn Sie jetzt noch so ein Spritzchen hätten, wäre ich Ihnen dankbar«, bitte ich so nach 30 Minuten.

»Nee, das geht jetzt nicht. Wir müssen hier gerade durch ein paar Fettschichten.« Wie bitte? Wodurch müssen die? Ich blicke sie streng über das OP-Tuch an.

»Frau Doktor, ich glaube, ich habe mich verhört!«

»Ja, Entschuldigung, ich meinte natürlich Muskelschichten!«

Ich sehe, wir verstehen uns!

Nach einer Dreiviertelstunde ist alles vorbei und ich werde wieder nach oben geschoben. Meine Mutter sitzt noch immer mit den gleichen Frauen dort. Mit dem Unterschied, dass diese nicht mehr fremd sind und vor den Damen Kaffee und Brötchen stehen. Wie nett! »Hier haben Sie Ihr Kind zurück«, begrüßt die Schwester meine Mutter herzlich und ich darf endlich eine Tasse Kaffee trinken.

Der camparirote Cocktail

Was zieht man eigentlich zu einer Chemotherapie an? Bereits zwei Stunden, bevor das Taxi mich abholt, beschäftige ich mich mit dieser wichtigen Frage, finde aber leider keine rechte Antwort. Meinen Mann brauche ich da nicht zu fragen. Meist ist er es, der für solcherlei Dinge meine Beratung benötigt. Es sollte auf jeden Fall etwas sein, das das linke Schlüsselbein freilässt. Denn da liegt nun schon seit zwei Tagen mein neues Accessoire, der Port. So richtig habe ich mich noch nicht an ihn gewöhnt, er fühlt sich fremd und schwer an. Die operierte andere Seite ist auch noch nicht ganz verheilt – und beides zusammen macht mich rundum recht schwerfällig.

Allerdings kommt mir meine, nennen wir sie mal weibliche Figur, zugute, denn diese Stelle (so wie alle anderen Stellen meines Körpers) ist gut »ummantelt«, und daher steht der Port nicht unnatürlich nach draußen, sondern ist lediglich eine leichte, kaum wahrnehmbare Erhöhung unter dem Schlüsselbein.

Und heute soll nun erstmalig überprüft werden, wie und ob das mit dem Port so funktioniert. Ich weigere mich strikt gegen die Bezeichnung »Gift« oder »Teufelszeug« oder sonstige negative Namen, die man einer Chemotherapie geben kann. Wenn die Chemo und ich diesen Gang nicht Hand in Hand gehen werden, dann wird der Weg schwerer, davon bin ich fest überzeugt. Also versuche ich nun, meinem bevorstehenden medizinischen Cocktail so offen wie möglich entgegenzutreten.

Dennoch bin ich aufgeregt und nervös. Was passiert da gleich mit mir? Werde ich es sofort spüren? Und wenn ja, was?

»Frau Staudinger bitte!«, ruft mich Dr. Meier auf. Mit mir werden noch drei weitere Frauen aufgerufen und auf dem Flur bekommt jede ihren eigenen Medikamentenbaum. An diesem hängen schon die ersten Infusionen, beschriftet mit unseren jeweiligen Namen. Dann warten wir alle kurz im Flur und werden nacheinander zum Anpieksen aufgerufen.

»Der Port ist Ihr Heiligtum. Auf den müssen wir gut aufpassen«, erklärt mir Dr. Meier, während er sich Handschuhe anzieht und die Stelle mehr als gründlich desinfiziert.

»Einmal tief einatmen!«, und – pieks – vorbei! Das war ja schon mal gar nicht schlimm. Weniger als eine Blutabnahme. Jetzt bin ich mit dem Medikamentenbaum verbunden und als Erstes läuft Kochsalz durch mich durch.

»Kommen Sie mit, ich zeige Ihnen, wo es hingeht«, ertönt eine vertraute Stimme. Es ist die süße Spanierin, die vor zwei Tagen kleine Tränen mit mir vergossen hat. Sie zeigt mir einen von insgesamt drei Räumen mit je vier Behandlungsstühlen. Die Räume sind hell und freundlich und die sesselartigen Stühle sind wirklich der Hammer. Sie sehen ausgesprochen bequem aus und obendrein kann man sie auch noch im Fuß- und Rückenteil verstellen. Ich stelle mir sofort vor, wie schön es sein müsste, sich hier schön vollgegessen einfach nach hinten fallen zu lassen. Schade eigentlich, dass ich nicht zu einem leckeren Essen hier bin, sondern zur Chemotherapie. Aber, und das soll ich recht schnell rausfinden, das eine schließt das andere nicht aus.

»Bist du aufgeregt?«, fragt meine Mutter, die natürlich wieder mit dabei ist. Mein Mann wollte auch mitkommen, aber irgendwie empfinde ich Männer hier als unpassend. Wahrscheinlich ist es Unsinn, aber bis auf die sehr wenigen betroffenen

Männer (ja, auch die erkranken an Brustkrebs), sind eben keine Männer hier.

»Ich bin froh, dass es jetzt endlich losgeht!«, sage ich und meine es wirklich so. Endlich kommt Bewegung in die Sache. Der lange Weg der Vordiagnostik liegt hinter mir und jetzt geht es Karl Arsch an den Kragen. Daher freue ich mich fast auf die Chemo, kann aber natürlich eine gewisse Nervosität nicht von der Hand weisen.

In der ACT ist alles streng geregelt: Nicht jede Schwester darf an den Port und nicht jede darf mich um- und anschließen oder das Rädchen zum Cocktail dann schlussendlich aufdrehen. Jede hat ihre eigene Weisungsbefugnis, aber alle sind sehr bemüht und freundlich und lesen einem jeden Wunsch von den Augen ab.

Die Infusionsbeutel kommen in nochmals separat verpackten Paketen und werden dann durch »Nicole Staudinger, 15.06.82?« noch einmal gegengecheckt. »Ja, das bin ich«, antworte ich brav, und der erste Infusionsbeutel wird an mein Bäumchen gehängt.

Da sitzen wir nun. Ich befürchte, dass dieser Moment für meine Mutter ein ganz schrecklicher sein muss. Denn wenn ich mir vorstelle, mit meinen Kindern hier sitzen zu müssen, dreht sich mir der Magen um. Lieber ich als sie! Meine wird wohl das Gleiche denken ...

Das erste Medikament ist rot, sieht aus wie Campari und tropft langsam in meinen Körper. Irgendwie traue ich mich kaum, mich zu bewegen. Was jetzt wohl passiert? Doch es ist unspektakulär, denn es passiert zunächst nichts. Außer, dass ich Hunger habe und mir kalt ist. Der Mädchenklassiker eben. Warum sollte das bei der Chemo anders sein? Gegen beides kann Abhilfe geschaffen werden. Eine Decke wird mir gebracht und Mama hat Picknick dabei. Mit mir im Raum sitzt eine sehr schweigsame Frau. Sie liest die ganze Zeit und ignoriert mich eigentlich weitestgehend.

In den nächsten Wochen soll ich merken, dass diese Ruhe hier nicht der Normalzustand ist.

»Und, spürst du was?«

»Weiß ich nicht so richtig. Kopfschmerzen habe ich ein bisschen«, antworte ich meiner Mutter. Wie absonderlich ist das? Da sitzt man da und wartet auf irgendwas. Ein Feuerwerk? Nebenwirkungen? Irgendwas ... Aber eigentlich passiert nichts. In regelmäßigen Abständen sehen Schwestern und Ärzte nach mir, hängen neue Infusionsbeutel an und um und wollen wissen, wie es mir geht. Nach gut drei Stunden ist alles vorbei. Ich stehe ein bisschen wackelig auf und spüre, dass das rote Zeug, das eben noch oben in mich reingelaufen ist, postwendend in Form von rotem Urin wieder herauswill.

»War es das?«, frage ich die Schwester »Oder muss ich noch irgendwas machen?«

»Das war es. Sie können jetzt gehen. Nächste Woche gehen Sie zur Blutabnahme zu Ihrem Hausarzt und dann sehen wir uns einen Tag vor der nächsten Chemo wieder hier zum Blutcheck. Morgen bekommen Sie noch die Aufbauspritze. Die unterstützt Ihre Blutkörperchenproduktion. Wenn Sie Fieber über 38 Grad bekommen sollten, müssten Sie bitte sofort kommen. Und wenn Sie irgendwelche Fragen oder Beschwerden haben, rufen Sie jederzeit an!«

Okay. Das habe ich mir irgendwie alles anders vorgestellt. Spektakulärer oder schlimmer. Stattdessen ist alles herrlich unaufgeregt und – zumindest für die Damen von der ACT – normal und einfach nur Routine.

Stunden später

»Maus, da bist du ja schon wieder. Wie geht's dir?« und »Maaaa-maaaaa!« tönt es mir aus unserem Garten entgegen. Die Jungs haben Ferien und toben mit meinem Mann im Planschbecken.

»Ich habe Hunger«, stelle ich recht nüchtern fest und irgendwie ist so niemand verwundert. Meine Mutter betrachtet mich in den nächsten Stunden mit Argusaugen und registriert jede, aber wirklich jede Bewegung von mir. Nur um sicherzugehen, hakt sie dann auch noch nach: »Alles okay?«

»Ja«, lauten meine Antworten in den ersten zwei Stunden nach der Chemo. Dann jedoch ändert sich plötzlich alles.

»Ich glaube, ich muss an die frische Luft!«

»Dann komme ich mit.«

»Mir egal. Ich habe das Gefühl, ich muss draußen laufen«, versuche ich, meinen Zustand zu erklären. Die Kinder spielen auf der Straße. Ich geselle mich dazu und laufe die Straße langsam auf und ab. Unsere – natürlich informierten – Nachbarn stehen oder sitzen dabei, gehen mit, begleiten mich. So lange ich laufe, ist alles gut. Nur nicht stehenbleiben! Sobald ich stehe, dreht sich meine Welt und mir wird augenblicklich schlecht. Also gehe ich weiter. Ich weiß nicht genau wie lange, aber so lange, bis mich meine Kräfte verlassen und ich mich vor unsere Tür auf die Treppenstufen setze. Und da verabschiedet er sich, einfach so. Still und heimlich macht er sich davon: mein Kreislauf. Die weiße Wand, vor der ich sitze, sieht im Vergleich zu mir aus wie von der Sonne geküsst. Ich merke, wie ich das Bewusstsein verliere, und mein

Mann schafft es gerade noch, mich ins Haus zu schaffen. Meine Mutter hatte ich ungefähr eine halbe Stunde zuvor nach Hause geschickt, denn wir waren uns alle einig, dass es mir ja augenscheinlich recht gut ging. Ein Fehler, wie sich nun herausstellt, denn mein armer Mann weiß wirklich nicht, was er tun soll. Eine Nachbarin wird kurzfristig mit der Kinderbetreuung beauftragt und mein Mann hilft mir ins Wohnzimmer auf die Couch.

»Conni, was mache ich jetzt?«, fragt er meine Mutter am Telefon und ich höre nur: »Pumpen!«

Also nimmt er meine Beine und pumpt sie auf und ab. Da ich ja nun kein magersüchtiges Topmodel, sondern zur Zeit eher ein Chemomoppel bin und außerdem meine Beine so richtig hängen lasse, kommt das schon einer sportlichen Höchstleistung gleich.

»Eimer«, höre ich mich flüstern, und mein Mann läuft in den Keller, um den Putzeimer zu holen. Die Übelkeit kommt genauso schnell wie der Kreislaufzusammenbruch, bleibt dafür aber länger. Ich würge und würge – sehr oft. Sämtliche Kraft scheint meinen Körper zu verlassen und ich bin selbst zum Antworten zu schwach. So ein Gefühl kenne ich nicht. Selbst nach etlichen exzessiven Karnevalsfeiern und zwei Schwangerschaften ist mir diese Kraftlosigkeit neu. Für den Rest des Tages bin ich noch nicht mal in der Lage, zur Toilette zu gehen, ohne gestützt zu werden. Reden will ich nicht, essen und trinken auch nicht. Nur liegen. Und Ruhe.

Die Kinder bekommen von all dem recht wenig mit. Sie spielen draußen und kommen nur zum Abendbrot rein.

»Mama ist ganz arg müde von den Medikamenten«, erklärt ihnen mein Mann. Wir hatten in den Tagen zuvor versucht, Max auf das, was da kommt, vorzubereiten, ohne es selbst genau zu wissen. Daher kann er jetzt ganz gut damit umgehen und beachtet mich eigentlich kaum.

Abends, als die Kinder im Bett sind und ich immer noch reglos auf der Couch liege, immer noch unfähig zu irgendeiner Aktion, ist da etwas in meiner Brust, das die Chemotherapie als Anlass zu einer Party nimmt. Dieses Etwas tanzt eine Mischung aus Samba und Merengue. Oder es rebelliert. So genau lässt sich das von meiner Position aus nicht ausmachen. Mein Mann sieht mich lange an, dann auf meine Brust.

»Maus, was passiert denn da?«

»Er tritt aus!«

»Wie, er tritt aus? So schnell?«

»Scheint so. Aber das macht er schon seit ein paar Stunden.«

Mein Mann kann nicht glauben, was er da sieht. Denn durch meine Bluse ist ein eindeutiges Zucken zu erkennen. Es sieht ein bisschen so aus wie früher während der Schwangerschaften, als die Kinder getreten haben – nur, dass diesmal etwas in der Brust tritt und nicht im Bauch. Karl Arsch reagiert. Er zuckt, tritt, tänzelt in meiner Brust. So heftig, dass es sogar von außen zu erkennen ist. Ich bin mir noch unschlüssig, wie ich das finden soll. Dann aber beschließe ich, es als gutes Zeichen zu nehmen, werde es aber am nächsten Tag im Krankenhaus – zur Aufbauspritze – direkt ansprechen.

Der zweite Tag

Ich blinzle langsam. Ich traue mich kaum, die Augen zu öffnen, weil ich Angst habe, dass das Elend genau da weitergeht, wo es gestern aufgehört hat. Die meiste Angst habe ich vor der Übelkeit, die sich heute Nacht nochmal so heftig gemeldet hat, dass ich mehrfach würgen musste. Aber es hilft ja nichts. Ich muss wach werden und eine kurze Bestandsaufnahme meines Körpers machen. Vorsichtig öffne ich erst das eine, dann das andere Auge und lasse das Bewusstsein langsam durch meinen Körper fahren.

Gut. Alles gut.

Dann setze ich mich vorsichtig auf die Bettkante.

Geht. Geht gut.

Ich spüre nichts. Im Gegenteil. So ad hoc würde ich auf die Frage »Wie geht's?« mit einem überzeugenden »Spitze!« antworten.

Ich stehe auf und gehe ins Bad. So ganz traue ich dem Braten noch nicht.

Geht auch. Sehr gut. MIR GEHT ES GUT!

»Hase! Es geht mir gut!«, rufe ich aus dem Badezimmer.

»Was, ehrlich?« »Ja. Es ist überstanden!«, freue ich mich und ahne nicht, dass ich mich wohl zu früh freue.

Der Vormittag verläuft völlig problemlos. Um kurz nach zehn sind wir im Krankenhaus, damit ich meine Aufbauspritze abholen kann. Hier treffe ich auch kurz auf Dr. Meier, dem ich natürlich sofort von meinem sambatanzenden Karl Arsch erzähle.

»Das ist ein gutes Zeichen, Frau Staudinger. Sie werden vielleicht auch leichte Schmerzen im Tumor spüren, aber das zeigt nur, dass er reagiert«, erklärt er mir.

»Hat man Sie schon über die Nebenwirkungen der Aufbauspritze aufgeklärt?«, fragt mich die diensthabende Schwester und zieht die Spritze auf.

»Nein. Oder vielleicht doch und ich habe es vergessen oder verdrängt«, gestehe ich.

»Sie können sich grippig fühlen von der Spritze und Gliederschmerzen bekommen«, erklärt sie mir.

»Sonst nichts?«

»Eigentlich nicht.«

Wunderbar – denke ich mir. *Raus hier!* Raus in das normale Leben.

Auf dem Weg nach Hause beantworte ich all die SMS, die ich tags zuvor bekommen habe:

»Meine Liebe! Heute startet der wohl wichtigste Kampf deines Lebens! Du schaffst das! Ich weiß das! Denke an dich!«

»Sag Karl Arsch gute Nacht!«

»Liebe Nicole, wir drücken dir alle die Daumen, dass dieser Weg machbar sein wird!«

»Ab heute wird dem Krebs der Garaus gemacht!«

»Ich kann nicht fassen, dass heute deine Chemo anfängt. So eine Scheiße!«

»Bitte melde dich, damit ich weiß, wie es dir geht!«

Tags zuvor war ich nicht dazu in der Lage, die vielen Anfragen zu beantworten, heute bin ich es. Ich lasse alle wissen, wie gut es mir geht und dass das mit der Chemo überhaupt nicht so schlimm sei und dass Karl Arsch schon beim letzten Tanz ist. Ich bin eine Meisterin der Schönrederei. Vor allem dann, wenn es mir (wieder) gut geht. Was interessiert mich schon mein Elend von gestern?

Zu früh gefreut

»Constantin, was ist Deine Lieblingsfarbe zwischen Grün und Blau?«

»Gelb!«

»Ah, schön. Meine ist Lila!«

Ja, darüber spricht man bei uns zu Hause! Manchmal tue ich mir mit drei Jungs – meinen Mann zähle ich jetzt einfach mal dazu – ein bisschen leid. Es sind so ausgesprochen sinnvolle Dialoge wie diese, die mich hin und wieder daran zweifeln lassen, ob es wirklich gut ist, einen gesunden Menschenverstand zu haben, vor allem, wenn man die Einzige zu sein scheint. Denn ich merke, dass mein Mann diese Dialoge versteht und das Problem bei mir (als Frau) liegt. Mit drei Jungs muss man seine Ansprüche herunterschrauben. In nahezu allem: Hygiene, Kommunikation, gesunder Ernährung, allgemeinen Umgangsformen, Haushalt und Pupsen. Letzteres wird von meinen Jungs mit Vorliebe betrieben und gegenseitig beklatscht. Ich bin mir sicher, dass mein Mann mit von der Partie ist, wenn ich nicht dabei bin.

Heute allerdings merke ich, wie wichtig dieser tägliche Wahnsinn für die Genesung ist. Mit Kindern findet man schneller in die Routine zurück, weil Kinder ihr Recht danach so herrlich egoistisch kundtun. Sie wollen versorgt werden: essen, trinken, spielen und Popo abwischen. Ob die Mama nun Krebs hat oder nicht, interessiert sie an dieser Stelle herzlich wenig. Und das empfinde ich als herrlich. Weil es mir zeigt, dass sich eben nicht alles nur um mich und Karl Arsch dreht. Es geht auch – und zwar vor allem – um die zwei wichtigsten Personen meines Lebens: meine Kinder.

Das Leben geht eben weiter. Auch am zweiten Tag nach der Chemotherapie. So vergeht der Vormittag, doch dann gestehe ich mir einen kurzen Mittagsschlaf im Bett zu. Ich tue dies, weil ich fest davon überzeugt bin, dass das Aufstehen danach ebenso problemlos verlaufen wird wie am Morgen, doch dann muss ich erschreckt und enttäuscht feststellen, dass an Aufstehen leider gar nicht mehr zu denken ist. Jeder Knochen meines Körpers schmerzt und die Übelkeit ist auch wieder da. Dazu kommt ein Schwindel, der kaum auszuhalten ist. Ich brauche Ruhe – und Dunkelheit. Das Licht in den Augen tut mir weh und meine Wirbelsäule pocht. Das kann doch nicht wahr sein. Bis eben ging es mir doch noch gut.

»Maus, hier ist Astrid«, kommt mein Mann mit dem Telefon nach oben und erschrickt, als er mich sieht. »Oh, Astrid, es geht gerade nicht. Wir melden uns, ja?«, erklärt er kurz und knapp und setzt sich zu mir.

»Hase, mir tut alles weh«, stöhne ich. Für den Rest des Tages sind dies meine letzten Worte. Ja, auch für eine Schlagfertigkeitsqueen ist und bleibt es eine Chemotherapie.

Irgendwann beginne ich, nach meinen Selbstheilungskräften zu suchen beziehungsweise über selbige nachzudenken. Ich bin fest davon überzeugt, dass wir alle Selbstheilungskräfte in uns haben. Der eine mehr, der andere weniger. Und ich glaube, dass ich sehr viele davon besitze. Vielleicht liegt es daran, dass ich keine Altlasten mit mir herumtrage. Ja, ich gehöre zu den wenigen, sehr glücklichen Menschen, die eine schöne, nein, traumhafte Kindheit hatten, nie vom Wickeltisch gefallen sind und nichts Verborgenes unter der Oberfläche tragen. Das heißt nicht, dass unsere Familie ein Bilderbuchleben ohne Probleme hatte. Ganz im Gegenteil: Meine Halbschwester verstarb mit elf Jahren bei einem Autounfall, da war meine Mutter mit mir hochschwanger. Meine Großeltern wurden beide nicht wirklich alt und hatten mit Krebs und Demenz keinen gnädigen und vor allem einen viel zu frühen Tod.

Und trotzdem glaube ich, dass ich das glücklichste und zufriedenste Kind auf dieser Welt war. Weil ich bedingungslos geliebt wurde. Die Betonung liegt hier auf bedingungslos. Eine Liebe, die nicht an Bedingungen geknüpft wurde. Ich wurde geliebt, egal, wie ich war, und nur, weil ich da war. Probleme, und die gab es auch bei uns, wurden offen angesprochen und diskutiert, nicht unter den Teppich gekehrt. All dies schafft eine große Menge Selbstvertrauen und einen unerschütterlichen Glauben daran, dass alles gut wird. In der Folge lässt man viele Dinge einfach mal kommen und geschehen. Es gibt keine Altlasten und ohne sie kann man in schwierigen Situationen schnell mal Superkräfte mobilisieren. Für diese Fähigkeiten danke ich vor allem meinen Eltern, denn sie haben sie mir mitgegeben.

»Wer weiß, wofür es gut ist«, höre ich meine Mutter und Oma immer wieder sagen. Doch Karl Arsch hat mein Urvertrauen schwer erschüttert. Wird jetzt wirklich auch wieder alles gut? Warum trifft es gerade mich? Und: Warum frage ich mich das überhaupt? Denn wenn man seine Selbstheilungskräfte aktivieren will – und wohl auch muss –, darf man einfach nicht nach dem Warum fragen.

Doch, eine Altlast gibt es, irgendwo tief in mir drin. Sie heißt Frau P., meine Sportlehrerin aus dem Gymnasium. Ihre Anerkennung war an Bedingungen geknüpft, an Bedingungen, die ich aber nicht erfüllen konnte. Bis zum heutigen Tage kann ich keinen Handstand, keinen Radschlag und keinen Bocksprung. Ich kann nicht gut werfen, springen oder laufen. Ich kann auch kein Fußball, kein Völker- oder Volleyball. Das Erklimmen eines

Seiles entzog sich nicht nur meinen Fähigkeiten, sondern auch meinem Verständnis nach Sinn. Was soll ich denn da oben? Demzufolge mochte meine Lehrerin mich nicht und schikanierte mich: »Baut doch bitte mal den 5er-Kasten auf, Mädchen. Ach, stopp, Nicole ist ja da – dann bitte auch den 4er-Kasten.« Oder: »Wer möchte denn mal einen Handstand vormachen? Nicole?« Nein, Nicole wollte nicht, musste aber! »Dann brauchen wir bitte sieben Jungs zur Hilfestellung.« Ja ja, Frau P. ist meine Altlast. In der neunten Klasse flog ganz aus Versehen ein Volleyball auf ihre Nase und zertrümmerte diese samt Brille. Seit diesem brillanten Wurf komme ich mit dieser Altlast eigentlich ganz gut klar. Jeder hat seine ganz eigenen Tricks in Situationen wie diesen, was er wie für Kräfte aktiviert. Und so suche ich manchmal nach einem ebenso brillanten Wurf in Richtung Karl Arsch.

Genuntersuchung

»Ich habe so was von keinen Bock, heute schon wieder in irgendeine Klinik zu müssen!«, bemerke ich in einem wenig freundlichen Ton zu meiner Mutter.

»Ich weiß, mein Schatz, aber das ist ja wirklich nichts Schlimmes.«

»Ich habe trotzdem keine Lust«, entgegne ich so trotzig, wie ich es auch von meinem Sohn kenne, wenn er sich die Zähne putzen soll. Ja, wir sind halt verwandt und haben dieselben Gene. Das Kind kann also gar nichts dafür.

Apropos Gene. Genau darum geht es heute. Wir haben einen Termin im Familiären Zentrum für Brust- und Eierstockkrebs.

»Wie das schon klingt: Familiäres Zentrum. Als ob es da familiär und gemütlich wäre!«

Mit mir ist heute mal so gar nicht gut Kirschen essen. Ich bin zickig und bockig. Es ist Tag vier nach der Chemo, und heute ist der erste Tag, an dem es mir zumindest körperlich ein bisschen besser geht. Die vergangenen drei Tage waren heftig und wenig spaßig. Und ausgerechnet heute muss ich meine kostbare Zeit mal wieder in einer Klinik verbringen. An Tagen wie diesen spüre ich die gesamte Last der Welt auf meinen Schultern. Außerdem beunruhigt mich nun auch noch ein neuer Gedanke. Bei den Staging-Untersuchungen wurden meine inneren Organe, Thorax und Knochen untersucht. Nicht aber meine Eierstöcke. Dieses Gen, auf das ich heute untersucht werde, erhöht aber das Risiko von Brust- und Eierstockkrebs. Warum hat man die also ausgelassen? Und komischerweise habe ich seit ein paar Tagen ein Ziehen im Unterleib. Also hatte Frau Dr. Schlagfertig in den letzten Tagen, die sie viel im Liegen verbracht hat, ausreichend Zeit, um bei sich selbst auch noch Eierstockkrebs zu diagnostizieren. Zur Absicherung dieser Diagnose werde ich heute, nach der Genuntersuchung, noch schnell bei meiner Gynäkologin vorbeischauen.

Doch jetzt gilt es erst einmal, sich in dem Zentrum alle wichtigen Informationen zum BRCA1/BRCA2-Gen zu holen. Dieses Gen hat in jüngster Zeit bereits ausgiebig den Weg in die Presse gefunden, denn es ist eben das berühmte Angelina-Jolie-Gen. Trägt man diese Mutation in sich, liegt die Wahrscheinlichkeit, an Brustkrebs zu erkranken, bei über 80 Prozent. Da bei uns in der Familie aber noch kein Brustkrebs aufgetreten ist, bin ich mir auch ohne Untersuchung ziemlich sicher, dieses nicht zu haben.

»Frau Staudinger, eines mal vorab. Sie schaffen das. Wir sind uns beide einig, ein Urlaub wäre jetzt schöner. Aber dann machen Sie den eben danach«, erklärt mir die kompetente Ärztin in deutlichen, aber irgendwie auch sehr einfühlsamen Worten.

Ach, wie schön wäre es, wenn ich einmal am Tag mit einem Arzt reden könnte, der mir das genauso sagt. Diese Worte »Sie schaffen das« sind Musik in meinen Ohren und meine Stimmung hebt sich augenblicklich. Kurz ist auch mein frisch diagnostizierter Eierstockkrebs vergessen.

Die Ärztin erstellt einen Stammbaum unserer Familie, um die mögliche Richtung des Gens auszumachen. Außerdem erklärt sie uns sehr ausführlich, was im Fall eines positiven Befundes zu tun sei.

»Dieses Gen ist kein Todesurteil. Im Gegenteil. Sie bekommen von uns den Schlüssel zur Gesundheit«, beruhigt sie mich und weist mir die vielen Möglichkeiten von beidseitiger Brustabnahme bis hin zur Eierstockentnahme auf.

»Die akute Frage, die sich jetzt stellt, ist die des Carboplatin.«

Dieses Medikament soll später der Chemotherapie beigefügt werden, wenn das Gen nachgewiesen wird.

»Da Carboplatin auch viele Nebenwirkungen hat, sollen es wirklich nur die Frauen bekommen, die einen nachgewiesenen Nutzen davon haben. Bis dahin haben wir aber noch Zeit und diese wird für die Untersuchung dringend benötigt, denn Gentests sind sehr aufwendig.«

Wir reden lange und die Ärztin beantwortet mir alle Fragen.

»Ich glaube, Sie wissen gar nicht, wie sehr Sie uns den Tag versüßt haben«, strahlt meine Mutter, die schnell gemerkt hat, wie sich meine Stimmung seit »Sie schaffen das« verbessert hat. »Vielleicht sagen Sie jetzt noch meiner Tochter, dass es recht unwahrscheinlich ist, dass sie auch Eierstockkrebs hat. Sie will nämlich jetzt schnell und spontan noch zu ihrer Gynäkologin.«

Oh, Mama, musst du mich so verraten?

»Wie kommen Sie denn darauf?«, fragt sie mich, und ich weihe sie in meine medizinischen Gedankengänge ein.

»Also, ich kann Ihnen natürlich nicht garantieren, dass da nichts ist, aber wenn Sie jetzt ohne Termin zu Ihrer Gynäkologin gehen, wird sie Sie bei dem Vorbefund natürlich drannehmen. Und sie wird einen Ultraschall machen. Und dann wird sie sagen: ›Alles super, bis auf eine Zyste‹. Dann fragen Sie ›Zyste? Wieso Zyste?‹ Und weil Sie ohne Termin gekommen sind, hat sie nicht ausreichend Zeit, Ihnen die Angst zu nehmen. Sie gehen dann nach Hause, googeln und laufen eine Woche Amok, bevor Sie dann wieder zu ihr laufen, dieses Mal mit Termin, und sie Ihnen ruhig erklären wird, dass alles in Ordnung ist. Oder aber,

Sie gehen jetzt mit Ihrer Mutter lecker essen und vereinbaren in aller Ruhe einen Termin für nächste Woche.«

Also gehe ich mit meiner Mutter eine Pizza essen und rufe meine Gynäkologin an, um einen Termin zu vereinbaren. Eine Woche später wird sie einen Ultraschall machen und mir in aller Ruhe erklären, wie unauffällig meine Eierstöcke aussehen.

»Prost!«

»Glaubst du, es ist gut, wenn du da so oft dran rumfummelst?«, fragt meine Mutter mich.

»Ich fummel nicht, ich messe ihn ab«, entgegne ich fachmännisch und rechtfertige somit die ständige Berührung meiner rechten Brust. Ich nehme Maß von Karl Arsch, damit ich merke, wenn er sich verändert. Wenn ich mit den Fingern in kleinen Schritten »um ihn rum« gehe, dann waren es gestern noch zwölf Mini-Schritte.

Und heute Morgen sind es nur noch elf. Da dieser Fortschritt aber erstens zu schön wäre, um wahr zu sein – denn immerhin ist die erste Chemo gerade einmal zehn Tage vorbei – und zweitens zu verschwindend gering ist, behalte ich die Neuigkeit lieber für mich. Wahrscheinlich spinne ich eh. Nach der ersten Chemo eine Verkleinerung, das halte ich für ausgeschlossen.

Es sind noch vier Tage bis zur nächsten Ladung und mittlerweile bin ich wieder absolut beschwerdefrei. Vier Tage lang war ich von der Außenwelt nahezu abgeschottet und konnte, bis auf kurze Spaziergänge, nicht viel machen. Die Übelkeit und der schwache Kreislauf waren meine ständigen Begleiter. Dazu kam eine alles übermannende Müdigkeit, die mich an Haus und Couch gefesselt hatte. Ab dem fünften Tag ging es dann aufwärts und nach einer guten Woche war meine Welt wieder in Ordnung. Macht also immer noch eine gute Woche Leben, die da jetzt auf mich wartet, und mit diesem Schnitt kann ich leben.

Mein Alltag hat mich also wieder, ich kann wieder Auto fahren, die Kinder allein betreuen, und heute ist der erste Tag, an dem ich sogar wieder zum Walken verabredet bin. Und deswegen bin ich so aufgeregt wie bei einem ersten Date. Astrid holt mich am späten Nachmittag ab und wir gehen unsere erste After-Chemo-Runde durch die warme Sommerluft.

»Du bestimmst das Tempo!«, lächelt Astrid mich an und ich bin noch etwas wackelig auf den Beinen. Der natürliche Schatten des dichten Waldes, die frische Luft und das plätschernde Wasser vom See haben eine Wirkung, mit der ich so nicht gerechnet hätte. Es ist, als ob meine gesamten Lebensgeister zu mir zurückkehrten. Jeder Schritt tut gut und mit jedem Schritt geht es mir besser. Ich bin irgendwie immer noch aufgeregt und nervös, aber jetzt eher vor Freude: Es geht noch! Wunderbar! Ich walke, und das gar nicht so langsam, wie auch Astrid findet:

»Also damit hätte ich jetzt nicht gerechnet.«

»Ich auch nicht.«

Wir gehen gute fünf Kilometer und reden über dies und das, natürlich über Karl Arsch, aber auch über Belangloses.

»Bist du sicher, dass wir nicht zu schnell sind?«

»Ganz sicher«, beteuere ich.

»Na, das muss dir erst mal einer nachmachen. Es sind 29 Grad im Schatten, du bist mitten in einer Chemo und läufst hier mal eben so um den See«, lobt Astrid mich und ich finde: Sie hat recht! Das muss mir tatsächlich erst mal einer nachmachen. Mit ein bisschen Stolz und ganz viel Schweiß kehren wir in den anliegenden Waldbiergarten ein und gönnen uns ein alkoholfreies Weizen. Es schmeckt himmlisch. Der ganze Abend fühlt sich an wie ein Traum. Es ist wunderschön für mich, wieder so am Leben teilhaben zu können, und ich habe wirklich Tränen in den Augen, als wir beiden uns mit einem kräftigen »Prost!« anstrahlen. Soll das hier etwa heißen, dass das vielleicht doch alles gar nicht so schlimm wird? Wird Walken vielleicht wie eine Art zusätzliche Therapie für mich? Darf ich zwischendurch doch noch ganz viel Spaß am Leben haben? Darf man mit Krebs überhaupt noch Spaß haben? Fragen, die mich in den letzten Tagen oft bewegt haben. Muss ich die nächsten Monate nur über mich ergehen lassen oder kann ich sie trotzdem nutzen und den einen oder anderen Moment sogar genießen? Und wer schreibt mir das vor? Mir geht viel durch den Kopf und ich treffe für mich eine Entscheidung: Du gehst mit offenen Augen durch diese Zeit und erfreust dich, vielleicht sogar noch mehr als früher, an den guten Tagen! Und ob ich Spaß haben darf? Aber unbedingt! Karl Arsch soll derjenige und der Einzige sein, der unter Garantie nichts zu lachen hat.

Kleiner!

Er war zwölf Schritte groß. Ich habe Karl Arsch ungefähr eine Million Mal abgemessen und er war zwölf Schritte groß. Gestern war er nur noch elf Schritte groß, da dachte ich noch, ich würde spinnen. Aber heute messe ich nur noch neun.

»Hase!« Es ist morgens, 5.40 Uhr, und mein Mann reagiert nicht so schnell, wie ich mir das wünsche.

»Hase!«

»Mmmhh!«

»Hase, wach auf!«

»Was ist denn los?«

»Er ist kleiner!«

Jetzt ist Hase wach. Geht doch. Dass man immer erst so deutlich werden muss.

»Bist du sicher?«

»Nein, bin ich nicht. Deswegen fühl du doch bitte!«

Ich hatte meinen Mann ein paar Tage zuvor zur Sicherheit auch noch einmal Maß nehmen lassen, weil ich geahnt habe, dass genau das passieren würde. Ich brauche eine zweite Meinung. Wir sitzen also um 5.41 Uhr aufrecht im Bett und mein Mann fühlt meine rechte Brust. Es gab eine Zeit in unserem Leben, da haben wir Ähnliches zu ähnlichen Uhrzeiten gemacht, aber das hatte andere Gründe. Damals sind wir noch verliebt übereinander hergefallen, haben keine Minute versäumt, ehe es zur Arbeit ging. Heute gibt es kein Vorspiel, heute tastet mein Mann, ob sich mein Tumor verkleinert hat. Sehr romantisch.

»Ich weiß nicht, Maus.«

»Wie, du weißt nicht?«

»Na, ich bin mir nicht sicher.«

»Doch, Hase, aber ganz ganz sicher.«

»Na, wenn du das sagst, dann ist das so.«

Toll, jetzt bin ich genauso weit wie vorher.

Ich verabrede mich mit mir selbst an dem Ort, an dem alles angefangen hat: unter der Dusche. Hier habe ich Karl Arsch zum ersten Mal gefühlt und hier werde ich ihn jetzt noch einmal genauer unter die Lupe nehmen. Ich taste ihn mit geschlossenen Augen. Übrigens: Mit geschlossenen Augen tastet es sich wesentlich besser. Ich weiß von einer Freundin, dass es mittlerweile sogar blinde Frauen gibt, die das professionell in gynäkologischen Praxen machen. Diese blinden Damen reisen wohl von Praxis zu Praxis und tasten mit ganz viel Gründlichkeit und – im wahrsten Sinne – jeder Menge Fingerspitzengefühl die Brüste der Patientinnen ab. Eine strahlenfreie, und wie ich finde, tolle Sache. Zwischen den Früherkennungsterminen (ich persönlich finde das Wort »Vorsorge« falsch, denn vorsorgen kann man nicht, man kann nur rechtzeitig erkennen) kann aber jede Frau sich selbst abtasten, und zwar eben am besten mit geschlossenen Augen. Damit wir unsere Brust kennenlernen. Damit wir die harmlosen von den bösen Knoten zu unterscheiden lernen. Damit wir wissen, wann es vielleicht hormonelle Veränderungen sind, die von Monat zu Monat wiederkehren, oder ob es sofort Zeit ist, zum Arzt zu gehen.

Während das Wasser von oben auf mich niederprasselt, kommt es mir ziemlich verrückt vor, was ich hier mache. Ich habe erst einen einzigen von insgesamt 16 Chemo-Zyklen hinter mir. Was soll nach einer einzigen Chemo schon passiert sein? Scheinbar recht viel, denn mein fachmännisches Ergebnis ist eindeutig. Ich kann meinen Fingerkuppen zwar selbst kaum glauben und überprüfe nochmal und nochmal. So lange, bis das Wasser kalt wird, doch es gibt keinen Zweifel: Er ist kleiner. Ich konnte ihn immer durch bloßes Handauflegen spüren, das kann ich jetzt schon nicht mehr so deutlich. Er ist kleiner. Definitiv. Und irgendwie weicher. Das würde bedeuten, die Chemo schlägt an. Und das würde bedeuten, dass ich tatsächlich wieder gesund werde. Ich lache. Ich weine. Ich kann mein Glück nicht fassen. Die Chemo schlägt an! Eine andere Erklärung kann ich nicht finden. Vergessen sind all die heftigen Nebenwirkungen. Mir ist alles egal. Leute, lasst mich leiden wie einen Hund: Hauptsache, ich werde wieder gesund!

Während ich mich langsam abtrockne und anziehe, rufe ich laut nach meinem Mann. Doch er steht schon in der Tür. Ich erschrecke, hatte ich ihn doch unten bei den Kindern und nicht unmittelbar neben mir vermutet.

»Ich verkünde feierlich: Karl Arsch gibt auf! Er ist kleiner!«

Mein Tonfall lässt jetzt auch bei meinem Mann keinen Raum mehr für Zweifel und er nimmt mich einfach nur in den Arm. Auch er weiß, was das bedeutet. Ich gehöre nicht zu den selteneren Fällen, in denen Tumore nicht schrumpfen. Keiner von uns hatte zwar wirklich damit gerechnet, dass ich ein solcher Ausnahmefall sein könnte, aber mit 32 Jahren an Brustkrebs zu erkranken, dazu an einem Triple negativ, war schließlich auch ein Ausnahmefall, mit dem so richtig keiner gerechnet hatte.

»Maus, was habe ich dir gesagt? Alles wird gut!«

Aus seiner Stimme höre ich Zuversicht, aber, und das höre ich vor allem, seine ganze Angst um mich. Er hat Tränen in den Augen, und ich erkenne, dass er längst nicht so stark ist, wie er vorzugeben scheint. Mein Mann hat Angst. Er hat Angst, mit zwei kleinen Kindern allein zu sein. Er hat Angst, seine Frau bald am Grab besuchen zu müssen. Und diese Angst, die uns beiden so allgegenwärtig ist, hat bisher jegliches Gespräch über das

Thema im Keim erstickt. Ich nehme sein Gesicht in beide Hände und blicke ihn an: »Hase, ich verspreche dir, dich nicht allein zu lassen.«

Mehr müssen wir nicht sagen. Wir umarmen uns lange und fest und hier schwingt mehr mit als in tausend Worten.

»Ich kann es nicht fassen, dass die Chemo nach nur einem mal so viel gebracht hat«, sage ich, immer noch fassungslos glücklich im Bad zu ihm.

»Scheint so. Du hast mir doch selbst erklärt, dass sie sich auf alles stürzt, was sich schnell bewegt, oder?«

»Ja, genauso hat es mir Dr. Meier erklärt. Die Chemo zerstört alle Zellen, die schnell wachsen. Krebszellen wachsen sehr schnell, wie zum Beispiel Haarzellen eben auch.«

»Mmmh«, brummt mein Mann recht merkwürdig.

»Was ist?«

»Dann weißt du ja, wofür du all das auf dich nimmst, Maus«, sagt er langsam. Sein Tonfall beunruhigt mich. Ich drehe mich zu ihm um, folge seinem Blick und erkenne sofort, was los ist. Ich wusste, dass es passieren würde, ich hatte es aber irgendwie verdrängt. Dass es gerade jetzt, heute, in diesem Moment, passiert, damit hatten wir wohl nicht gerechnet. Wir blicken in dieselbe Richtung: Das Wasser steht in der Duschtasse, der Abfluss ist verstopft und auf der Wasseroberfläche schwimmen zahllose blonde Haare.

Wer braucht schon Haare?

Es ist ja nicht so, als hätte ich mich auf den Haarausfall nicht vorbereitet. Eine selbstbestimmte, moderne Frau wartet ja nicht tatenlos ab, bis sie wie Sinéad O'Connor im Bett erwacht, sondern sucht sich schon vorher einen Profi, der sie auf diesem Weg begleitet. Ich entschied mich für ein alteingesessenes Fachgeschäft in der Stadt. Schon ein paar Tage vor der ersten Chemo hatte ich hier den ersten Termin zur Beratung und Perückenanfertigung. Denn für mich steht fest: Mit Glatze wird mich keiner sehen! Ich will eine schön lange, blonde Echthaarperücke haben.

»Mama, wenn es geht bis zum Popo«, äußert Max noch seinen Wunsch, dem meine kurzen Haare immer noch nicht so recht gefallen. Ich finde die Idee auch ganz cool, zumal ich mir denke, dass ich es doch nie mehr so einfach haben werde wie mit Perücke. Ich erinnere mich gut 25 Jahre zurück, als ich noch vor meinem Schminkkopf saß und der Büste tolle Frisuren machte. So ähnlich stelle ich mir das jetzt auch vor. Ich könnte meinen Haaren auf einem dafür extra vorgesehenen Perückenkopf ganz tolle, aufwendige Flecht- oder Hochsteckfrisuren machen, ohne mich zu verrenken, und bräuchte sie dann nur noch aufzusetzen! Toll! Mädchen halt! Die prominenten Beispiele à la Sylvie Meis (damals noch van der Vaart) machten es ja auch vor. Mit einer guten Perücke kannst du wunderbar am Leben teilnehmen und keiner entdeckt dein kleines Krebs-Geheimnis.

Der Salon ist wie eine kleine Zeitreise. Ich bin mir nicht sicher, ob die Einrichtung stylisch im Retrostil oder einfach nur fürchterlich altbacken ist. Ich komme mir vor wie in den sechziger Jahren, nur dass ich leider nicht Doris Day bin, die »Que será« singt, sondern eine Frau mit Brustkrebs, die gern blonde Haare bis zum Po will. Zusammen mit meiner Mutter und der Chefin des Hauses gehen wir in diskret separierte Räumlichkeiten. Hier im Zweithaarfachgeschäft ist es nicht nur old-fashioned, sondern vor allem sehr einfühlsam und vertraulich. Die noch recht junge, ebenfalls blonde Inhaberin führte dieses Gespräch nicht zum ersten Mal. Sie hat viel Erfahrung mit Krebspatientinnen, auch mit jüngeren, wie mir scheint. Sie erzählt mir alles, was ich über Perücken wissen muss, und wir suchen schon während des Gespräches nach der richtigen Farbe.

»Ich denke, diese hier kommt Ihrer Naturfarbe am nächsten. Wir schneiden überall einen Flaum, damit Sie die Haare auch hochstecken können und man die Perücke nicht sieht. Und wir färben einen kleinen Ansatz rein.«

»Bitte? Den färbe ich mir immer extra weg«, gestehe ich.

»Ja, aber wenn es zu blond ist, sieht es unecht aus.«

Weiterhin erklärt sie mir, dass Echthaar bei mittellangen Haaren, wie ich sie gern hätte (von »bis zum Po« haben wir uns aus finanziellen Gründen weit entfernt), Sinn ergeben würde.

»Kunsthaar macht man eigentlich nur bei kurzem Haar bis maximal zur Schulter.« Und dann geht es los: Ehe ich mich versehe, habe ich eine unglaublich hübsch machende Plastiktüte auf dem Kopf, die ich rechts und links fest nach unten ziehen muss, damit sie schön stramm sitzt. Dann wird der Gipsabdruck aufgetragen. Ich gefalle mir. Spontan muss ich an eine noch nicht entdeckte Form des japanischen Faltenhundes denken. Selbst meine Mutter muss lachen. Als sie ein Foto von mir machen will, drohe ich ihr mit einem langsamen, qualvollen Tod.

»Der Haarausfall kommt ja höchstwahrscheinlich vor der zweiten Chemo, also machen wir dementsprechend einen Termin zur Anpassung.«

Das Timing ist perfekt, denn genau an diesem Morgen haben meine Haare die Dusche verstopft.

Glücklicherweise kollidiert der Haarausfall mit dem Schrumpfen von Karl Arsch. Ich fühle mich stark, habe ich doch gerade den Beweis erhalten, wie gut die Chemo anschlägt. Da ist der Haarausfall nur die logische Konsequenz.

»Mama«, poltere ich am Telefon los. »Ich habe eine gute und eine schlechte Nachricht für dich.«

Meine Mutter kann in letzter Zeit weniger gut über meine Witze lachen, was ich zwar verstehen kann, aber nicht weiter beachte.

»Dann bitte erst die gute!«, sagt sie vorsichtig.

»Karl Arsch ist kleiner.«

Stille.

»Hallo?«

Stille.

Ich gucke in das Telefon. »Hallo?«

»Ehrlich ...?«

Aus ihrer Antwort höre ich die gleiche Mischung aus Angst und Zuversicht, wie ich sie kurz zuvor schon bei meinem Mann festgestellt hatte.

»Ja, Mama. Ganz ehrlich. Ich würde es euch nicht sagen, wenn ich nicht wirklich ganz sicher wäre.«

»Du, Maus. Hier klingelt es. Ich rufe dich gleich zurück.«

Das war gelogen. Ich weiß es. Ich bin eben auch Mutter und höre es sofort, wenn ich von meinen Lieben angelogen werde. Ich weiß, dass meine Mutter jetzt gerade weint, und es tut mir unendlich leid, dass sie wegen mir solche Tage erleben muss. Ich selbst befinde mich in der luxuriösen Situation, ganz aktiv gegen den Krebs kämpfen zu können. Ich bin der aktive Teil, während mein gesamtes Umfeld nur passiv danebensitzen kann. Ich kämpfe lieber, als dass ich zugucke, aber genau das würden die Menschen um mich herum auch gern tun. Allein bei dem

Gedanken, dass meine Kinder von einer so schweren Krankheit betroffen wären und ich nichts machen könnte, als danebenzusitzen, dreht sich mir der Magen um. Von meiner Mutter weiß ich, dass sie mir den Krebs heute am Tag sofort mit allem Wenn und Aber abnehmen würde. Ich würde allerdings das Gleiche für sie tun. Man will nicht, dass Menschen, die man liebt, so leiden. Man will helfen. Aber das geht schwer. Ich kann den Krebs nicht auf jemand anderen abladen. Ich kann niemanden sonst zur Chemo schicken. Ich würde es auch nicht tun, wenn ich könnte. Denn das wünsche ich niemandem.

Das Telefon klingelt wieder. »Maus? Entschuldigung. Aber bist du dir wirklich sicher?«

Sie weint und versucht gleichzeitig, sich zusammenzureißen. Mir steigen Tränen in die Augen: »Ja, Mama. Ich bin mir ganz ganz sicher. Alles wird gut werden.«

Die Anspannungen der letzten Tage und Wochen scheinen sich wie in einem gestauten Bach von meiner Mutter zu lösen. Sie weint und weint. Erleichterung, Freude, Angst, Wut und vor allem ganz viel Mutterliebe schwingen in diesen Tränen mit. Ich weine auch. Mein Mann auch. Es tut so gut. Zwischendurch murmelt sie nur Dinge wie »Tut mir leid«, »Alles okay« und »Wusste ich doch«, und ich lasse sie weiter weinen. Dafür, dass sie ja so genau wusste, dass die Chemo natürlich anschlägt, scheint sie mir doch recht wenig gefasst.

»Geht's wieder?«, frage ich nach einer kleinen Ewigkeit.

»Ja. Aber was ist die schlechte Nachricht?«, fragt sie augenblicklich, nachdem sie ihre Fassung wieder hat. »Mir fallen die Haare aus.«

Es ist unglaublich, wie schnell das geht. In weniger als einer Minute sind alle Haare ab – verstreut auf meinen Schultern und dem Boden. Begleitet wird dieser Akt vom gleichmäßigen, leisen

Rumoren des Rasierers. »Langsam oder schnell?«, hatte mich die Friseurin des Zweithaar-Retro-Fachgeschäfts gefragt.

»Ganz schnell!«, antwortete ich und bin selbst erstaunt, wie locker ich das nehme. Wie sollte es anders sein, bin ich auch zur Anpassung meiner Perücke am Nachmittag in Begleitung meiner Mutter. Für sie ist das schwerer als für mich.

»Jetzt siehst du wieder aus wie mein kleines Baby«, meint sie aufmunternd und doch etwas melancholisch zu mir. Mich dagegen beflügelt immer noch der sich vom Acker machende Karl Arsch und so lasse ich diesen Termin einfach als notwendiges Übel über mich ergehen. Denn ich weiß, ich komme da nicht drum herum, ich muss da einfach durch.

Und doch ist die Situation traurig und bezeichnend. Hier sitze ich also. Eine junge Mutter von zwei Kindern in der Chemotherapie. Und jetzt bekomme ich auch noch das Zeichen, das uns alle eint: die Glatze. Jetzt gibt es kein Entrinnen mehr, jetzt hat er mich auch äußerlich eingeholt, der Krebs. Mit meinen Haaren verliere ich auch irgendwie den Schutz. Jetzt kann es jeder sehen und ab jetzt bin ich angreifbar. Ich kann mich nicht mehr hinter Haaren verstecken, zumindest nicht hinter meinen eigenen. Doch dann kommt die Rettung: mein neuer Hut. Die Friseurin zeigt mir, wo ich wie den Kleber zu setzen habe und wie ich den blonden Schatz am besten aufsetze.

»Das erfordert ein bisschen Übung am Anfang. Aber das kriegen Sie schnell hin«, erklärt sie mir und drei Sekunden später bin ich von der glatzköpfigen Krebskranken zum blonden Vamp geworden.

»Wow!«, meine Mutter ist beeindruckt. »Das gibt's ja nicht. Man sieht ja nichts. Du siehst exakt so aus wie vorher.«

Sie hat recht. Der schulterlange Stufenhaarschnitt mit Pony, der jetzt fast eine Stunde gedauert hat, hat sich gelohnt, denn ich gefalle mir jetzt wirklich sehr, sehr gut. Jetzt erlaube ich meiner Mutter, Fotos zu machen, so viel sie will.

»Mama. Das ist ja der Hammer. So lässt sich die Zeit doch gut aushalten. Die ziehe ich nie wieder aus!«, rufe ich voller Freude.

Ich ahne noch nicht, dass dies das erste und fast letzte Mal gewesen sein wird, an dem die Perücke auf meinem Kopf sitzt. Eigentlich waren meine Haare immer so das Einzige an meinem Körper, was ich wirklich ganz in Ordnung fand. Über den Rest konnte man streiten. Ich sage extra »konnte«, denn der Blick für die eigene Attraktivität verändert sich, wenn man ohne Haare ist. Es klingt verrückt, doch ich finde mich heute ohne »nerviges Gewusel auf dem Kopf« (wie es eine Facebook-Freundin schrieb) eigentlich viel schöner. Ich sehe zum ersten Mal, dass ich schöne Augen und Wangenknochen habe. Ich habe schöne Zähne! Was übrigens von Vorteil ist, wenn man oben ohne durchs Leben geht. Und ich habe eine schöne Haut. Und ich nehme das alles zum ersten Mal wahr. Vergessen sind mein dicker und rundlicher Po, die strammen Oberschenkel und diverse andere Schönheitsmakel, die uns von der Industrie vorgegeben werden. Na ja, vergessen vielleicht nicht ganz, aber schwer ins Hintertreffen geraten, denn es sind ja nur Äußerlichkeiten. Und eines habe ich ganz sicher gelernt: Ich bin weder »nur« Haare noch »nur« Titten. Ich bin so viel mehr.

2. Runde

Der Tag, an dem ich die Perücke bekomme, ist der Tag vor der nächsten Chemotherapie. Am nächsten Tag geht es wieder rund. Die Schonzeit ist vorbei und ab jetzt heißt es wieder: Elend mit Ankündigung. Abends gehe ich mit Astrid noch eine große Runde Walken und wir essen zu Hause alle noch eine leckere Pizza – meine Henkersmahlzeit.

Am nächsten Morgen stehe ich besonders früh auf, um meinen neuen Hut auch schön zu stylen, zu kämmen und zu drapieren. Ich will besonders hübsch aussehen mit der Perücke.

»Tadaa!« rufe ich stolz meinem Mann entgegen, als ich mit dem Styling fertig bin.

»Mmh«, murmelt er aber nur.

»Was heißt hier ›mmh‹?«

»Ja, ich finde, es sieht so verkleidet aus.«

»Spinnst du? Die sehen genau so aus wie meine echten Haare«, empöre ich mich fast.

»Ja, schon, aber ich weiß, dass darunter keine sind.«

Mein Mann wieder. Der Mann, für den ein Lippenstift schon ein absolutes No-Go ist, hat jetzt auch noch ein Perückenproblem! Er hätte am liebsten alles naturbelassen. Grundsätzlich ist auch nichts dagegen einzuwenden, aber in diesem Fall scheint es mir doch etwas übertrieben. Ich setze noch ein ganz leichtes Tages-Make-up auf, verabschiede mich von meinem Mann und verlasse das Haus in Richtung wartendes Taxi. Draußen trifft es mich wie ein Keulenschlag. Denn obwohl es erst zehn Uhr vormittags ist, sind es bereits gefühlte 34 Grad. Und hier merke ich zum ersten Mal, dass eine Perücke vielleicht hübsch aussieht, aber eben keineswegs atmungsaktiv ist.

»Toll siehst du aus, mein Schatz«, empfängt mich meine Mutter vor dem Krankenhaus. Sie ist natürlich, wie zu jeder weiteren Chemo auch, mit dabei.

»Mama, heute Abend kann ich schon sagen, dass ich die erste Hälfte vom ersten Medikament hinter mir habe.«

»Ja, das stimmt. So habe ich das noch gar nicht gesehen«, bestätigt sie mir, der Meisterin der Schönrechnerei. Pessimisten würden sagen, es ist die zweite Chemo von insgesamt 16. Das klingt mir aber viel zu lang. Also habe ich mir erst mal die vier EC vorgenommen. Und so gesehen, ist ja heute schon die Hälfte erreicht.

»Hat das gut geklappt mit der Perücke?«

»Ja, das ist wirklich recht leicht. Und das Beste ist, dass man den Fiffi vor sich auf dem dazugehörigen Kopf stylen kann und nicht mehr die Arme zu verrenken braucht. Eigentlich echt praktisch, wenn auch sehr warm«, gebe ich zu.

Der Mensch ist und bleibt ein Gewohnheitstier, passt sich aber auch erstaunlich schnell neuen Situationen an. Krebs bildet da ebenso wenig die Ausnahme wie der Gang in die ambulante Chemotherapie. Ich komme mir schon vor wie ein Vollprofi. Schließlich weiß ich genau, was jetzt auf mich zukommt. Und dann kommt es doch überraschend: Der Geruch haut mich um und mir wird schlagartig übel. Zu sehr ist dieser Geruch mit dem Gefühl der ersten Chemo verknüpft. Ein Streich, den ja einzig und allein mein Kopf mir spielt, denn eine organische Ursache für die plötzliche Übelkeit gibt es nicht.

Alles läuft so wie beim ersten Mal, nur dass ich nicht mehr so nervös bin und dass wir unglaublich liebe Mit-Chemo-Patientinnen im Raum haben. Meine Leidensgenossin ist schon mit mir im Taxi hergefahren, denn wir kommen aus dem gleichen Ort, wenngleich sie über 30 Jahre älter ist als ich. Die Dame wird von ihrer sehr temperamentvollen und lustigen Tochter begleitet und wir sind uns auf Anhieb sympathisch. Wie ich bereits in anderen Krebs-Wartezimmern erfahren hatte, ist es eine neue, ganz andere Ebene, auf der man sich begegnet. Alle hier unten eint das gleiche Schicksal. Lernt man sonst neue Menschen kennen, so geht es doch meist über Geplänkel und den üblichen Small Talk nicht hinaus. Gefolgt von »Was machst du denn so?«, in meinem Alter auch gern »Hast du schon Kinder?« oder »Bist du verheiratet?« dümpelt das Gespräch meist so vor sich hin. Wenn man Glück hat, findet man vielleicht hier und da eine Gemeinsamkeit, an der man sich dann hilfesuchend entlanghangelt. Das ist hier in der ACT ganz anders. Der Einstieg erfolgt immer über den Krebs. Und wenn man dann herausfindet, dass man auch nur in etwa die ähnliche Einstellung zu dem Thema hat (nämlich: Ja, habe ich, aber nicht mehr lange!), dann folgen auch ganz schnell andere Gesprächsthemen. So war es an diesem Vormittag bei uns. Meine kleine Türkin – wie ich sie mit ihrem Einverständnis getauft habe – und ich haben exakt den gleichen Tumor: Triple negativ. Ihre Behandlung sieht allerdings etwas anders aus, weil sie an einer klinischen Studie teilnimmt. So bekommt sie beispielsweise sofort das Carboplatin, das bei mir nur im Fall einer Genmutation dazugegeben wird. Und so quatschen wir vier die ersten drei Stunden lustig drauflos und verbringen einen wunderschönen Vormittag. Danach sieht man uns beiden an, dass das, was wir da bekommen, kein Zuckerwasser ist. Meine kleine Türkin und ich sind bleich und reden möchten wir eigentlich auch nicht mehr. Uiuiui, das letzte Mal um diese Zeit ging es mir noch gut. Jetzt ist mir arg übel und ich sehe nur noch verschwommen. Dazu tropft mir der pure Schweiß von der Stirn. Die Perücke und ich stehen auf Kriegsfuß.

»Maus, alles okay?«

»Müde«, antworte ich noch und falle dann für die letzte Stunde in einen tiefen Schlaf.

»Oh, heute ist sie aber platt«, höre ich die vertraute Stimme der spanischen Schwester, die mich von meiner Portnadel befreien will.

»Mmmh«, antworte ich ganz schwach und registriere erst jetzt, dass ich fertig bin. Geschafft! Die zweite von vier ECs ist drin. Meine kleine Türkin ist auch noch da und mit ihrem Cocktail noch nicht durch.

»Ich wünsche dir eine gute nebenwirkungsfreie Zeit, meine Liebe.«

»Das Gleiche wünsche ich dir auch. Sehen wir uns in zwei Wochen?«

»Ja, wieder im Taxi. Wenn was ist, wir haben ja jetzt die Nummern ausgetauscht und bleiben up to date«, verabschieden wir uns, und ich versuche, mich währenddessen schwungvoll aus meinem Sessel hochzuziehen. Das klappt zwar ganz gut, das Gehen dafür aber weniger, denn mein Kreislauf will schon wieder nicht mitspielen. Also nochmal zurück in den Sessel und trinken. Sehr viel trinken.

»Geht's wieder?«

»Ja, ich denke, wir können gehen«, murmele ich und wir wagen den Weg zum Parkplatz. Für eine ambitionierte Hobbysportlerin wie mich sollte der Weg zu schaffen sein. Der Parkplatz liegt etwa 300 Meter vom Krankenhaus entfernt und frische Luft tut ja bekanntlich immer gut. Vorausgesetzt natürlich, es sind keine 40 Grad im Schatten – so wie heute. Ich hasse Hitze! Man kann nichts gegen sie tun. Im Gegensatz zur Kälte, da kann man sich warm anziehen und die Heizung höher drehen. Bei Hitze ist man machtlos. Und Hitze gepaart mit Chemotherapie ist der absolute Super-GAU. Die Perücke auf meinem Kopf weiß spätestens jetzt, dass ihre letzte Stunde geschlagen hat. Mein Gesicht ist tropfnass vom Schweiß und mit einem einzigen Ruck reiße ich mir dieses dämliche Ding vom Kopf. Welch eine Erlösung! Dennoch kommt mir der Weg zum Auto wie ein Marathon vor und ich schaffe es mit den allerletzten Kräften.

Komme, was da wolle die nächste Woche, die Dröhnung ist erst mal drin und die hast du hinter dir. An diesen Gedanken klammere ich mich auf dem langen Weg nach Hause ins Bett.

Noch eine Schippe drauf

Heute ist der Tag, vor dem wir uns alle schon lange fürchten. Ziemlich genau zwei Jahre zuvor wurde bei meinem Vater per Zufallsbefund ein Aortenaneurysma im Bauch entdeckt. Damals wusste noch keiner, wie lange es schon dort ist, ob und wie schnell es wächst oder ob es operiert werden muss. Diese Gewissheit haben wir seit einigen Monaten, denn bei den regelmäßigen Kontrollen stand relativ schnell fest, dass das Mistding wächst und in einer sehr aufwendigen Operation entfernt werden muss. Geplatzte Aneurysmen können tödlich enden, da man nur allzu schnell innerlich verblutet. Bei der Vorbesprechung zur OP konnte ich meinen Vater glücklicherweise begleiten und wusste so relativ gut Bescheid, was gemacht werden soll und welche Risiken damit verbunden sind. Das macht die Sache jedoch leider nicht besser. Wir hielten dies für unsere größte Baustelle im Jahr 2014, doch Karl Arsch ließ die Operation meines Vaters in den Hintergrund geraten. Nicht, dass er unwichtiger wäre, das ist er ganz und gar nicht, aber er selbst ist es, der jetzt plötzlich viel gelassener an die Sache herangeht.

»Egal, was ich da vor mir habe, was du vor dir hast, ist viel schlimmer«, argumentiert er und so ganz unrecht hat er nicht. Eines steht zumindest fest: Er wird schneller aus der Sache raus sein als ich. Aber dafür muss er erst einmal diese sechsstündige Horror-Operation hinter sich bringen. Wenn ich die Ärzte richtig verstanden habe, soll eine Prothese um das Aneurysma gebaut werden. Dafür müssen aber alle wichtigen Organe, zumindest kurzfristig, abgeklemmt werden. Das wiederum ist für Herz und Niere eine besondere Belastung. Geplant sind danach ein bis zwei Tage Intensivstation, bevor es für gute zehn Tage zur Erholung auf die normale Station gehen wird.

Den Tag vor dem geplanten Eingriff verbringen wir alle zusammen im Krankenhaus. Eine wirklich schwer gebeutelte Familie, die aber ohne Wenn und Aber zusammensteht: Mein Vater lässt sich natürlich nicht anmerken, dass er mehr Angst als Schlaf hat, und betont immer wieder, wie easy das hier alles sei. Mein Mann – für den meine Eltern wie seine eigenen sind und für die er alles tun würde – wird nicht müde zu erwähnen, wie fit mein Vater ja sei und wie locker er das machen wird. Meine Mutter, die in den letzten Wochen mal wieder bewiesen hat, dass Mütter Superkräfte mobilisieren können, ist einfach klipp und klar und weist meinen Vater bestimmt, aber liebevoll darauf hin, dass »Abnippeln keine Option sei«. Und ich versichere meinem Vater glaubhaft, dass die Chemo echt nicht so schlimm sei, er sich um mich mal gar keine Gedanken machen müsse, und weise dezent darauf hin, dass seine Genesung die Grundlage für meine eigene sei. Mit anderen Worten, hier sitzen vier bestens ausgebildete Schauspieler, die sich gegenseitig in oscarreifen Vorführungen vormachen, dass das, was sie gerade durchmachen, eigentlich gar nicht so dramatisch ist. Die Einzigen, die uns nichts vormachen, sind die Kinder. Sie sind es, die wieder einmal dafür sorgen, dass dieser Nachmittag entspannt über die Bühne geht. Ich glaube, wenn ich meine Kinder in vielen Jahren fragen werde, was sie aus dieser Zeit behalten haben, so wird von ihnen sicherlich die Antwort kommen: »Ja, als die Mama keine Haare hatte, waren oft Oma und Opa zu Besuch und wir haben viel zusammen gespielt.«

Den Kindern ist es egal, ob sie gerade durch einen Krankenhauspark oder einen ›normalen‹ Park toben, wichtig ist, dass wir alle genau hier und jetzt zusammen sind. Das Hier und Jetzt ist so wichtig, dass man es in Zeiten wie diesen nicht vergisst. Wenn plötzlich die eigene Zukunft in Gefahr ist, was bei unseren Erkrankungen durchaus der Fall ist, dann darf man nicht vergessen, dass es neben einer weit entfernten Zukunft auch noch ein Hier und Jetzt gibt. Ein Heute! Was morgen ist, weiß ich nicht. Das weiß keiner. Morgen kann vielleicht alles vorbei sein. Auch ohne Krebs. Aber heute, heute geht es uns gut und das müssen wir ausnutzen. Jeder von uns.

»Papa, wir kommen morgen nach der OP direkt auf die Intensivstation.«

»Ach, das ist doch Quatsch! Bleibt ihr mal zu Hause.«

»Hallo? Geht's noch? Natürlich kommen wir! Mama ist morgen den ganzen Tag bei uns und nach den sechs Stunden kommen wir.«

Mein Vater dreht den Kopf weg, und ich weiß, was das bedeutet. Seine Angst ist jetzt in seinen Augen sichtbar, und der Kloß in meinem Hals wird unglaublich groß. Es ist Zeit, sich zu verabschieden. Ich muss meinen Vater allein im Krankenhaus zurücklassen, und ich habe das Gefühl, mir nimmt einer die Luft zum Atmen. Bei dem Gedanken, dass am nächsten Tag etwas schiefgehen kann, glaube ich, ersticken zu müssen. Ich habe Angst, mehr als um mich. So also fühlt es sich an, wenn man Angst um einen Menschen haben muss, den man liebt.

»Bleibt Opa hier, Mama?«

»Ja, mein Schatz. Der Opa wird morgen operiert und darf in ein paar Tagen aber wieder nach Hause.«

»Mama, was ist eigentlich schlimmer: deine oder Opas Krankheit?«

»Max, das ist eine gute Frage. Um ehrlich zu sein, ist beides Sch ... Scheibenkleister.«

»Wolltest du gerade Scheiße sagen?«

»Ja, mein Schatz.«

»Du hast gesagt, wenn was richtig richtig schlimm ist, dann darf man das.«

»Da hast du recht. Was Opa und ich haben, ist ganz ganz ganz große Scheiße!«

Der Tag der Operation zieht sich wie Kaugummi. Meine Mutter ist früh am Morgen zu uns gekommen, damit sie den Tag nicht allein zu Hause verbringen muss. Sie hat sich seit meiner Krebsdiagnose von der Arbeit freistellen lassen, was glücklicherweise problemlos möglich war.

Heute heißt der Plan: Wir lenken uns hier gemeinsam ab. Es ist ein brüllend heißer Sommertag und die Kinder haben noch Sommerferien. Das Planschbecken steht im Garten, die Kinder sind schon früh morgens im Wasser und haben Spaß. Leider interessiert das weder meine Mutter noch mich. Wir sind bewegungs- und handlungsunfähig. Fast sechs Stunden lang sitzen wir auf einer Stelle, schweigen uns an und hängen unseren Gedanken nach. Das Einzige, was wir zur Ablenkung tun, ist, etwa alle drei Minuten auf die Uhr zu sehen und zu stöhnen. Es sind die längsten Stunden meines Lebens. Zwischendurch klingeln die Handys, was meiner Mutter jedes Mal fast einen Herzinfarkt beschert, denn immer wieder vermutet sie das Krankenhaus als Anrufer.

»Wir fahren jetzt los«, entscheide ich nach fünf Stunden.

»Das ist viel zu früh, dann müssen wir da warten.«

»Das ist mir egal. Aber dann haben wir wenigstens was zu tun.«

Es ist das erste Mal, dass ich mich seit der zweiten Chemo ans Steuer setze. Bisher war durch Schwindel und Übelkeit nicht mal daran zu denken. Heute sind alle Nebenwirkungen unwichtig und vergessen.

»Mama, kein Arzt hat angerufen. Das heißt, er hat es geschafft! Er hat die OP überlebt und alles andere ist unwichtig«, so langsam kommen meine Schauspielerqualitäten wieder zum Vorschein.

»Ich will ihn jetzt einfach sehen«, murmelt meine Mutter.

Hand in Hand, mehr gestützt als gehalten, betreten wir das Krankenhaus und gehen zügigen Schrittes Richtung Intensivstation. Natürlich ist dieser Bereich sensibel geschützt und nicht für jedermann zugänglich. Wir müssen klingeln und dem Pfleger unseren Besuchswunsch mitteilen. »Warten Sie bitte hier einen kleinen Moment. Ich höre, ob ihr Vater schon da ist«, erklärt er uns und wir nehmen in einer kleinen Kabine Platz. Meine Mutter hat eine merkwürdige Gesichtsfarbe und sie scheint um Jahre gealtert. Ich lasse das alles hier nur mit mir geschehen und glaube irgendwie, neben mir zu stehen. Dann öffnet sich die Tür wieder.

»Das war gutes Timing. Ihr Vater ist gerade hoch gekommen. Er wird noch angeschlossen. In ein paar Minuten dürfen Sie zu ihm.«

Ha! Er lebt! »Mama! Er lebt! Er ist hier. Alles wird gut!«, fange ich an zu weinen. Meine Mutter weint auch. Mein Gott, wie viele Tränen kann der Mensch eigentlich produzieren?

Eine Intensivstation ist lauter, als ich gedacht habe. Hier herrscht reges Treiben und eine doch recht hohe Lautstärke. Die Zimmer sind wesentlich größer, als man das von den normalen Stationen her kennt und es sind natürlich viel mehr Geräte und auch mehr Personal vorhanden. Mein Vater liegt allein in dem großen Zimmer, und nach einer gefühlten Ewigkeit darf ich dann endlich zu ihm. Ich bin nicht vorbereitet auf den Anblick, der mich erwartet. Wahrscheinlich werde ich dieses Bild nie vergessen. Hier liegt mein Papa, an gefühlt hundert Schläuchen und noch nicht ganz bei sich. Er zittert am ganzen Körper, will etwas sagen, kann es aber nicht.

»Papa, wir sind da. Schhhh…«, versuche ich, ihn zu beruhigen. Er greift nach meiner Hand.

»Maus …«

Eine Träne rollt aus seinen immer noch geschlossenen Augen. Für einen kurzen Moment überlege ich wegzulaufen, so weit und so schnell meine Füße mich tragen. Ich will das hier alles wieder nicht. Ich will meinen Vater nicht so sehen. Das ist mein Kindheitsheld! Der Mann, der immer hinter mir stand, den ich immer rufen konnte, wenn einer böse zu mir war. Der Mann, der mit mir im Schwimmbad »Dirty Dancing« gespielt hat und sich bei der Hebefigur vermutlich alle Wirbel verschoben hat. Der Vater, auf den alle Kinder immer neidisch waren. Und dieser Mann liegt jetzt hier. Zerbrechlich, fürchterlich alt, hilflos. Ich will hier weg, muss hier weg. Meine Mutter ist gar nicht erst da. Sie hat es nicht geschafft und sitzt noch immer zitternd in der kleinen Kabine. Ich kann es ihr nicht verübeln. Ich setze mich kurz zu ihr und hole tief Luft.

Nach kurzer Zeit kommt der operierende Arzt dazu und versichert uns, wie gut alles gelaufen sei und wie wichtig jetzt die nächsten Tage wären.

»Ihr Vater braucht jetzt Ruhe. Wenn irgendwas ist, rufen wir Sie sofort an«, verspricht er uns und bittet uns damit höflich zu gehen. Die Pfleger geben uns noch die Telefonnummer der Intensivstation und versichern uns, dass wir jederzeit anrufen dürfen, um uns nach ihm zu erkundigen. Schweren Herzens verlassen meine Mutter und ich das Krankenhaus und lösen uns draußen vor der Tür in einem großen Schwall Tränen restlos auf.

Karl-Arsch-Sono

Wenn mein Vater und ich an unseren Krankheiten hätten sterben sollen, dann wären sie wohl nicht erkannt worden. Sind sie aber – und beide offensichtlich rechtzeitig. Glück im Unglück also, ja, das trifft die Lage am besten. Klar, wir gehen durch wirklich harte Zeiten. Wir haben das genauso wenig verdient wie irgendjemand sonst. Trotzdem muss man ja nun realistisch bleiben und sich an den Tatsachen entlanghangeln. Und dann kann man sehen, dass alles nach Plan läuft. Mein Vater erholt sich nicht nur gut, sondern erstaunlich gut von der Operation und leidet kaum unter Schmerzen. Zumindest sagt er das. Die Ärzte sind mehr als zufrieden. Das Einzige, was jetzt nochmal spannend ist, ist die Frage nach seiner Verdauung. Ein Darmverschluss ist eine häufige und recht böse Begleiterscheinung nach einem solchen Eingriff. Normalerweise interessiert mich der Verdauungsapparat meines Vaters nicht sonderlich, um nicht zu sagen, gar nicht. Ich empfinde dieses Thema eher als peinlich und daher als nicht weiter erwähnenswert. In diesen Tagen erwische ich mich aber dabei, wie ich meinen Vater förmlich damit nerve und leider jedes Mal die Antwort bekomme: »Leider noch nicht, Maus.«

»Ach, dann kommt das noch, Papa. Mach dir keine Sorgen!«

»Sag mal«, fällt ihm plötzlich etwas ein, was ich ihm eigentlich erst später erzählen wollte, »hast du nicht heute den Termin zum Ultraschall?«

»Ja, jetzt gleich. Mama ist schon auf dem Weg hierher und dann fahren wir los.«

Der angekündigte Ultraschall nach der zweiten Chemo-Sitzung steht heute auf dem Programm. Karl Arsch wird engmaschig untersucht, damit die Ärzte immer im Blick haben, wie er auf welches Medikament reagiert. Ich bin so nervös, dass ich kaum sprechen kann. Dafür gibt es mehrere Gründe. Zum einen bin ich mir nicht sicher, ob ich mir das Schrumpfen nicht vielleicht doch nur eingebildet habe. Ich kann ihn zwar mittlerweile gar nicht mehr spüren, aber ich finde das nicht immer beruhigend. Es könnte ja auch sein, dass er jetzt so groß ist, dass er die ganze Brust eingenommen hat. Genauso gut kann er sich verstreut haben oder geplatzt sein oder was weiß ich. Wenn man Angst hat, fallen einem unendlich viele Gründe dafür ein. Und nicht zuletzt ist da die Untersuchung an sich. Ein abgedunkeltes Arztzimmer mit einer Liege und einem Ultraschallgerät. Ein Arzt, der zu mir spricht, und ich weiß noch nicht, was er sagen wird. So war es auch am Tag der Diagnose – und das kommt heute alles wieder hoch. Hinzu kommt, dass mein behandelnder Arzt Dr. Meier in Urlaub ist und ich von einem fremden Arzt untersucht wurde. Wer weiß, wie der denn ist? Und was der wohl kann? Ich bin skeptisch, ängstlich und nervös. »Frau Staudinger bitte!« – wenn ich für diesen Satz jedes Mal einen Euro bekäme, geht es mir auf einmal durch den Kopf, dann wäre ich bald reich!

»Hallo. Ich bin Dr. Höfel. Wir kennen uns ja noch nicht«, strahlt mich ein junger Mann an. Meine Güte, wo holen die all diese netten Ärzte her? Dr. Höfel sieht noch aus wie ein Student, aber seine erfahrenen Augen sprechen eine andere Sprache. Er erinnert mich spontan an einen Teddybär, den man knuddeln will. Meine gesamten Bedenken sind verschwunden, und, wie immer in diesem Hause, fühle ich mich plötzlich ganz geborgen, als ob mir nichts Schlimmes passieren könnte. Dr. Höfel stellt mir noch eine Kollegin vor, die ihn heute in das funkelnagelneue Ultraschallgerät einweist. Sie ist bei der Untersuchung mit dabei und streichelt die ganze Zeit beruhigend meine Beine.

»Wie ist es Ihnen nach der zweiten Chemo ergangen?«

»Eigentlich ähnlich wie beim ersten Mal. Der Kreislauf war vielleicht etwas schlimmer und die Übelkeit auch. Ich war von Freitag bis Mittwoch ausgeknockt und ab dann ging es wieder aufwärts. Am Donnerstag drehte ich wieder meine Walking-Runde«, berichte ich wahrheitsgetreu.

»Die EC ist kein Spaziergang. Aber toll, wie Sie das wegstecken, und das mit dem Sport ist natürlich der Hammer. So können Sie dem Fatigue-Syndrom, also der Erschöpfung, gut vorbeugen«, lobt er mich und es geht mir runter wie Öl.

»So, dann wollen wir mal schauen, wie der Tumor reagiert hat«, setzt er im fast fröhlichen Ton den Sono-Kopf auf meine Brust. Wir alle vier, meine Mutter ist natürlich wieder mit dabei, starren auf den Bildschirm. Auf der Brust kann ich fühlen, dass Dr. Höfel und sein Sono-Kopf an der richtigen Stelle sind. Zum Vergleich wirft er nochmal einen Blick auf die »Vorher«-Aufnahmen von Karl Arsch.

»Knappe 3 cm war er groß, richtig?«

»Ja«, flüstere ich, immer noch auf den Monitor starrend.

»Da ist er jetzt. Schauen Sie mal hier, wie klein der nur noch ist.«

Ich muss mich arg anstrengen, um überhaupt etwas zu sehen. Dr. Höfel nimmt Maß und verkündet: »1,1 cm ist er noch groß. Das ist ein sehr sehr gutes Ergebnis nach nur zwei Chemotherapien.«

Meine Mutter springt auf: »Siehst du, Maus! Siehst du! Alles wird gut!«

Bei mir fällt mal wieder alles ab, was sich da so die letzten Wochen angestaut hatte. Am allermeisten beruhigt mich die Tatsache, dass ich recht hatte. Karl Arsch ist geschrumpft! Ich habe es doch gesagt! Ich bin nicht verrückt.

»Ich muss nicht sterben«, schluchze ich, denn damit ist es ja jetzt offiziell: Die Therapie schlägt an!

»Doch«, sagt Dr. Höfel »in hundert Jahren an Altersschwäche!«

Die Ärztin, die mir die Beine streichelt, hat feuchte Augen und freut sich mit uns.

»Da machen Sie heute Abend aber einen Piccolo auf, oder?«, fragt sie mich.

»Nein. Das mache ich erst, wenn mein Vater gekackt hat!«, antworte ich ihr wieder mit fester Stimme. Beide Ärzte sehen sich leicht irritiert an und ich kläre sie kurz über die Zusammenhänge auf.

»Oha«, sagt Dr. Höfel. »Wenn Sie mich fragen, ein paar Baustellen zu viel im Moment, oder?«

»Ja, da sagen Sie was. Aber: Alles wird gut!«

Wir umarmen uns zum Abschied und meine Mutter und ich schweben wie Elfen aus dem Krankenhaus.

Der erste Anruf gilt meinem Mann, der zweite meinem Vater, der sich wahnsinnig freut und mit seiner Antwort »Ich war zur Toilette« den Tag zur absoluten Perfektion brachte. Geht doch!

Und immer wieder geht die Sonne auf

Und noch immer läuft alles nach Plan. Geradezu perfekt! Ich bin in der chemofreien Woche und fast beschwerdefrei. Mein Vater erholt sich weiterhin gut, Karl Arsch ist offiziell zum Gehen bereit. Besser geht es nicht. Bis auf die Tatsache, dass ich im Bett liege und heule. Ich bin in einem so tiefen Loch, dass ich mir sicher bin, nur mithilfe von Tabletten wieder rauszukommen. Das ist doch nicht normal. Ich müsste doch fliegen. Beflügelt sein von dem, was ich geschafft habe. Ich müsste die Tage, an denen es mir gut geht, doch jetzt genießen. So habe ich es mir doch vorgenommen.

Stattdessen liege ich im Bett und weine, was mich jetzt echt sauer macht. Ich fühle mich undankbar, weil ich nicht fröhlich bin.

Ich weine. Mal still. Mal laut. Aber immer verzweifelt.

Es sind noch immer Sommerferien und viele sind in Urlaub oder zumindest ins Freibad gefahren. Ich fahre zur Chemo, denn ich habe Krebs. Scheißkrebs. Manchmal trifft mich dieser Fakt so sehr, dass ich nicht weiß, wohin mit meiner Wut. Ich bin sauer. Auf alles, vor allem auf das Schicksal. Warum ich? Warum jetzt? Dr. Meier sagte bei der Chemo-Aufklärung irgendwas von wegen Depressionen. Na prima! Jetzt kommen die also auch noch dazu. War ja klar, dass mich das trifft. Die ganze Welt hat sich gegen mich gestellt. Selbst mein Mann ist mit der Situation überfordert. Bei dem Versuch, ihm von meinen Gefühlen zu erzählen, geraten wir heftigst aneinander. Und schon sehe ich nicht nur unsere psychische Gesundheit, sondern auch unsere Ehe in Gefahr.

»Ich bin dann jetzt weg«, blaffe ich meinen Mann an und steige zu meiner Mutter ins Auto. Sie holt mich ab, um mit mir zur Blutabnahme in die Praxis zu fahren. In den chemofreien Wochen muss ich zur Kontrolle zu meinem Hausarzt. Danach will sie mit mir etwas Schönes unternehmen, zur Ablenkung. Ich finde, das ist eine doofe Idee. Ich sitze im Auto und schmolle und weine.

»Ich will Antidepressiva! Das ist doch nicht normal mit der Heulerei!«

»Sprich gleich mit meinem Chef. Er wird sicherlich alles tun, was nötig ist.«

In der Praxis angekommen, nimmt man mir Blut ab, und die Kollegen meiner Mutter, die mich ja alle schon seit Jahren kennen, wollen wissen, wie es mir geht. Ich möchte nicht reden, heute nicht. Heute möchte ich weinen und niemanden an mich heranlassen. Alle haben Verständnis. Herr Börger ruft mich ins Sprechzimmer und lässt mich Platz nehmen. So wie heute hat er mich auch noch nicht gesehen.

»Wie geht es Ihnen?« Diese Frage reicht – das Fass läuft über.

»Schauen Sie mich doch an! Ich sitze mit Glatze und Krebs vor Ihnen! Ich habe zwei Kinder, die ins Schwimmbad wollen, und kann nicht mit ihnen fahren, weil es mir elend geht. Weil ich Krebs habe. Es geht mir scheiße. Richtig scheiße! Ich will das alles nicht. Ich will mein altes Leben zurück! Und ich müsste doch froh sein. Alles läuft nach Plan. Und was tue ich? Ich heule. Und das seit Stunden. Es geht mir scheiße, weil ich verdammten Krebs habe ...«

Es sprudelt einfach nur so aus mir heraus. Meine ganze Verzweiflung, meine Angst, aber vor allem meine Wut. Eine unbändige Wut. Herr Börger sitzt da und schweigt. Seine Miene ist nicht zu deuten. Wahrscheinlich formuliert er im Kopf schon mal die Einweisung für die geschlossene Anstalt: »Patientin spricht zwar gut auf die Chemotherapie an, leider dreht sie aber völlig durch. Zwangseinweisung, da Gefahr für die Umwelt besteht.«

Nach bestimmt dreiminütigem, ununterbrochenem Wehklagen bin ich fertig und blicke ihn erwartungsvoll an. Er schweigt. Dann lächelt er.

»Was bin ich froh«, sagt er dann. Toll, wenigstens einer von uns – denke ich.

»Was bin ich froh, dass das bei Ihnen endlich mal rauskommt. Sie dürfen wütend sein. Und wissen Sie, warum? Weil das alles tatsächlich scheiße ist. Was Ihnen passiert, ist Mist. Und das haben Sie – genauso wie alle anderen – nicht verdient. Und das darf Sie sauer machen. Dass das genau jetzt passiert, ist auch völlig normal. Und übrigens kein Fall für Antidepressiva.«

Mist! Woher weiß er das? Ich habe von meinem Wunsch nach Stimmungsaufhellern doch gar nichts gesagt. Kennt er mich wirklich so gut?

»Sie realisieren das ja jetzt alles erst und müssen das auch erst mal verdauen. Sie müssen diese Tiefs zulassen. Die gehören leider dazu. Wenn Sie glauben, dass dies das letzte Tief ist, dann kann ich Sie jetzt schon enttäuschen.«

»Sie meinen also, dass ich jetzt wütend sein darf, obwohl alles gut läuft?«

»Ja.«

»Und das ist nicht undankbar?«

»Nein.«

Er gibt mir neben seinem Ohr noch viele weitere Tipps, die wie Balsam für meine geschundene Seele sind.

»Ich bin kein Fall für die Klapse, Mama«, erzähle ich meiner Mutter im Auto kurz von unserem Gespräch.

»Ja, Schatz, das musst du mir nicht sagen«, lächelt sie mich an und schaltet das Autoradio ein. Aus diesem tönt die kölsche Kultband BAP mit dem Lied »Avv und zo«. Ich habe dieses Lied schon Hunderte von Malen gehört, es gefiel mir schon immer, aber ich verstehe es erst jetzt. Hier und heute mit meiner Mutter im Auto: *Ab und zu läuft alles super, ab und zu ist man der Verlierer ... ab und zu tut man sich selbst leid* (aus dem Kölschen übersetzt). Ja, genauso ist es. Ab und zu hadert man mit seinem Schicksal und ab und zu ist man in einem ganz tiefen Loch. Wichtig ist, dass man immer einmal mehr aus ihm heraus krabbelt, als dass man drin sitzen bleibt. Zum letzten Mal für eine recht lange Zeit schüttelt mich mein eigenes Schicksal noch einmal heftigst. Und dann trocknen die Tränen und machen Platz für den Sonnenschein!

Alltag und Chemo

»Du bist ganz schön tapfer«, meint Astrid bei einer Walking-Runde zu mir. Mittlerweile walken wir jeden zweiten Tag knapp sechs Kilometer. Ausgenommen davon sind die ersten fünf bis sechs Tage nach der Chemo. Meist bin ich dann schon froh, wenn ich überhaupt aufrecht stehen kann. »Das hat mit Tapferkeit nichts zu tun, finde ich. Ich hab halt keine Wahl«, entgegne ich ihr.

»Doch, du hast eine Wahl. Du könntest dich auch einigeln und jammern, stattdessen stehst du auf, nimmst es an und baust es irgendwie mit in den Alltag ein. Das macht es für uns, als Nicht-Betroffene, sehr einfach, mit dir umzugehen.«

Ihre Worte schmeicheln mir und machen mich nachdenklich. So hatte ich das nämlich noch gar nicht gesehen. Ich bin von Natur aus kein Jammertyp, das stimmt, aber dass mir das mal so zugutekommt, hätte ich nicht gedacht. Doch sie hat recht. Auf erschreckende Art und Weise ist mein Krebs schon zum Alltag geworden. Muss er auch, damit der Weg nicht so lang wird. Die gesamte Behandlung zieht sich über mindestens neun Monate hin und die müssen ja auch den Alltag beinhalten, sonst wird man irre.

Neun Monate – genauso lang wie eine Schwangerschaft. Und irgendwie gibt es da auch eine gewisse Ähnlichkeit. Genau wie in der Schwangerschaft sind bestimmte Dinge verboten, wie in der Erde zu graben oder Alkohol zu trinken. Während der Chemotherapie sollte man beispielsweise keinen Grapefruitsaft trinken. Man muss auf bestimmte Erreger achtgeben und sich von kranken Menschen fernhalten. Genau wie in der Schwangerschaft bekomme ich regelmäßige Ultraschalluntersuchungen, wobei ich mir jetzt allerdings nichts Wachsendes, sondern etwas Schrumpfendes wünsche. Und genau wie in der Schwangerschaft fühle ich mich in meinem eigenen Körper nicht mehr heimisch. Zu meiner kranken Brust habe ich tatsächlich ein recht zwiespältiges Verhältnis. Mal tut sie mir richtig leid und mal ekle ich mich vor ihr. Das sind die Momente, in denen ich mir wünsche, tatsächlich Genträgerin zu sein, damit ich mich von beiden Brüsten verabschieden kann.

Neun lange Monate, bis ich wieder hergestellt bin. Immer wieder nehme ich mir vor, nicht den gesamten Berg zu sehen, sondern das Ganze in Etappen zu betrachten. Der wohl größte Block ist erst mal die Chemotherapie. Die dauert genau fünf Monate. Und einen davon hab ich schon geschafft. Check! Danach kommen mindestens eine Operation, abhängig vom Gentest vielleicht auch mehr, und die Bestrahlung. Schritt für Schritt. Und dazwischen, das ist mir ganz wichtig, wird gelebt, so gut es eben geht.

»Feiert ihr eigentlich den Geburtstag von deinem Göttergatten nächste Woche?«, möchte Astrid wissen.

»Der ist einen Tag nach der Chemo, ich vermute eher nicht. Das holen wir dann nach. Hauptsache wir sind zusammen an dem Tag. Jetzt haben wir übermorgen erst mal die Einschulung von Max, und da bin ich echt froh, dass die auf die chemofreie Woche fällt.«

»Oh ja, das glaube ich dir. Das sind ja Dinge, die nicht wiederkommen, und es hätte dich vermutlich arg traurig gemacht, wenn du das verpasst hättest.«

Auch damit hat Astrid recht. Ich würde es mir und Karl Arsch nie verzeihen, wenn ich bei der Einschulung nicht dabei sein könnte. Doch da sie nun mal in der Pausenwoche genau einen Tag vor der nächsten Chemo liegt, müsste es mir da also sehr gut gehen und ich dürfte den Tag gut überstehen. Alles andere wäre auch schlecht, denn ich erwarte sechs Leute zu Besuch. Die wiederum erwarten weder ein frisch gekochtes Vier-Gänge-Menü noch ein perfekt sauberes Haus. Diese Menschen aus meinem engsten Kreis erwarten eigentlich gar nichts, außer einem schönen Tag mit zufriedenen Kindern.

Und genau darauf freue ich mich auch und bin einfach nur dankbar, dass ich daran teilnehmen kann. Die Vorbereitungen habe ich mir so einfach wie möglich gemacht. Es gibt Menschen, die können viel besser kochen und backen als ich und verdienen damit sogar ihr Geld. Daher habe ich eine tolle Torte für Max bestellt und ein ebenso köstliches Buffet. Die Putzfrau wird auch noch einmal kommen und das Haus wieder auf Vordermann bringen. Das ist ein Luxus, den ich mir als gesunde Mama nicht gönnen würde. Ich würde all diese Dinge selbst erledigen. Am Tag selbst wäre ich dann gestresst und hätte den Kopf nicht frei für das Wesentliche. Sprich: Man macht sich also unsinnigen Stress, der einen ablenkt und Zeit raubt. Ich kann mir diesen Stress zum jetzigen Zeitpunkt schlicht und ergreifend nicht leisten und bin zur Entschleunigung gezwungen. Doch wenn ich ehrlich bin, dann tut es extrem gut, und ich frage mich, warum ich das nicht schon viel früher gemacht habe. Dann ist eben mal nicht alles perfekt. Ja und? Wen interessiert das denn? Die Menschen, die ich eingeladen habe, jedenfalls nicht. Und wenn doch, waren es wohl die Falschen auf der Gästeliste. Wer braucht schon Perfektion? Ich brauche Gesundheit! Und Zeit! Zeit, die ich mit meinen Kindern verbringen möchte und nicht mit putzen, kochen, waschen, bügeln.

Kurz nach der Diagnose stand relativ schnell fest, dass ich meine frischgegründete Firma erst einmal auf Eis legen musste. So schnell würde es kein Schlagfertigkeitsseminar für Frauen mehr geben. Alle Termine mussten abgesagt oder verschoben werden, was mich sehr traurig stimmte. Gezwungenermaßen kam ich von Hundert auf null. Entschleunigung pur, die ich so noch nicht erlebt hatte. Neben der vielen Zeit, die man plötzlich hat, tun sich aber auch neue Probleme auf. Schließlich müssen wir eine Familie ernähren und ein Haus abzahlen. Zwar hatte ich noch kein regelmäßiges Einkommen mit meiner Firma erzielt, aber ich war auf einem guten Weg dorthin. Viel schwerer wiegt jedoch die Tatsache, dass wir unsere gesamten Ersparnisse in »Steh Deine Frau« gesteckt hatten und unser Finanzplan einfach keine Krebsdiagnose für eine Selbstständige vorsah.

Glücklicherweise hatte ich gegen Ende meiner Ausbildung eine Berufsunfähigkeitsversicherung abgeschlossen und regelmäßig an mein Einkommen angepasst. Gebraucht habe ich sie natürlich noch nie, und daher stellte sich die Frage, wie aufwendig wohl die Beantragung wäre und ab wann die Versicherung zahlen würde. Mir fehlte zwar die Kraft für einen langen Kampf mit der Versicherung, aber ich richtete mich sicherheitshalber darauf ein. Doch mein Antrag wurde binnen einer Woche geprüft und genehmigt und nahm uns auf einen Schlag zumindest die finanziellen Sorgen. Wie belastend wäre es, wenn sich zu Karl Arsch auch noch Herr Zwegat von RTL gesellt und uns an seinem berühmten Flipchart in großen Zahlen aufgeschrieben hätte, dass das mit unserem Häuschen ja wohl nichts mehr wird. Gott sei Dank ist so jedoch das Schlimmste abgewendet, und wir können es uns leisten, dass Krebs-Mutti am Einschulungstag das Essen einfach frei Haus kommen lässt.

»Ab morgen gehe ich wieder in den Kindergarten!«

»Schatz, wenn du willst, ziehe ich für dich die Perücke an«, biete ich Max am Morgen seines ersten Schultages an. Er soll entscheiden, was ihm lieber ist, ein cooles Beanie auf meinen kahlköpfigen Schädel oder die Perücke auf demselben. Noch während ich spreche, hoffe ich natürlich, dass er sich für die Mütze entscheiden wird.

»Die Perücke, Mama«, antwortet er, offenbar froh über meine Frage. Na prima! Bei gefühlten 37 Grad im Schatten und einer überfüllten Schulaula ist das definitiv nicht die Alternative, der ich den Vorzug gegeben hätte. Aber heute ist eben Max der Bestimmer. Mein Mann verzieht schon das Gesicht, als ich die Perücke in der Hand halte und den Kleber auf den dafür vorgesehenen Stellen anbringe. Es ist knapp drei Wochen her, dass das Ungetüm den Weg auf meinen Kopf gefunden hatte, aber ich nehme mir ehrlich vor, ihm eine neue Chance zu geben. Doch der Blick in den Spiegel erinnert mich spontan an Karneval. Man gewöhnt sich so schnell daran, keine Haare zu haben, dass der plötzliche Anblick mit einer blonden Mähne eher belustigend ist. Ich rücke sie fest, zurre hier, ziehe da, fluche in mich rein und zeige Max stolz das Ergebnis.

»Mama, auf gar keinen Fall! Doch bitte die Mütze oder gar nichts«, sagt er bei meinem Anblick fast schon zutiefst erschrocken.

Constantin dagegen guckt mich ängstlich an und fragt: »Wo ist Mama?«

Ich reiße mir die Perücke vom Kopf und seine Miene klärt sich augenblicklich auf.

»Aah, da Mama!«, strahlt er mich an.

Mein Mann, Max und ich müssen herzhaft lachen und verstauen die Perücke dort, wo sie hingehört: in den Schrank!

Ich wähle also das cremefarbende Beanie, passend zu meinem restlichen Outfit. Ich habe mir zwanzig verschiedene Beanies in jeder Farbvariation bestellt, Frau von heute braucht ja schließlich *eine vielfältige* Auswahl. Dennoch gefalle ich mir nicht. Das Cortison bringt langsam, aber sicher das berühmte Mondgesicht hervor und mein Körper fühlt sich an wie aufgepumpt.

»Maus, du siehst wieder toll aus«, lügt mich mein Vater an. Eigentlich ist er gerade in einer sechswöchigen Reha, hat aber eigens für den heutigen Tag »frei« bekommen. Wie zu erwarten war, findet er die Reha langweilig, doof und völlig überflüssig. Und wie ebenfalls zu erwarten war, sind die Ärzte und auch wir ganz anderer Meinung.

Unsere kleine, aber feine Runde fährt gemeinsam zur Schule. Max ist unglaublich aufgeregt und sieht mit seiner Dinosaurier-Schultüte – auch die habe ich von Menschen basteln bzw. nähen lassen, die was davon verstehen – unglaublich süß aus.

Als wir alle zusammen auf die Aula zulaufen, überkommt mich plötzlich ein flaues Gefühl. Die Situation hier kommt mir bekannt vor. So ähnlich fühlte sich Max' Abschied vom Kindergarten an, als alle Augen auf mich gerichtet waren. Ich habe kein Problem damit, im Mittelpunkt zu stehen, im Gegenteil, Frau Schlagfertigkeitsqueen liebt ja den großen Auftritt. Nicht aber heute und nicht unter diesen Umständen. Ich habe das Gefühl, alle starren mich an. Dann tippen sie ihre Verwandten an, um zu flüstern: »Da ist die Arme ja ... ich hatte dir doch von ihr erzählt.«

Natürlich weiß ich nicht, ob es wirklich so ist, ich weiß nur, dass es sich genau so anfühlt. Alle nicken mir aufmerksam zu, viele kommen und fragen, wie es mir geht. Hundert Mal erzähle ich das Gleiche. Eigentlich ist es völlig okay, sie dürfen ja fragen, wie es mir geht, aber heute geht es um Max, nicht um mich. Ich will heute eine Krebs-Pause und eigentlich gar nicht über mich reden.

In der Aula nehmen wir unsere Plätze ein. Auch hier nicken mir viele freundliche Gesichter zu.

»Alle tuscheln über mich«, flüstere ich meiner Mutter zu.

»Wer?«

»Na, alle!«

»Sehe ich nicht. Ich sehe nur Menschen, die dich begrüßen und sich natürlich fragen, wie es dir geht. Aber ich sehe niemanden tuscheln«, meint meine Mutter.

Ich blicke mich um. Tatsächlich, sie hat recht. Ich spinne, leide unter Verfolgungswahn. Keiner tuschelt. Alle sind mit ihren Kindern beschäftigt, um die es schließlich heute geht. Keiner beachtet mich. *Toll, keine Sau interessiert sich für mich!* Dann muss ich über mich selbst lachen. Der Verdacht der Paranoia verhärtet sich immer mehr ...

Der Tag wird nicht so, wie ich erwartet hatte, er wird noch viel schöner. Weil unsere kleine Runde so unglaublich unkompliziert und liebevoll ist und weil die Kinder mal wieder das pure Glück für mich sind. Auch mein bestelltes Essen ist ganz hervorragend und schmeckt offensichtlich allen. Wir verbringen wundervolle Stunden zusammen, reden über dies und das, über Alltägliches, aber auch über Karl Arsch. Mit zu unserer kleinen Gesellschaft gehört auch die ehemalige Chefin meiner Mutter, die vor einigen Jahren altersbedingt die Praxis abgegeben hat, aber mittlerweile eine sehr gute Freundin der Familie ist. In den letzten Wochen haben wir oft telefoniert, sie konnte mir viele Fragen beantworten und stand mir mit Rat und Tat zur Seite. Heute fragt sie mich offen heraus, wie es mir unter der EC ginge und wie ich den Alltag so hinbekäme.

»Ooch«, antworte ich in die Runde, »so schlimm ist das alles nicht. Klar, die ersten Tage sind nicht so einfach, aber es ist auszuhalten. Und nach vier bis fünf Tagen bin ich wieder auf dem Damm.«

Ich empfinde meine Schilderung als sehr realtitätsnah und ausführlich genug. So ist es eben und mehr gibt es dazu auch nicht zu sagen. Dann registriere ich die verwirrten Blicke, die meine Mutter und mein Mann tauschen.

»Was ist? Warum guckt ihr so?«, frage ich nach.

»Na ja, irgendwie hätte meine Antwort anders ausgesehen«, meint meine Mutter und mein Mann stimmt ihr eindeutig zu.

»Wie? Warum?«, frage ich ehrlich irritiert.

»Maus, du leidest wie ein Hund!«

»Stimmt doch gar nicht!«

»Doch, na klar! Darf ich dich daran erinnern, dass du neben einem Eimer schläfst und den Weg zur Toilette allein nicht schaffst? Darf ich dich auch daran erinnern, dass du mehrfach fast kollabiert bist, weil dein Kreislauf weggebrochen ist? Klar, dabei sitzt du hier und versicherst uns ›Alles nicht so schlimm‹, aber die Wahrheit ist: Du leidest die ersten Tage wie ein Hund!«

Ich überlege. Ist das so? Vielleicht, ein bisschen. Aber wenn die ersten Tage rum sind, dann verdränge ich das irgendwie.

»Na ja, ›wie ein Hund‹ ist vielleicht übertrieben«, sage ich.

»Nein!«, ertönen gleichzeitig die Stimmen von Mann und Mutter.

»Ist ja auch egal. Heute geht es mir gut! Und das ist die Hauptsache«, versuche ich, das Thema zu beenden, denn mein Vater kommt ins Zimmer, und er soll auf gar keinen Fall hören, dass ich ganz eventuell schon mal ein paar Schmerzen habe.

Abends liege ich mit Max in seinem Bett und lasse den Tag an uns vorüberziehen.

»Ich bin so stolz auf dich, mein großer Schuljunge! Jetzt gehst du ab morgen jeden Tag in deine neue Klasse. Freust du dich?«

»Nee, Mama, die Einschulung war ja heute. Ab morgen gehe ich wieder in den Kindergarten, das ist ein bisschen schöner«, stellt er fachmännisch fest, und ich entschließe mich dazu, dass wir da morgen früh nochmal drüber reden.

Und so vergeht Max' Einschulung als ein wundervoller, Karl-Arsch-freier Tag. Ich bin dankbar und überrascht, dass man solche Tage auch während einer Chemotherapie verbringen darf. Das gibt mir Kraft für den folgenden Tag, an dem die dritte EC-Dröhnung durch mich durchfließen wird.

Quarantäne

Der Gang durch die Praxis der ACT, der mir noch vor sechs Wochen den kalten Schauer über den Rücken getrieben hat, ist zur vertrauten Realität geworden. Der Geruch ist es leider nach wie vor nicht. Irgendwie gleiche ich da dem pawlowschen Hund, der beim Klang eines Glöckchens automatisch anfing zu sabbern. Ich für meinen Teil nehme den Geruch wahr und mir wird automatisch schlecht.

Ausnahmsweise nimmt man mir erst heute und nicht wie sonst am Vortag Blut ab, da ich ja am gestrigen Einschulungstag nicht kommen konnte. Die Blutwerte müssen während einer Chemotherapie immer im Blick gehalten werden. Dabei wird vor allem auf die Leukozyten und eine bestimmte dazugehörige Untergruppe geachtet. Bisher gab es da bei mir nie einen Grund zur Klage, was wohl mit an der Aufbauspritze liegt, die ich immer einen Tag später erhalte und die die Leukos in die Höhe schießen lässt. Ich muss also etwas über eine Stunde warten, bis es heißt: »Staudinger ist frei«. Dann erst bekomme ich meine dritte EC-Dröhnung.

»Das war ein wunderschöner Tag gestern«, schwärmt meine Mutter.

»Oh ja, das finde ich auch. Und das motiviert irgendwie für heute. Weil das zeitlich so gut gepasst hat, weil es mir so gut ging und ich das voll erleben durfte. Das gibt mir Kraft für heute«, lasse ich sie an meinen Gedanken teilhaben.

»Der Kleine ist gestern noch auf der Couch eingeschlafen. Das hat er noch nie gemacht.«

»Ooch, da muss er aber echt platt gewesen sein.«

Wir hatten es noch nicht ausgesprochen, da klingelt mein Handy. Es ist mein Mann.

»Hase, was ist passiert?«, falle ich mit der Tür ins Haus, denn er hat bisher nie angerufen, wenn ich an der Nadel sitze.

»Der Kleine ist schwer krank. Hat knapp 40 Fieber und übergibt sich.« Er klingt sehr besorgt. Und da haben wir auch schon die Erklärung, warum er gestern auf der Couch eingeschlafen ist.

»Oh nein! Der Arme. Warst du schon beim Arzt?«

»Bin auf dem Weg.«

»Rufst du mich an, wenn du was Genaues weißt?«

»Klar.«

»Was für ein Glück, dass das heute passiert und nicht gestern«, sage ich zu meiner Mutter, nachdem ich sie aufgeklärt habe.

»Ja, Maus, das stimmt. Aber du weißt, was das heißt?«

Nö, weiß ich nicht. Ich gucke sie fragend an.

»Du darfst nicht nach Hause. Du kommst mit zu uns.«

Daran hatte ich jetzt gar nicht gedacht. Das ist das, was uns Dr. Meier vor Wochen erklärt hat. ›Die größte Herausforderung wird sein, infektfrei mit zwei Kindern durch die Zeit zu kommen.‹ Das bedeutet im Umkehrschluss, dass ich mein krankes Kind allein lassen muss. Mir schießen augenblicklich die Tränen in die Augen. Der Kleine ist krank und braucht seine Mama, da kann ich doch nicht einfach wegbleiben.

»Der Papa wird das schon machen, Maus.«

»Ja, na klar, aber ich bin doch die Mama. Warten wir mal ab, was der Kinderarzt sagt.«

So schnell gebe ich nicht auf. Hinzu kommt, dass mein Mann morgen Geburtstag hat. Da wollten wir doch wenigstens zusammen sein, wenn wir schon nicht feiern können.

»Was hat der Kinderarzt gesagt?«, frage ich ins Telefon, als mein Mann zurückruft.

»Es ist wohl ein sehr heftiger Magen-Darm-Infekt mit Fieber. Kann man wenig machen, außer Fieber senken. Aber ich habe dem Arzt von unserer Situation erzählt. Räumliche Trennung ist unbedingt erforderlich, Maus. Du musst zu deinen Eltern.«

Das ist für mich ein Schlag ins Gesicht. Damit steht also fest, dass ich mich weder um mein krankes Kind kümmern noch zum Geburtstag meines Mannes da sein kann. Das trifft mich hart und ich will das nicht. So hatte ich das nicht geplant.

Ich will bei meiner Familie sein, so viel Normalität wie möglich haben. Das ist auch für die Kinder nicht schön. Und für meinen Mann schon gar nicht. Er hat einen Job und zwei Kinder, um die er sich allein kümmern muss. So ein Mist! Zur Sicherheit frage ich die Ärzte hier auch nochmal, ob nicht ein Mundschutz reichen würde. Sie schütteln traurig, aber bestimmt den Kopf.

»Sie können da nicht bleiben. Ein solcher Infekt wäre für Sie wirklich gefährlich.«

»Maus, bitte, das schaffen wir auch«, versucht mich meine Mutter auf dem Weg nach Hause aufzumuntern. Wir müssen noch einmal kurz zu uns, um meine Medikamente und ein paar Anziehsachen zu holen. Ich bin niedergeschlagen, zumal ich erkenne, dass ich keine andere Wahl habe. Denn lieber jetzt ein oder zwei Tage Abstand, als später lange Zeit ins Krankenhaus. Ich hatte noch am Tropf ein paar Freundinnen informiert, die alle Gewehr bei Fuß stehen und meinem Mann unter die Arme greifen würden. Eine Freundin hat Max schon von der Leichtathletik abgeholt, die andere hat für uns das Nötigste eingekauft. Das ist schon einmal ein beruhigendes Gefühl.

Weniger beruhigend ist jedoch die Tatsache, dass es Constantin wirklich schlecht geht, wie ich sofort sehe, als wir zu Hause sind. Und ich darf ihn noch nicht mal in die Arme nehmen und trösten.

Das zerreißt mich, er weint nach mir, will mit mir kuscheln, und ich muss ihn abweisen. Mein armer kranker Kleiner!

»Maus, du kannst nicht zu ihm. Sei doch vernünftig. Du musst hier raus.«

Oh Gott! Das ist schlimmer als jede Chemo. Ein hochfiebriges Kind allein zu lassen, damit ich nicht krank werde. Diese Schuldgefühle, die mich überkommen, schnüren mir die Kehle zu. Der Kleine weint und ich muss weg. Das ist Horror!

Als ich ins Auto steige, heule ich Rotz und Wasser, meine Mutter mit mir. Ihr muss ich garantiert nicht sagen, was ich fühle. Wie ein Fels in der Brandung steht mein Mann neben dem Auto. Er versichert mir, dass er das schafft, und ich weiß das natürlich auch. Er ist ein großartiger Vater. Und da ich immer berufstätig war, ist er ein kompetenter noch dazu. Er war schon oft mehrere Tage mit den Kindern allein, wenn ich auf Geschäftsreisen war. Und er hat das immer alles super hinbekommen. Anders als ich es machen würde, aber das ist egal. Die Kinder finden »anders« spitze, und wenn man als Mutter loslassen muss, dann muss man die Väter auch gewähren lassen, ohne sie ständig zu verbessern oder ihnen das Gefühl zu geben, dass man es als Mutter dann doch besser kann. Mein Mann als Vater steht mir als Mutter in nichts nach, das weiß ich. Und trotzdem fällt es mir schwer, mein krankes Kind allein zu lassen. Aber ich muss. Ich habe keine andere Wahl.

»Ach, Maus, jetzt sei doch nicht so traurig«, tröstet mich meine Mutter, als wir bei meinen Eltern ankommen.

»Mama, du hast gut reden. Es ist so schrecklich. Das Einzige, was mich aufrecht gehen lässt, sind die Kinder. Und jetzt muss ich sie verlassen.«

»Du hast sie in ein paar Tagen wieder. Und so kannst du dich doch jetzt hier erst mal regenerieren. Die ersten Tage nach der Chemo haben die Kinder doch eh nicht viel von dir.«

Damit hat sie natürlich recht. *Also Kopf hoch und nicht jammern, ich kann es jetzt eh nicht ändern.* Dabei fällt mir auf einmal mehr auf, dass es mir erstaunlicherweise recht gut geht für einen Chemotag. Von anderen Leidensgenossinnen hatte ich bereits gehört, dass die dritte EC die heftigste sei. Ich war also auf das Schlimmste vorbereitet und die letzten Male hing ich um diese Uhrzeit auch schon immer schwer durch. Aber zumindest körperlich geht es mir noch gut. Bisher brauche ich weder Eimer noch Stütze, und das ist schon mehr, als ich erwarten konnte.

So traurig die Quarantäne für mich ist, so angenehm ist sie für meine Eltern. Mein Vater kommt an den Wochenenden immer von der Reha nach Hause und freut sich unglaublich, dass ich da bin, wenngleich er die Umstände natürlich auch nicht erfreulich findet. Und so versuchen wir, uns zu dritt einen schönen Abend zu machen. Ich werde von vorn bis hinten verwöhnt und fühle mich plötzlich 20 Jahre jünger, zurückversetzt in meine Kindheit.

»Hase, du musst beim Kleinen auch mit dem Ibusaft regelmäßig Fieber messen?«, ermahne ich meinen Mann, als wir später telefonieren.

»Ja, ich weiß. In einer halben Stunde gehe ich wieder hoch.«

Mittlerweile ist es spät am Abend und Constantin geht es zwar besser, aber das Fieber ist noch nicht wirklich gesunken.

Eine gute halbe Stunde später ruft mein Mann leicht panisch an: »40,1 ist das Fieber!«

»Oh je!«

Jetzt kommt in mir eine echte Angst hoch, denn das ist mit Ibusaft definitiv zu hoch. Meine Mutter übernimmt das Gespräch und gibt meinem Mann Anweisungen für Wadenwickel. Es tut mir so leid, dass er da jetzt allein durchmuss. Er verspricht, es genauso zu machen und sich wieder zu melden.

»Maus, bei einem Kleinkind wie Constantin sind 40 Grad Fieber nicht wie bei einem Erwachsenen. Du wirst sehen, es geht ihm morgen besser. Und übergeben hat er sich doch auch nicht wieder. Das ist doch schon mal was.«

»Und? Ist es gesunken?«, frage ich Hase, als er nach einer weiteren halben Stunde wieder anruft.

»Ja, 38,8«, sagt er hörbar erleichtert, »und er ist so lieb. Liegt hier bei mir im Bett, erzählt und lässt alles mit sich machen. Ich lasse ihn heute Nacht bei mir im Bett.«

»Wenn er das mit sich machen lässt ...«

Constantin hat schon immer darauf bestanden, allein in seinem Bett zu schlafen – sehr zu meinem Leidwesen. Wie gern hätte ich ihn nachts, wenn mein Mann beruflich unterwegs ist, bei mir. Max ist da ganz anders. Er nutzt jede Gelegenheit, um bei uns zu schlafen, und ich nutze fast jede Gelegenheit, um »Ja« zu sagen. Schließlich weiß ich nicht, wie lange man diesen Luxus noch genießen kann? Mit 14 wollen sie nicht mehr bei Mama kuscheln und die Zeit geht doch viel zu schnell vorbei.

»Hase, ich bin stolz auf dich! Wadenwickel sind nicht so einfach.«

»Du hättest das doch genauso gemacht.«

»Ja, aber ich bin auch die Mama«, gebe ich ernsthaft überzeugt zurück.

»Ach, und Hase?«

»Ja?«

»Happy Birthday!«

Es ist mittlerweile nach Mitternacht und heute wird mein Mann 37 Jahre alt.

»Wir holen das alles nach!«, verspreche ich ihm hoch und heilig.

»Aber natürlich. Jetzt schlaf schön und ruh dich gut aus.«

Die Nacht vergeht in beiden Haushalten ohne größere Zwischenfälle. Mein neues Übelkeitsmedikament, das mir die Schwester heute unter die Zunge gelegt hat, mit der Aussage

»Das hilft Ihnen sofort«, wirkt immer noch und die fürchterliche Übelkeit ist eigentlich gar nicht da. Mit meinem Mann stehe ich die ganze Nacht über per SMS in Kontakt und das Fieber beim Kleinen ist nach zwei Stunden komplett verschwunden.

»Wenn er heute fieberfrei bleibt, dann fahre ich morgen wieder heim«, kündige ich meinen Eltern am nächsten Tag an und mein Tonfall lässt keinen Raum für Diskussionen.

»Das musst du wissen, Schatz«, meint mein Vater sehr diplomatisch. Ich weiß, dass in seiner Brust zwei Herzen schlagen. Natürlich macht er sich Sorgen darum, dass ich mich anstecken könnte. Gleichzeitig kann er aber auch verstehen, dass ich so schnell wie möglich zu meiner eigenen Familie zurückwill.

»Ich bin gern bei euch, aber nicht unter diesen Umständen«, erkläre ich ihnen, was aber natürlich gar nicht nötig gewesen wäre. Ich liege inzwischen im großzügigen und kuscheligen Gästebett und meine Mutter sitzt wie in alten Zeiten an meiner Bettkante. Wir quatschen noch ein bisschen und ab und an kullert auch ein Tränchen. Einfach so. Bei uns beiden.

»Maus, warte ab. In ein paar Monaten ist alles wieder gut. Ich weiß das einfach.«

Unser vertrauliches Gespräch wird durch eine extrem nervige Mücke gestört. Es ist Ende August und das blöde Vieh kam durch das offene Fenster hinein. Wir müssen beide lachen, weil sie so laut surrt.

»Die weiß nicht, wie gefährlich sie lebt«, sagt meine Mutter in einem Ton, der ein bisschen an *Stirb langsam* erinnert.

»Wenn Du es schaffst, dieses Vieh mit dem ersten Hieb plattzumachen, wird wirklich alles wieder gut«, werfe ich spontan ein. Ich weiß, wie gemein und blöd das ist. Man kennt diese Spiele ja noch aus der Kindheit: Wenn jetzt das nächste Auto rot ist, dann ist der Junge aus der Parallelklasse bestimmt in dich verliebt ...

diese Suche nach den Zeichen, die die eigene Zukunft angeblich beeinflussen können.

»Boah, Maus, das ist gemein!« antwortet meine Mutter und sie hat recht. Mücken dieser Art erwischt man doch nie. Man hört sie nur, sieht sie aber nicht! Das Surren hat aufgehört, die Mücke hat sich also irgendwo hingesetzt. Irgendwo in dem riesengroßen Schlafzimmer. Ich kann sie nicht sehen. Meine Mutter auch nicht, aber sie geht auf die Suche. Und sie findet sie. Sie nimmt sich eine Zeitschrift und schlägt so fest zu, als sei die Stechmücke ein Tyrannosaurus Rex. Wir trauen uns beide nicht hinzusehen. Unser Mücken-Orakel. Hat sie sie erwischt? Wird wirklich alles gut? Oder ist sie entwischt, wie Mücken das für gewöhnlich tun? Langsam nimmt meine Mutter die Zeitung von der Wand und der rote Fleck verrät das Ergebnis! Sie hat sie erwischt! Tatsächlich! Mit einem Hieb.

»So!«, ruft sie triumphierend und wir freuen uns wie kleine Kinder. »Wenn ich sage, es wird alles gut, dann ist das so. Hörst du jetzt auf deine Mama?«

»Ja, Mama. Das tue ich«, antworte ich und meine es auch so.

Und sie soll recht behalten – zumindest für die nächsten Tage. Constantin erholt sich weiter, weder Fieber noch Magen-Darm kommen zurück. Und so ist meine Familie nur einen Tag später wieder vereint und kann zumindest den Geburtstag meines Mannes ein kleines bisschen nachfeiern. Ganz schön zuverlässig, so ein Mücken-Orakel.

Panik

Die dritte EC habe ich gut hinter mich gebracht und die Nebenwirkungen sind mittlerweile kalkulierbar. Erstaunlicherweise meine ich, dass sie von Mal zu Mal etwas leichter zu ertragen sind, das mag aber auch pure Einbildung sein. Karl Arsch ist für mich schon lange nicht mehr zu ertasten, und nach der vierten, sprich letzten EC, ist ein erneuter Ultraschall geplant.

Dennoch taste ich nach wie vor jeden Morgen meine Brust ab. Ich denke, ich muss das machen. Vielleicht habe ich Angst, dass Karl Arsch wieder wachsen könnte oder ich sonst irgendetwas verpassen würde. Also stehe ich auch jetzt unter der Dusche und taste meine Brust aufs Neue ab. Dabei erfüllt es mich mit Zufriedenheit, dass ich Karl Arsch nicht mehr würde spüren können.

Doch was ist das? Hier ist doch was Hartes? Wieder in der rechten Brust, nur an einer anderen Stelle. Mir wird heiß und kalt und schlecht zugleich. Erfolglos versuche ich, mich irgendwie zu beruhigen. Hier ist ganz eindeutig ein Knoten. Ein neuer Knoten. Das gibt es doch nicht! Du bekommst eine Chemo und hier ist ein neuer Knoten. Ich höre Dr. Meier bei der Chemoaufklärung sagen, dass eine solche Therapie die Gefahr erhöht, an weiteren Krebsarten zu erkranken. Die gesamte Panik der Erstdiagnose ist plötzlich wieder da und nimmt mir die Luft zum Atmen. Mein Kopfkino fährt Achterbahn und ich kann mich einfach nicht beruhigen. Ich fange an zu weinen, rufe nach meinem Mann, der aus meinem Gestammel überhaupt nicht schlau wird. Vor meinem inneren Auge verdichtet sich das Bild, wie die Ärzte zu mir sagen: »Tut uns leid. Aber das ist so selten. In dem Fall haben wir keine Chance.« Das war's.

»Maus, beruhige dich doch bitte«, fleht mein Mann mich an. »Komm, wir rufen im Brustzentrum an und dann lässt du dich untersuchen.«

»Auf gar keinen Fall. Ich kann das nicht nochmal durchstehen«, rufe ich panisch.

In diesem Moment klingelt meine Mutter an der Tür. Sie kommt, um mir mit den Kindern und dem Haushalt zu helfen. Mein Mann öffnet ihr die Tür und unterrichtet sie kurz von meinem Totalausfall. Ich habe mich aufs Bett gelegt und weine über mein nun bevorstehendes Todesurteil.

»Was ist passiert?«, fragt meine Mutter.

»Ich habe einen neuen Knoten in der Brust. Ich werde sterben, antworte ich völlig außer mir. Danach sage ich gar nichts mehr. Ich weine nur noch. Ich bin nicht mehr in der Lage, irgendjemanden an mich ranzulassen. Mein Mann und meine Mutter sind vollkommen ratlos, und meine Mutter ruft im Brustzentrum an.

»Komm, wir fahren los.«

»Wohin?«

»Ins Brustzentrum. Wir sollen sofort kommen.«

»Siehst du. Wenn die schon sagen ›sofort‹, dann war es das.«

»Jetzt hör mir mal zu«, sagt meine Mutter und sieht mich ernst an, »da ist mit Sicherheit gar nichts. Aber das sind Profis und sie nehmen Ängste der Patienten sehr ernst. Deswegen ziehst du dich sofort an und wir fahren da jetzt hin. So geht das ja hier nicht weiter.«

Eine knappe halbe Stunde später sitzen wir im Wartezimmer. Ich muss die ganze Zeit weinen und kann mich nicht beruhigen. Die Panik hat mittlerweile die Herrschaft über meinen Körper übernommen und ich zittere wie Espenlaub. Wir müssen sehr lange warten, denn man hat extra wegen mir eine Ärztin aus dem OP hoch bestellt, die sich meiner annehmen soll. Nach einer halben Ewigkeit kommt eben diese Ärztin durch die Tür gestürmt und fragt aufrichtig besorgt:

»Was ist passiert, Frau Staudinger?«

Wir kennen uns noch nicht, aber sie hat sich schnell in meine Akte eingelesen und wurde von der Sprechstundenhilfe über meinen desaströsen Zustand informiert.

»Ich habe einen neuen Tumor in der Brust«, schluchze ich.

»Lassen Sie mal fühlen«, ordnet die Ärztin freundlich an. Während ich die Stelle suche, fragt sie: »Wieso tasten Sie denn eigentlich noch die Brust ab? Wir untersuchen Sie doch regelmäßig.«

»Ich weiß nicht. Ich dachte, das würde zu meinen Aufgaben gehören.«

»Nein. Unter der Chemo sind ja Gewebeveränderungen gewünscht und wir kontrollieren das hier ständig.«

Endlich glaube ich, die Stelle gefunden zu haben. »Also, ich fühle hier nichts«, sagt sie ganz ruhig und freundlich zu mir. Ich taste selbst nach. Mist! Ich auch nicht. Aber das kann nicht sein. Eben war er doch noch da.

»Wie gesagt, Gewebeveränderungen sind normal. Kommen Sie, wir machen einen Ultraschall«, bietet sie mir an. Bevor sie startet, wirft sie noch einen Blick in meine Akte.

»Ihr Tumor hat ja schon super reagiert.«

»Ja, ich weiß. Aber wenn jetzt was Neues wächst ...«

Ich fange wieder an zu weinen. Unbeirrt beginnt die Ärztin mit der Untersuchung.

»Wir haben hier nur den Restbefund von ca. 0,4 cm. Sonst ist hier gar nichts.«

»Hast du das gehört, Maus? 0,4 cm. Danke, Frau Doktor. Sagen Sie, kann denn unter einer solchen Chemo überhaupt was Neues wachsen?«, fragt meine Mutter.

»Nein.«

Mein Gott, ich glaube, noch nie war mir etwas so peinlich wie jetzt. Madame Drama-Queen stellt das gesamte Brustzentrum auf den Kopf. Ich mache mich und meine Umwelt verrückt, wegen nichts. Gar nichts.

»Oh Gott, es tut mir so leid. Jetzt hatten Sie wegen mir so einen Stress. Aber ich schwöre, ich habe was gefühlt.«

»Frau Staudinger, dass Sie Angst haben, ist nach so einer Diagnose völlig normal. Und ich bin froh, dass wir Ihnen die Angst nehmen konnten. Ihr Tumor spricht super an. Alles wird gut«, lächelt sie mich freundlich an und das erste Mal seit Stunden bewegt sich mein Pulsschlag auf Normalwerte zu.

Auf dem Weg nach Hause wird mir erst bewusst, was die Ärztin da eben gesagt hat. Es sind nur noch 0,4 cm übrig von Karl Arsch. Von 2,8 auf 0,4 nach nur drei Chemos. Ich habe ja keine Vergleichswerte, aber mein Verstand sagt mir, dass das bestimmt ein tolles Ergebnis ist. Gemessen an den Chemotherapien, die ich noch vor mir habe, kann sich das doch bestimmt sehen lassen.

Gedanken über Mitstreiterinnen und Mitmenschen

Etwa jede zehnte Frau in Deutschland erkrankt an Brustkrebs. Jede zehnte von uns wird eines Tages Besuch von Karl Arsch bekommen. Die eine früher, die andere später, wieder andere gar nicht. Und der allgemeine Treffpunkt ist das ortsansässige Brustzentrum. Hier ist von Nord bis Süd von West nach Ost alles standardisiert. In Hamburg gibt es die gleiche Behandlung wie in München, Berlin oder Köln. Sehr beruhigend, wie ich finde. Denn damit ist die optimale Behandlung für jede von uns gesichert – unabhängig von Alter, Herkunft und sogar von der Krankenversicherung.

Und jede von uns hat ihr eigenes Schicksal. Einige durfte ich kennenlernen. Diese Begegnungen werde ich nie vergessen.

Da war zum Beispiel die kompetente Dame mittleren Alters, die ich im Wartezimmer zwei Tage nach meiner Diagnose getroffen habe. Während ich wie ein Häuflein Elend in dem Sessel kauerte, saß sie, mutig und vor Kraft strotzend, mir gegenüber.

»Das Warten ist das Schlimmste, nicht wahr?«, lächelte sie mich an.

»Ja, allerdings«, entgegnete ich und schon war das Gespräch eröffnet. Sie erzählte mir, dass sie die ganze »Kacke« schon 15 Jahre zuvor hinter sich gebracht hatte und »echt stark befallen war«. Heute sei sie nur zur normalen Vorsorge hier.

»Aber Sie wirken so unaufgeregt«, bemerkte meine Mutter, die damals mit dabei war.

»Ja, ich bin durch damit. Ich habe keine Angst mehr. Es war eine harte Zeit, aber Sie schaffen das genauso wie ich.«

Mein Tag war nach dieser Begegnung heller als zuvor.

Und dann war da dieser Vormittag, als der Port implantiert wurde. Wir saßen zu viert in dem Krankenzimmer, zwei Frauen vor, zwei nach dem ambulanten Eingriff. Wir waren vier Frauen, die am gleichen Punkt der Behandlung waren: vor der Chemo, noch nicht wissend, was vor ihnen lag. Jede erzählte kurz, wie ihr Weg bis hierhin war. Eine von den Frauen war Ursula. Ursula ist eine hochintelligente Informatikerin, witzig und charmant, aber im ersten Moment würde man vielleicht an ihr vorbeilaufen. Im »normalen« Leben wären wir beide uns niemals begegnet oder hätten gegenseitig Vorurteile gehabt. Aber hier war eben kein normales Leben. Hier, in diesem Raum, herrschte Solidarität, Empathie und aufrichtiges Interesse für die andere. Bis heute haben Ursula und ich Kontakt und es geht ihr sehr gut.

Und dann war da das Schminkseminar für Chemopatientinnen, zu dem ich schließlich doch hingegangen bin. Es war ein lustiger Nachmittag unter Gleichgesinnten. Eine von ihnen war Ayshe. Sie war vier Jahre älter als ich und saß zwei Plätze neben mir. Während wir uns Augenbrauen aufmalten, erzählte sie, wie schlecht sie die Chemo vertrage. Ein paar Wochen später traf ich sie in der Praxis der ACT wieder und erfuhr, dass sie bereits seit fünf Jahren kämpft, Knochen- und Lebermetastasen hat und Mutter von zwei Kinder ist. Das Gespräch war echt, aufrichtig und zuversichtlich. Zwei Monate später starb Ayshe. Ich sah sie einen Tag vor ihrem Tod, als sie von der onkologischen Station zur Palliativstation verlegt wurde. Ihre Augen waren gelb und sie war nicht mehr bei sich, akutes Leberversagen. Ich habe tagelang geweint.

Brustkrebs ist gut heilbar, aber leider nicht immer - bei Ayshe nicht. Dabei hätte sie das Leben genauso verdient wie ich oder jede andere Frau, die ich traf. Und ihre Kinder hätten eine Mama verdient. Ich habe Stunden damit verbracht, mich zu fragen, warum ich leben darf und sie nicht. Ich habe keine Antwort gefunden, bis heute nicht. Aber ich habe gelernt, dass es nicht in unserer Hand liegt und ich lernen muss, das Leben trotzdem – oder gerade deswegen – zu genießen.

»Das ist für dich mein Schatz«, sagte meine Mutter am Tag der ersten Chemo zu mir und übergab mir ein kleines Päckchen.

»Oh, wie lieb, was ist denn das?«, fragte ich neugierig, während ich auspackte. Zum Vorschein kam ein sehr feines, zartes Armband mit zwei Anhängern: einem Kreuz und einem Bild der Heiligen Maria.

»Das ist wunderschön, Mama, wo hast du das her?«

»Ich war gestern unterwegs auf der Suche nach einem besonderen Talisman für dich und kam in eine kleine Boutique. Die Inhaberin half mir beim Stöbern und wollte wissen, was genau ich suchte. Ich meinte, ich suche etwas ganz Besonderes für meine Tochter, und dabei fiel mein Blick auf das Armband, das sie trug, und ich meinte zu ihr: ›So was, was Sie da anhaben, das würde mir gefallen‹. Sie erzählte mir, dass sie es selbst geschenkt bekommen habe, es sei speziell angefertigt und in Lourdes geweiht worden. Und dann wollte sie wissen, für wen ich etwas suche, und ich habe ihr von dir erzählt. Und dann hat sie etwas Unglaubliches gemacht. Sie hat das Armband ausgezogen und gesagt ›Bitte schenken Sie das Ihrer Tochter. Es hat mir immer Glück gebracht und wird auch ihr Glück bringen.‹«

»Wirklich?«, fragte ich mit Tränen in den Augen.

»Ja, ist das nicht lieb?«, auch meine Mutter hatte Tränen in den Augen.

Ich habe dieses Armband bis zum heutigen Tage kein einziges Mal ausgezogen und habe mir fest vorgenommen, dieser Dame mit meiner Mutter einen erneuten Besuch abzustatten. Obwohl sie mich nicht kannte, meine Mutter nur ein einziges Mal gesehen hat, zögerte sie nicht einen Moment, mir ihr Armband zu schenken. Ich war darüber zutiefst gerührt und bin es noch heute.

Aber nicht nur im echten Leben traf ich jede Menge Leidensgenossinnen, auch im virtuellen. Dank einschlägig bekannter sozialer Netzwerke stellte ich schnell fest, dass ich mit meinen jungen Jahren längst nicht allein bin. Die Parallelen waren teilweise erschreckend. Sehr oft Anfang 30, sehr oft schon Kinder und sehr oft Triple negativ. Auch online kann man sich unterstützen, zuhören, austauschen und gemeinsam weinen.

Und dann gab es diesen einen Tag in der Praxis der ACT. Hier lernten wir uns kennen. Die vier Damen vom Grill: Elke, Karin, Andrea und ich – und natürlich Queen Mum (meine Mutter). Wir saßen während unseres Cocktails nebeneinander und verstanden uns auf Anhieb. Natürlich war ich wieder die Jüngste in der Runde. Die anderen drei waren alle im Alter meiner Mutter, was der Stimmung aber keinen Abbruch tat. Über drei Monate lang saßen wir vier in einem Raum und lachten und quatschten gemeinsam. Meine Mutter war für das leibliche Wohl zuständig und verwöhnte uns jede Woche mit köstlich Gekochtem oder Gebackenem (oder mit beidem). Jede von uns hatte ihre eigene Geschichte, ihre eigene Behandlung und ihre eigenen Soft Skills, um damit fertig zu werden.

»Ich habe Ihnen den zweiten Raum schon frei gehalten«, wurden wir jede Woche von der Schwester begrüßt. Ich möchte sogar so weit gehen und sagen, dass man sich nahezu auf die

Chemo gefreut hat, weil man sich ja wieder getroffen hat. Bis heute haben wir alle regen Kontakt und sind uns seit Monaten tief verbunden.

Natürlich gab es auch Begegnungen der nicht so schönen Art. Es gab Bemerkungen, Sätze und Kommentare, auf die ich gut hätte verzichten können. Meist fallen sie aus Unwissenheit oder aus Unsicherheit, manchmal auch aus purer Dummheit.

So traf ich eine flüchtige Bekannte beim Einkaufen und sie kam relativ barsch auf mich zugestürmt.

»Mein Gott«, stößt sie unüberhörbar aus, »du hast ja immer noch keine Haare! Sag bloß, du machst immer noch Chemo? Dann warst du aber krass befallen!«

Da fehlen selbst mir als Schlagfertigkeitsqueen die Worte.

Schön waren auch solche Kommentare wie »Ach du Arme. Das kenn ich, ich habe ja auch immer Knoten in der Brust!« oder die sicherlich gut gemeinten Sätze wie »Du bist ja so stark!«

Absolute Experten fragten auch gern ganz offen: »Wirkt denn die Chemo? - Na, was ein Glück!« Aber die wohl beste Bemerkung war: »Ich hatte auch mal Krebs, aber zum Glück gutartig!«

Am meisten beeindruckt hat mich aber die Reaktion einer Dame, die in der Straße einer Freundin wohnt. Diese hatte ich während der Chemo mit meiner Mutter besucht und wegen der Hitze war ich »oben ohne« unterwegs. Scheinbar hatte diese Dame noch nie in ihrem Leben eine glatzköpfige Frau gesehen, denn als ich ausstieg, starrte sie mich so schamlos an, dass meine Mutter ihr bald an dic Gurgel gefallen wäre. Und während sie so gaffte, schob sie ihre Mülltonne vor sich her. Beides schien sie jedoch zu überfordern, sie ließ die Mülltonne fallen, stolperte quer über selbige und stürzte zu Boden. Aber während sie fiel und sich relativ schnell wieder aufrappelte, ließ sie mich keinen Moment aus den Augen und gaffte einfach weiter.

Mich ließ das kalt. Gegen die Dummheit einiger Menschen würde noch nicht mal eine Chemotherapie helfen. Meine Mutter aber stand kurz vor einer Explosion und ich konnte sie nur mit Mühe und Not von körperlichen Übergriffen abhalten.

Ich habe mich sehr oft gefragt, ob ich wohl die passenden Worte für eine Betroffene gehabt hätte. Wie hätte ich wohl reagiert, wenn eine Freundin von mir krank geworden wäre? Wären meine Bemerkungen immer hilfreich gewesen? Ich weiß es nicht.

Ende der ersten Etappe

Ich kann es kaum glauben, aber die erste Chemoreihe neigt sich langsam dem Ende entgegen. Es wartet die letzte von vier EC-Chemos auf mich. Danach kommt eine dreiwöchige Pause und dann wird es im wöchentlichen Rhythmus weitergehen.

»Ich darf gar nicht daran denken, wenn die dann jede Woche kommt«, tausche ich mich mit einer Leidensgenossin im Wartezimmer aus.

»Ach, die ist echt harmlos«, wirft eine noch recht junge Frau ein, die zwei Stühle weiter sitzt.

»Wirklich? Aber der Körper hat doch keine Zeit, sich zu regenerieren?«, hake ich nach.

»Ich hatte auch erst vier EC, die waren ja entsetzlich. Aber jetzt bin ich bei der zehnten von zwölf Taxol und gehe sogar tageweise arbeiten. Ich bin selbstständige Zahnärztin. Und schaut mal hier!« Sie zieht ihre Mütze vom Kopf und zeigt uns ihre beachtliche Haarpracht.

»Wow! Du hast ja Haare. Mensch, das macht Mut!«, freue ich mich. »Ich warte allerdings noch auf mein Genergebnis, dann bekomme ich eventuell noch Carboplatin dazu.«

Während ich ihr das erzähle, fällt mir auf, dass der Anruf aus dem Zentrum tatsächlich täglich kommen müsste. Denn nach der dreiwöchigen Pause würde eben genau dieses Medikament viermal dazugemischt werden – oder eben nicht.

Während ich meinen Gedanken nachhänge, werde ich auch schon für die übliche Prozedur aufgerufen.

»So, Frau Staudinger, heute ist die letzte der vier ECs. Wie ist es Ihnen ergangen?«, fragt mich meine Lieblingsärztin aus der ACT. Frau Dr. Hagen ist eine junge, bildschöne Frau, die ich als unglaublich mitfühlend und kompetent kennengelernt habe.

»Also, vielleicht spinne ich ja. Aber ich meine, die dritte war schon längst nicht mehr so schlimm. Und dank der tollen Tablette blieb sogar die Übelkeit aus«, erzähle ich ihr.

»Dann bekommen Sie die jetzt jedes Mal. Sie müssen nicht leiden, wenn wir es verhindern können. Und dann haben Sie ja in ein paar Tagen den nächsten Ultraschall, bevor wir dann mit dem Paclitaxel starten.«

»Ja, aber dazwischen sind ja erst mal drei Wochen Pause und die werde ich in vollen Zügen genießen!«

»Da haben Sie recht! Haben Sie schon eine Nachricht wegen des Gentests?«

»Nein, müsste aber jetzt langsam kommen.«

In den vorangegangenen Tagen habe ich mich etwas näher mit diesem BRCA-Gen beschäftigt. War ich am Anfang noch ziemlich sicher gewesen, es nicht zu haben – immerhin bin ich die erste erkrankte Frau in unserer Familie –, lassen meine Recherchen mittlerweile jedoch keinen anderen Schluss mehr zu, als doch Trägerin zu sein.

»Frau Dr. Hagen, ich bin 32, habe einen Triple negativ, der gut auf die Chemo reagiert. Ich kann doch eigentlich jetzt schon davon ausgehen, dass ich dieses Gen habe, oder?«, frage ich sie geradeheraus.

»Ja, das können Sie. So einen Tumor bekommt man sonst eigentlich nicht in Ihrem Alter«, antwortet sie ohne Umschweife. Ha, wusste ich es doch! Ich hatte mich die letzten Tage schon mit dem Gedanken angefreundet. Und mein Entschluss steht fest, sollte ich Trägerin sein, werde ich alle Schritte in die Wege leiten, die einen erneuten Ausbruch verhindern.

»Aber lassen Sie uns *alles Schritt für Schritt* machen: nächste Woche Ultraschall, dann die Chemopause und dann sehen wir weiter. Einverstanden?«, muntert sie mich auf.

»Genau so machen wir es.«

»So Maus, die erste Etappe wäre geschafft«, sagt meine Mutter im Auto, als wir auf der Heimfahrt sind.

»Mmh«, bekomme ich nur noch raus. Mir ist nicht nach reden. Und das will bei mir schon was heißen. Drei Stunden lang ist EC durch mich durchgeflossen und ich bin einfach nur müde – und hungrig. Dieses Cortison macht einen solchen Hunger, dass ich selbst im Dämmerzustand noch schnell ein Brötchen kauen kann.

Ich bin zwar unglaublich müde und geschafft, aber auch glücklich. Glücklich darüber, diese vier hammermäßigen Chemos hinter mich gebracht zu haben. Jetzt kommen zum vorerst letzten Mal noch Übelkeit, Schwindel und Kreislaufbeschwerden und dann habe ich erst einmal drei Wochen Pause. Drei Wochen! Was man in dieser Zeit alles machen kann? Wir werden sehen ...

Pause

Von den drei Wochen bleiben mir zum Genießen leider nur zwei, denn dieses Mal halten sich die Nebenwirkungen hartnäckig. Ich bin eine Woche außer Gefecht und verbringe die meiste Zeit im Sitzen oder Liegen. Zumindest vormittags, denn nachmittags gelingt es mir fast immer, mich für meine Kinder aufzuraffen. Sie sind nicht nur die beste Medizin, sondern wie ein Motor, der mich immer wieder antreibt und daran erinnert, wofür ich die ganze Prozedur über mich ergehen lasse. Ich habe im Wartezimmer schon des Öfteren mitbekommen, dass einige von »uns« an einen Abbruch der Chemotherapie denken, weil es ihnen zu viel Lebensqualität raubt. Ich muss sagen, ich selbst habe noch nicht eine Sekunde daran gedacht. Das mag aber auch an der neoadjuvanten Therapie liegen. Vielen anderen Frauen wird der Tumor zunächst operativ entfernt, dann erst folgt die Chemotherapie. Doch in meinem Fall kann ich genau spüren, wie der Tumor reagiert. Und meine Ärztin sagte einmal zu mir: »Da wir sehen, dass der Tumor so gut anschlägt, haben auch eventuelle Mikrozellen – von denen wir ja gar nicht wissen, ob Sie schon in Ihrem Körper waren – keine Chance.«

Dieser eine Satz muntert mich immer wieder auf und beflügelt mich. Außerdem kommt Aufgeben schon wegen der Kinder nicht infrage. Allein bei dem Gedanken, sie nicht aufwachsen zu sehen ... diese Endzeitszenarien kommen zwar nicht mehr so häufig wie zu Beginn meiner Erkrankung, aber sie sind dennoch ein Teil von mir. Die Angst, so befürchte ich, werde ich hinnehmen müssen, denn ich glaube, sie wird mich ab jetzt ein Leben lang begleiten. Mal mehr, mal weniger.

Die restlichen zwei Wochen der Chemopause sind ein Segen. Oh, man kann sich schnell an ein Leben ohne Chemo gewöhnen. Ich unternehme fast jeden Nachmittag etwas mit meinen Kindern, am Wochenende gönnen mein Mann und ich uns etwas Schönes. Mit anderen Worten: Wir leben unser Leben in vollen Zügen!

»Boah, Mama, was sehe ich denn da!«, ruft Max morgens im Bett während einer ausgiebigen Kuschelparty.

»Was denn?«

»Haare!«

»Was? Wo?«, frage ich entgeistert.

»Na, auf deinem Kopf!«

»Mama, neue Haare?«, fragt auch Constantin und streichelt mir sanft über den Kopf. »Tatsächlich, Maus, da sind Haare«, stellt auch mein Mann fest.

Ich renne zum Spiegel und glaube es nicht. Auf meinem Kopf ist ein ganz zarter Flaum. Ich weine.

»Na, siehst du. Alles kommt wieder«, lächelt mein Mann mich an und nimmt mich in den Arm.

»Wann kommt deine Mutter dich abholen?«

»Gegen elf. Der Termin ist um zwölf.«

Auch wenn Chemopause ist, Arztbesuche müssen dennoch sein. Heute steht ein neuer Ultraschall von Karl Arsch auf dem Programm.

»Du weißt, dass du keine Angst haben musst?«, erinnert mich mein Mann.

Ja, ich weiß das. Angst habe ich trotzdem.

»Ja, natürlich habe ich keine Angst«, lüge ich ihn an, und er weiß, dass ich lüge.

Und tschüss!

Eigentlich könnten wir dem heutigen Termin ganz entspannt entgegensehen, denn während meines kurzen Zwischenbesuchs im Brustzentrum wurde ja auch ein Ultraschall gemacht. Der Restbefund war nur noch 0,4 cm. Was sollte sich also daran geändert haben? Wahrscheinlich nichts, und trotzdem habe ich Angst. Meine Mutter auch. Mag sein, dass dies jetzt nur am Arzttermin im Allgemeinen liegt. Der bloße Besuch eines Arztes macht mir oder uns jetzt eben Angst. Ich befürchte, dass das nun auch eine ganze Zeitlang so bleiben wird.

»Mama, warum sind wir denn so ängstlich?«

»Ich habe eigentlich keine Angst, es ist nur diese Umgebung, die ich nicht so mag«, antwortet sie mir, und ich weiß genau, was sie meint.

Natürlich liegt es nicht an der Umgebung und an den Ärzten eigentlich auch nicht, denn sie sind es ja, die einiges wieder wettmachen. Einer dieser Ärzte ist Dr. Meier und genau er ruft uns jetzt zu sich. Wie immer strahlt er mich an.

»So, dann wollen wir mal gucken, was von Ihrem Tumor – wie nannten Sie ihn doch gleich noch mal?«

»Karl Arsch!«

»Ach ja, was von Karl Arsch noch übrig ist. Wahrscheinlich nicht mehr viel.«

Boom! Schon bin ich beruhigt. Die Ärzte sind sich wahrscheinlich gar nicht bewusst, dass von uns Patientinnen jedes, aber auch jedes Wort auf die Goldwaage gelegt wird.

Meine Lieblingssätze sind: »Das ist unauffällig« oder »Das sieht doch super aus«, gefolgt von »Hat jeder!« Nicht gern höre ich Sachen wie »Mmmmhhh ...« oder »Oh oh« oder »Das müssen wir genauer abklären«. In einem Gespräch sagte ich mal zu einem jungen Assistenzarzt »Ja, ich habe zwar Brustkrebs, aber ich werde wieder ganz gesund.« Er meinte daraufhin: »Ach, ich wünsche es Ihnen so sehr ...« Mein Tag war durch, meine Stimmung im Eimer. Wie, er *wünscht* es mir so sehr? Glaubt er, ich spinne oder was? Oder ist das unrealistisch? *Wünschen* kann ich mir was zu Weihnachten! Aber ich *weiß*, dass ich wieder gesund werde, und *wünschen* passt hier gar nicht hin! Wahrscheinlich hat der arme Kerl es gar nicht so gemeint, aber seit jenem Tag habe ich kein Wort mehr mit ihm gesprochen.

Dr. Meier aber trifft mit seinem »Wahrscheinlich nicht mehr viel« für meine Ohren genau den richtigen Ton.

Ich liege also wieder mal barbusig vor einem im Grunde fremden Mann und warte. Ich warte, während er mit dem Ultraschall meine Brust absucht.

»Sagen Sie bitte was, Doktor!«, flehe ich ihn an.

»Ich sehe hier nur unauffälliges Gewebe«, meint er ruhig. Schon wieder so ein schöner Satz!

Er sucht und sucht, vergleicht das Bild mit vorherigen Aufnahmen.

»Tja, Frau Staudinger, Karl Arsch hat sich verabschiedet. Ich sehe hier nur noch die Clipmarkierungen«, lächelt er mich an. »Es besteht dringender Verdacht auf eine pathologische Komplettremission nach nur vier Chemotherapien. Ganz genau wissen wir das natürlich erst, wenn wir Sie operiert und das Gewebe untersucht haben«, fährt er fort.

»Das ist doch gut, oder?«, frage ich sicherheitshalber nochmal nach.

»Das ist perfekt, Frau Staudinger. Das sind die besten Voraussetzungen, dass sie die Sache auch nicht wiederbekommen.«

So langsam dringen seine Worte zu mir durch. Das heißt, ich bin tumorfrei! Karl Arsch ist weg! Er ist plattgemacht. Von der Chemo, aber auch von mir. Er kann mir nicht mehr gefährlich werden. Ich habe gelesen, dass Triple-negativ-Patienten mit einer Komplettremission – so nennt man das, wenn der Tumor unter der Chemo ganz verschwindet – sehr gute Prognosen haben. Ich kann mein Glück in diesem Moment allerdings noch nicht wirklich fassen. Meine Mutter auch nicht. Zu groß ist die Anspannung der letzten Wochen und Monate. Herr Dr. Meier merkt das.

»Sie dürfen feiern, Frau Staudinger«, versichert er mir.

Mir schießen die Tränen in die Augen.

»Wirklich?«

»Ja!«

Wir verabschieden uns mit einer Umarmung und ich bin wieder unglaublich glücklich, an solche Ärzte geraten zu sein.

Berge und Täler

Es müssten Tage der Unbeschwertheit sein. Ich habe noch eine gute Woche Pause, bevor die nächste Chemo losgeht, Karl Arsch ist verschwunden und körperlich geht es mir blendend. Aber leider will mein Kopf das anders. Ich bin nicht glücklich oder gelöst, ich bin – wie auch nach der ersten Ultraschallkontrolle – in einem tiefen Loch. Dieses Mal aber hadere ich nicht mit meinem Schicksal, sondern werde mir bewusst, was alles schon hinter mir liegt und was für eine arme Wurst ich war.

»Maus, was ist los?«, will mein Mann wissen. Er ist mittlerweile darauf vorbereitet, dass die Löcher meist antizyklisch erscheinen, nämlich immer dann, wenn ich einen Berg geschafft habe.

»Hase, weißt du eigentlich, dass man mir radioaktive Flüssigkeit in meine Brust gespritzt hat? Und weißt du, dass man mir vor der Wächterknoten-OP eine lange Nadel in die Achsel eingeführt hat? Und weißt du eigentlich, wie weh mir das alles getan hat?«

»Nein, das weiß ich nicht, aber ich habe es geahnt. Als ich dich gefragt habe, sagtest du nur ›War nicht so schlimm‹.«

»Aber es war schlimm«, schluchze ich. »Das war alles schlimm. Als man mir den Port gelegt hat, habe ich mein eigenes verbranntes Fleisch gerochen«, sprudelt es aus mir heraus. Es scheint, als wollten die ganzen Schmerzen, die ich damals relativ leicht weggesteckt hatte, jetzt verarbeitet werden.

»Und weißt du eigentlich, wie beschissen diese Chemo ist? Es gab Tage, da dachte ich, ich schaffe das nicht.«

»Ja, Maus, das weiß ich. Ich saß neben dir. Und wenn es dich tröstet, es hat mir auch sehr wehgetan«, auch meinem Mann schießen die Tränen in die Augen. Wir weinen beide, reden über das Erlebte und bedauern uns ein bisschen selbst.

»Neulich in der ACT traf ich eine junge Frau, die hatte auch einen Triple negativ, der war längst nicht so groß wie meiner, aber sie hat schon Metastasen.«

Meine Tränen finden kein Ende.

»Weißt du, wie viel Glück wir hatten? Wenn ich damals gegangen wäre, als der erste Arzt ›Ist nix!‹ gesagt hat, dann wäre die Sache ganz ganz böse ausgegangen.«

»Du hast dieses Glück verdient«, sagt mein Mann überzeugt.

»Die Frau, die ich getroffen habe, auch!«

»Ja, ich weiß«, mehr fällt ihm dazu auch nicht ein.

»Was macht das denn eigentlich mit dir, Hase?«, frage ich ihn.

»Ich weiß, es klingt doof, aber wenn es dir gut geht, geht es mir auch gut.«

Ich muss lachen. »Und wenn es einen Grund zum Schmunzeln gibt, lächle ich gern einmal«, füge ich das zweite Zitat aus Loriots *Pappa ante portas* ein, den wir mindestens hundert Mal gesehen haben.

»Ja, genau. Aber in diesem Fall ist es wirklich so. Mir tut es weh, wenn ich sehe, wie du leidest.«

»Hattest du nie Angst, dass ich sterbe?«, will ich wissen.

»Doch, in der ersten Nacht.«

»Das hast du mir nie gesagt.«

»Du hast mich nie gefragt.« Typisch mein Mann – spricht nur, wenn er gefragt wird.

»Natürlich hatte ich Angst. Angst, dich zu verlieren und allein mit den Kindern zu sein. Aber nach dem ersten Arztbesuch in Düsseldorf bei Dr. Bertram war die Angst weg. Da hatte ich nur noch Angst vor dem, was vor uns liegt.«

Es fällt mir schwer, nicht gänzlich die Fassung zu verlieren. Natürlich habe ich mir immer Gedanken und Sorgen darum gemacht, wie die Menschen, die ich liebe, mitleiden. Aber wir haben das nie ausgesprochen, weil uns bisher die Kraft dazu fehlte. Man spricht nicht gern über den Tod, wenn er plötzlich Thema ist. Natürlich haben wir schon über Patientenverfügungen oder Organspenden gesprochen, aber das ist doch immer nur theoretisch. Man glaubt ja nicht wirklich, dass so etwas passiert. Wenn man dann aber darüber sprechen müsste, kann man es nicht, weil es so real ist.

»Hase«, reiße ich mich wieder zusammen, »ich verspreche dir, ich lasse dich und die Kinder nicht allein! Außerdem will ich noch ein paar Jahre die lustige Witwe sein, denn du bist schließlich fünf Jahre älter als ich. Das könnte dir so passen, dass ich früher gehe.«

»Da reden wir dann nochmal in 50 Jahren drüber!«

Es dauert mehrere Tage und viele Walking-Runden, bis ich mein Tief endlich überwinden kann. Ich glaube, es ist wie ein Schutzmechanismus. So lange man funktionieren muss, klappt das alles. Kommt man aber zur Ruhe und reflektiert, kommt der Zusammenbruch. Ich weiß für mich, dass ich dieses Tief dann durchqueren muss. Versuche ich es zu verdrängen, hält es sich nur länger.

»Ganz durchstreichen, Mama?«

»Ja, ganz fett mit Rot durchstreichen!«

»Bis man ihn nicht mehr sieht?«

»Ja, mein Schatz.«

Ich habe mit Max schon zu Beginn der Diagnose gemalt. Zunächst eine lange Zeitleiste. Denn ich musste dem Kind irgendwie klarmachen, dass das hier kein Schnupfen war, der in einer Woche vorbei ist. Also haben wir eine Zeitleiste gemalt und können jetzt schon eine wichtige Etappe durchstreichen. Gleichzeitig sieht er aber auch, dass noch ein Stück Weg vor uns liegt.

Und wir haben Karl Arsch aufgemalt. Nach jeder Ultraschalluntersuchung haben wir ihn kleiner gemalt und heute streichen wir ihn dick und fett durch. Mit roter Farbe. Constantin hilft mit.

»Das heißt, der Knoten ist weg, Mama?«

»Ganz weg, mein Schatz!«

»Und warum musst du die Medikamente jetzt noch nehmen?«

Cleverer Junge! Die Frage habe ich mir auch schon gestellt und im Stillen gehofft, dass die Ärzte jetzt sagen würden: So, das war's. Den Rest können wir uns sparen. Aber, das tun sie nicht. Das steht auch nicht zur Diskussion.

»Damit ich die Krankheit auch nie wiederbekomme«, versuche ich, es Max kindgerecht zu erklären.

»Mama kein Aua?«, will jetzt auch Constantin wissen. Er bekommt mit seinen knapp drei Jahren mehr mit, als ich es mir eingestehen will.

»Ein bisschen noch, mein Schatz, aber die Mama ist bald wieder ganz gesund!«

Auf ein Neues

Wie zu erwarten war, vergeht meine dreiwöchige Pause natürlich viel zu schnell. Schon ist der Vortag der nächsten Chemo da und ich bin zwecks Blutabnahme wieder in der ACT.

»Hat man sich bei Ihnen wegen des Gentests gemeldet?«, fragt mich meine Ärztin.

»Nein, ich dachte, Sie hätten vielleicht das Ergebnis.«

»Nein, wir haken aber jetzt mal nach. Denn sonst würden wir Ihnen ja das Carboplatin mit dazugeben. Aber das können wir auch ab der zweiten Woche. Das ist kein Problem. Jetzt gucken wir erst einmal, was Ihre Blutwerte machen.«

Bisher waren meine Blutwerte immer gut und ich musste noch nicht aussetzen. Das ist nicht selbstverständlich. Ich habe sehr häufig mitbekommen, dass andere Frauen eine Woche pausieren mussten. Für mich ist das eine Horrorvorstellung. Ich will nicht aussetzen, ich will das hier durchziehen, so schnell es irgendwie geht.

Ein paar Stunden später klingelt bei mir zu Hause das Telefon, und die Praxis der ACT teilt mir mit, dass meine Blutwerte natürlich nicht in Ordnung, die Leukozyten zu niedrig sind und am nächsten Morgen vor der Chemo noch einmal gecheckt werden müssen.

Ist ja klar. Wieder einmal muss ich lernen, dass wir hier nicht bei *Wünsch Dir was,* sondern bei *So isses* sind. Den Nachmittag verbringe ich mit Google und dem Stichwort »Leukos ankurbeln«, aber der ultimative Tipp ist leider nicht dabei. Also gehe ich noch eine Runde walken, trinke zwei Liter Wasser und lege mich besonders früh schlafen.

»Frau Staudinger, es tut mir leid, aber wir müssen eine Woche aussetzen«, verkündet mir meine Ärztin am nächsten Morgen nach der Blutabnahme.

»Nee, das will ich nicht. Können wir nicht irgendwas machen?«

»Nein. Wir gönnen Ihrem Körper einfach noch eine Woche Zeit.«

»Aber, kann denn in der Zeit ...«

»Nein«, lächelt sie mich an, denn sie weiß, was ich fragen will, »da kann nichts wachsen in der Zeit. Machen Sie sich überhaupt keine Gedanken und genießen Sie noch die freie Woche. Das ist ja auch wegen des Gentests gar nicht so schlecht.«

Okay, überredet. Dann eben noch eine Woche ohne Elend und Leid, so schlecht ist das auch nicht. Und da ich geplant hatte, die nächsten Stunden eigentlich hier zu verbringen, und demzufolge nichts anderes ansteht, entscheiden meine Mutter und ich uns stattdessen für eine wirklich sinnvolle Tätigkeit: Wir gehen shoppen!

»Hast du dir eigentlich schon überlegt, was du bei einem positiven Genbefund machen würdest?«, fragt meine Mutter mich während der Shoppingpause beim gemeinsamen Mittagessen.

»Ja, das habe ich. Wenn ich das Gen habe, und ich gehe davon aus, dass ich es habe, dann mache ich alles, was möglich ist. Sprich, ich werde mir beide Brüste und die Eierstöcke entnehmen lassen.«

»Hast du da gut drüber nachgedacht?«

»Ja. Da gibt es für mich kein Wenn und Aber. Und ehrlich, Mama, ich meine, nach zwei Schwangerschaften und zwei Stillzeiten könnte ich ein optisches Tuning gut gebrauchen, wenn du verstehst, was ich meine. »Du bist unmöglich«, lächelt sie mich an, »aber stell dir die OP nur nicht so leicht vor.«

»Wie schlimm kann das im Gegensatz zu einer erneuten Erkrankung schon sein?«

»Da hast du natürlich Recht, aber warten wir erst mal ab. Vielleicht hast du es ja gar nicht.«

Wir beide verbringen einen wunderschönen Tag in der Stadt und es folgt noch eine schönere, schmerzfreie Woche ohne Chemotherapie.

Gegen Ende der Woche werde ich allerdings immer nervöser und hibbeliger. Ich will jetzt wieder Medikamente haben, und ich will, dass es weitergeht. Denn die Sache ist ja nur aufgeschoben, nicht aufgehoben.

Daher bin ich wirklich dankbar, als die Ärztin in der folgenden Woche zu mir sagt: »Ihre Blutwerte sind leider immer noch nicht gut, aber mir ist schon klar, dass Sie nicht weiter warten wollen. Daher bekommen Sie morgen nach der Chemo eine Aufbauspritze.«

Die kennen mich schon ziemlich gut hier.

»Und wir haben das Genergebnis gefaxt bekommen.«

»Ja, und?«, frage ich ziemlich nervös.

»Ja, mmhh, es ist so ...«

Meine Kehle schnürt sich zu.

»Wir können das Ergebnis nicht lesen.«

»Bitte?«

»Dr. Meier versucht, das Zentrum zu erreichen, um mit ihnen zu sprechen. Aber in dem Befund steht die Aufschlüsselung, und diese Sprache verstehen wir hier nicht. Irgendwie scheint Ihr Ergebnis nicht eindeutig zu sein.«

Jetzt bin ich offiziell verwirrt. Ich wusste bisher nicht, dass es auch uneindeutige Gene gibt. Das ist natürlich wieder extrem selten. Wie immer! Ich bin immer extrem selten in allem. Könnte ich nicht mal extrem selten im Lotto gewinnen?

»Okay, und was machen wir mit dem Carboplatin?«

»Damit können wir im Zweifel auch noch nächste Woche beginnen. Wir möchten es Ihnen nicht geben, wenn Sie keinen Nutzen davon haben. Es ist eben auch mit Nebenwirkungen verbunden.«

»Das verstehe ich. Das heißt, wir starten heute nur mit Taxol?«

»Ja, genau.«

Gesagt, getan, und ehe ich mich versehe, sitze ich an der Nadel.

Wir sind natürlich gespannt, wie ich auf das neue Medikament reagiere und welche Nebenwirkungen sich zeigen werden. Zu Hause sitzen meine Mutter und mein Mann vor mir wie vor einem Kunstobjekt. Sie beäugen jede meiner Bewegungen und fragen mich alle drei Minuten: »Und? Merkst du was?«

»Nei-en. Ich sage Bescheid, bevor ich tot umfalle.«

»Das ist nicht lustig!«

»Wenn ihr euch sehen würdet, dann wüsstet ihr, was ich meine«, entgegne ich, »ich merke nichts, gar nichts!«

Und das sollte auch sehr lange so bleiben.

Urlaub

»Ich glaube, die haben meine Dosis falsch gemischt«, zweifele ich ernsthaft.

»Wie kommst du denn darauf?«, fragt mich Astrid bei unserer Walking-Runde. Im Moment gehe ich täglich circa fünf Kilometer. Mal in Begleitung, mal allein mit guter Musik.

»Ich merke nichts, gar nichts. Und schau mal, wie meine Haare wachsen. Da kann doch irgendwas nicht stimmen.«

»Haben die sich jetzt schon wegen des Medikaments entschieden?«

»Nicht so richtig. Ich habe das BRCA2-Gen, aber wohl nicht in seiner reinen Form, sondern in einer höchst seltenen Variation, und dafür gibt es keine Richtlinien.«

»Soll heißen?«

»Soll heißen, dass sich jetzt alle nochmal beraten. Aber ich habe auch schon ein bisschen recherchiert, und wenn ich das richtig deute, ist das Carboplatin »nur« dafür da, dass die Tumore besser verschwinden. Und meiner ist ja schon weg. Also glaube ich nicht, dass ich es bekommen werde. Und wenn ich ehrlich bin, genieße ich die Zeit ohne Nebenwirkungen gerade sehr. Das ist wie Urlaub! Jetzt bekomme ich das Taxol schon drei Wochen und ich habe wirklich nichts.«

Die Gen-Diagnostik-Beratung zieht sich tatsächlich in die Länge, weil mein Fall eben alles andere als eindeutig ist, und so lange läuft das Taxol schon ohne das Carboplatin. Ich bin nicht böse drum. Meine Haare sind schon kurz vor einer Frisur und ich bin fit wie nie. So lässt sich eine Chemotherapie doch gut aushalten.

»Ach, Astrid, apropos Urlaub, wir fahren in ein paar Stunden in selbigen«, fällt mir noch am Ende unserer Runde ein.

»Wie? Was? Wie in Urlaub?«

»Ja, das haben wir vor zwei Stunden beschlossen. Wir fahren heute Nacht mit den Kindern nach Österreich.«

»Hä? Wie eben beschlossen?« Astrid ist sichtlich irritiert.

»Na ja, von Mittwoch bis Sonntagnacht, Montag muss ich ja wieder an die Nadel. Und da dachten wir, wir sind einfach mal spontan.«

»Die einen nennen es spontan, die anderen verrückt«, lächelt Astrid mich an.

Und so fahren wir über ein langes Feiertagswochenende ganz spontan mit den Kindern ein paar Tage in ein wunderschönes Hotel und lassen es uns einfach gut gehen.

Ich sollte bald merken, dass dies die beste Entscheidung überhaupt war, denn die Schonfrist würde bald vorbei sein.

Diese fünf Tage Auszeit sind wie Balsam für Körper und Geist. Mit jedem gefahrenen Kilometer vergrößert sich auch innerlich mein Abstand zu der ganzen Geschichte. Max konnte sein Glück kaum glauben, als wir ihm sagten, dass wir für ein paar Tage wegfahren.

»Wie? Einfach so, Mama?«

»Ja, einfach so, mein Schatz!«

»Kann man da auch schwimmen?«

»Und wie!«

»Jeden Tag?«

»Den ganzen Tag, wenn du willst!«

»Juhuuu!«

Das Hotel ist uns gut bekannt, denn wir waren ein paar Jahre zuvor hier, mit den Kindern, aber ohne Karl Arsch. Die anderen

Hotelgäste, insbesondere die Frauen, beäugen mich nun anders als beim ersten Mal. Jeder fragt sich, was die Frau mit dem spärlichen Haarwuchs wohl haben mag. Was Schlimmes kann es ja nicht sein, denn sonst ginge es ihr wohl nicht so gut. Mit einigen Frauen komme ich ins Gespräch, andere suchen es förmlich. Unangenehm ist es nie. Irgendwie kommt es mir vor, als ob gesunde Frauen ganz besonders interessiert sind, schließlich könnte es morgen auch sie treffen.

Wir wollen in diesen Tagen die Gegend nicht erkunden, die kennen wir ja auch schon, sondern es uns im Hotel einfach nur gut gehen lassen. Und das gelingt uns wunderbar: Sehr gutes Essen, ein bisschen – und wirklich nur ein bisschen – Bewegung und ein wenig Wellness. Wir Vier haben einfach viel Zeit für uns, und ich erkenne für mich, dass ich etwas zurückerobert habe. Zu Beginn der Diagnose war es meine größte Angst, nie mehr unbeschwert sein zu können, mich nie mehr so richtig freuen zu können und von nun an immer um den Krebs zu kreisen. Doch es kommt anders. Wir sind unbeschwert, lustig und sogar leicht überdreht und das ist befreiend und beflügelnd zugleich!

Bestandsaufnahme

Mittlerweile liegen gut vier Monate Chemotherapie hinter mir. Wie mir zu Beginn erklärt wurde, greifen die Medikamente nicht nur kranke, sondern auch gesunde Zellen an. Der Haarausfall ist das wohl größte zivile Opfer, aber längst nicht das einzige. Übrigens, der gesamte Körper ist vom Haarverlust betroffen und über einige Stellen bin ich noch nicht einmal so undankbar.

Doch es gibt auch andere Opfer. Meine Zehennägel sind gar nicht mehr als solche zu erkennen beziehungsweise eigentlich nicht mehr wirklich vorhanden. Drei haben sich schon ganz verabschiedet, sind einfach so ausgefallen. Es hat weder geblutet noch wehgetan. Das wiederum mag daran liegen, dass ich meine Zehen eigentlich gar nicht mehr spüre. Durch das Taxol können die feinen Nerven in Füßen und Fingern beschädigt werden. Polyneuropathie heißt dieses Phänomen. Meine Füße fühlen sich also an, als ob die Zehen ständig eingeschlafen wären. Das kann sich wieder regenerieren, in seltenen Fällen aber auch nicht. Bei meinem Hang zur Seltenheit richte ich mich also darauf ein, meine Zehen nie wieder zu spüren.

Die übrigen Nägel haben sich grau verfärbt, und ich kann froh sein, dass wir mittlerweile Herbst haben und dieses Desaster außer mir zumindest kein anderer sehen muss.

Besonders hart trifft mich der Verlust des Geschmackssinns. Ich schmecke eigentlich nichts mehr, außer einem undefinierbaren und dauerhaft ekligen und pelzigen Geschmack auf der Zunge, der mich denken lässt, ich würde ständig eine nasse, pelzige Ratte im Mund tragen. Apropos Zunge: Sie ist auch nicht mehr so, wie ich sie kenne, sondern an ihren Rändern wie angefressen. Dabei esse ich so gern, wie sich sicherlich schon der ein oder andere Leser hat denken können. Für mich ist Essen nicht nur Mittel zum Zweck, um die Organe am Leben zu erhalten, sondern Lebensqualität. Da gehört eine gute Tasse Kaffee – oder auch sechs bis sieben – ebenso dazu wie ein guter Wein, ein köstlicher Salat oder ein saftiges Steak. All das mag ich nicht mehr. Ich will nur noch extrem Salziges oder Scharfes essen, weil es das Einzige ist, das eine Chance hat, gegen diesen elenden Metallgeschmack anzukommen. Ich bin auch nicht mehr in der Lage, Mineralwasser zu trinken, stattdessen trinke ich nur noch Sprite oder Fanta. Light, versteht sich, denn so viele Kilometer kann ich gar nicht walken!

Mit jedem Chemozyklus muss ich auch Cortison nehmen. Nachteil dieses Medikaments: Heißhunger! Als ob ich nicht schon von Natur aus extrem hungrig wäre, wird das jetzt noch medikamentös unterstützt. Wer sich gefragt haben mag, warum ich so viel laufe, weiß es spätestens jetzt. Natürlich laufe ich auch einfach der Bewegung zuliebe und um den Nebenwirkungen davonzulaufen, aber auch, um die Heißhungerattacken wieder abzutrainieren, die vor allem zu Beginn gnadenlos waren. Da ich diesen Attacken ja nicht mit Salat entgegentreten kann, denn den mag ich ja nicht mehr, greife ich leider viel zu oft zu so ungesunden Sachen wie Chips oder Pommes. Nichts schmeckt mehr wie vorher, und Sachen, die ich früher wirklich gern gegessen habe, verursachen heute ein würgendes Gefühl.

Cortison wirkt aber auch wie ein Aufputschmittel. In den Nächten nach der Einnahme ist an Schlafen nicht zu denken. Selbst mit Tabletten ist es nur schwer möglich. Für alle, die es interessiert: Das Fernsehprogramm ist nachts gar nicht so schlecht! In einer Nacht wurden einmal unendlich viele Folgen von *Sex and the City* wiederholt. Ich finde, man kann seine Zeit schlechter verbringen.

Und dann gibt es da noch ein Phänomen, das ich schon aus einer anderen Lebensphase kenne. Während ich meine Jungs gestillt habe, hatte ich zwischenzeitlich den Verdacht, das Baby würde mir am Hirn und nicht an der Brust saugen. In der Folge war ich extrem vergesslich. Ich weiß, dass dies vielen Frauen bekannt ist, aber während einer Chemotherapie ist das mit der Vergesslichkeit noch gut hundert Mal schlimmer. »Chemo-Hirn« sagen wir dazu, und ich glaube, das ist sogar der Fachausdruck. Würde ich mich normalerweise als redegewandt bezeichnen, fallen mir jetzt die einfachsten Wörter oder Namen nicht mehr ein. Unter Leidensgenossinnen führt dies zu ziemlich abstrusen Gesprächen, denn hier trifft ja schlimm auf schlimmer.

»Gestern war ich bei ... mmmmhhh ... na du weißt, wo ich meine ... mmmhhh ... in dem Geschäft ... bei ... da wo wir zuletzt waren«, fängt Karin eine höchst interessante Unterhaltung mit mir an. »Ach egal, auf jeden Fall traf ich da die ... mmmmhhh ... wie hieß die noch? Mit den blonden Haaren ... «

Dann wird Karin von einer Krankenschwester unterbrochen, die ihr ein Medikament gibt.

»Na, wo war ich stehen geblieben?«

»Karin, sorry, keine Ahnung – ich habe den Anfang vergessen«, gestehe ich und finde das völlig normal, denn immerhin liegt der Anfang eben schon mehr als eine Minute zurück.

So sehen die Gespräche unter Gleichgesinnten meistens aus. Mit anderen Worten: Wir reden Schwachsinn, verstehen uns aber – zumindest meistens.

Wortfindungsstörungen sind die eine Sache, extreme Vergesslichkeit aber die andere. Zu Beginn der Chemo erklärte man mir, dass Grapefruitsaft verboten sei. Es ist das einzige Nahrungsmittel, was Betroffene wirklich meiden sollten, weil es irgendwelche Auswirkungen auf die Wirksamkeit der Medikamente hat. Kein Problem, dachte ich mir damals. Denn Grapefruitsaft habe ich noch nie in meinem Leben gemocht, und ich glaube, ich habe ihn auch nur ein einziges Mal getrunken. Der konnte mir also nicht gefährlich werden. Dachte ich.

Eines Morgens komme ich vom Einkaufen zurück und mein Mann hilft mir beim Auspacken.

»Hast du frischen Saft mitgebracht?«

»Ja, Hase, aber einen habe ich schon getrunken. Ich hatte so einen Durst«, antworte ich ihm.

»Und, war er lecker?«

»Ja«, sage ich und wische mir noch die Reste vom Mund, »ich hab mal Grapefruitsaft probiert!«

»Sehr witzig«, sagt er noch.

»Warum? Was ist daran witzig?«

Jetzt guckt er nicht mehr belustigt, sondern eher, als ob er es mit einer Geisteskranken zu tun hat.

»Du hast mir vorgestern noch erzählt, dass Grapefruitsaft das Einzige ist, was du *nicht* trinken darfst, und dass das überhaupt kein Problem für dich ist!«

Mir fällt alles aus dem Gesicht. Wie blöd kann ich denn bitte sein? Nach einem langen Telefonat mit dem Krankenhaus, bei dem ich mit mehreren Ärzten verbunden werde, kann schließlich bei der Menge, die ich getrunken habe, Entwarnung gegeben werden.

Die Chemo fordert also einige Kollateralschäden, doch die hier beschriebenen sollten nicht die einzigen bleiben.

Carboplatin

Heute soll die fünfte von zwölf Taxol fließen. Mit dem Carboplatin habe ich für mich abgeschlossen und hier bei der ACT hat auch keiner mehr davon gesprochen, bis heute.

»Frau Staudinger, die Frau Dr. Bauer möchte noch einmal mit Ihnen sprechen«, sagt mir Frau Hagen bei der Blutabnahme. Mittlerweile bekomme ich immer erst am Tag der Chemo Blut abgenommen.

»Warum?«, frage ich besorgt.

»Es geht nochmal um das Ergebnis Ihres Gentests.«

Mist! Haben die das also doch noch auf dem Schirm.

Frau Dr. Bauer ist in der ACT die »Chefin« und betreut in erster Linie die Patientinnen, die einer Studie angehören oder aber so seltene Fälle wie mich.

»Wir haben über Ihren Fall noch einmal lange in der Tumorkonferenz gesprochen«, erklärt sie mir in ihrem warmherzigen Ton, »und wir meinen, Sie sollten das Carboplatin doch noch kriegen.« »NEIN!«, ist meine erste Reaktion. »Warum denn?«

Sie erläutert mir ausführlich die Gründe und endet mit: »Höchstwahrscheinlich werden Sie es sehr gut vertragen und nur wenig Nebenwirkungen haben. Wir würden Ihnen das in der angepassten Dosis noch siebenmal zu dem Taxol dazumischen.«

Oh nein! Ich habe mich so an ein Leben ohne Leiden, Schmerzen und Elend gewöhnt, denn nach wie vor bleiben die ersten schlimmen Tage aus, wie ich sie von den EC-Zyklen kenne.

»Ich will nicht wieder leiden«, mir schießen die Tränen in die Augen. Meine Mutter, die auch heute mit dabei ist, nimmt meine Hand.

»Maus, ich kenne dich. Wenn du das jetzt ausschlägst, dann wirst du es später bereuen.«

Da hat sie recht und ich lenke wieder ein.

»Muss ich das jetzt entscheiden?«

»Nein, lassen Sie sich bis nächste Woche Zeit, dann müssten wir aber starten.«

»Eine Frage noch: Verliere ich wieder meine Haare?«

»Nein, das glaube ich nicht. Das passiert nur in extrem seltenen Fällen.«

Trotz meiner Angst vor den Nebenwirkungen muss ich nicht lange überlegen und entscheide mich sehr schnell für das Carboplatin. Es ist schon so, wie meine Mutter angedeutet hat, ich muss wissen, dass ich alles in meiner Macht stehende getan habe, um die Sache für immer hinter mir zu lassen. Und bei all dem Elend, das da vielleicht kommen mag, es sind ja nur noch sieben Wochen. Was sind sieben Wochen gegen ein ganzes Leben?

Eine Woche später erhalte ich also neben dem Taxol auch das für mich neue Medikament Carboplatin.

»Und? Spürst du was?«, fragt Astrid mich am Folgetag beim Walken.

»Nichts! Wenn ich das geahnt hätte, hätte ich mir die Panik ja sparen können.«

Doch drei Tage nach der Chemo kündigen sich schlimme Gliederschmerzen an. So, wie man das von einer Grippe kennt, nur viel schlimmer. Es startet im Nacken und zieht sich in den folgenden Tagen weiter bis in die Beine und Waden. Pünktlich am Sonntagabend lassen die Schmerzen nach, was aber auch am Cortison liegen kann, und am Montag muss ich wieder an die Nadel.

Fieber

»Alles in allem haben wir die Chemo doch gut weggesteckt«, meint Elke zu Recht, als wir gemeinsam in der ACT unseren Cocktail erhalten.

»Da hast du recht. So viele Frauen liegen während der Chemo mit Fieber und Lungenentzündungen im Krankenhaus.«

Symbolisch klopfe ich dreimal auf Holz.

»Gott sei Dank! Das mit den Gliederschmerzen bei dir ist ja jetzt doof, aber wenn es dich tröstet, meine Woche war auch nicht so gut. Ich bin arg müde im Moment«, gesteht mir Elke, sie bekommt auch Taxol.

»Nee, tröstet mich nicht! Ich will doch, dass es dir gut geht!«

Und das meine ich wirklich ganz ehrlich. Das Schicksal jeder von uns liegt mir sehr am Herzen.

»Du bist süß. Aber warte mal ab, vielleicht wird es diese Woche schon besser«, lächelt sie mich an.

»Bestimmt!«

Am Abend nach der zweiten Carboplatin-Einfuhr liege ich auf der Couch. Bis hierhin ist das nichts Ungewöhnliches, denn den Tag der Chemo gönne ich mir eigentlich immer auf der Couch.

»Hase, mir ist so kalt. Kann ich noch eine Decke haben?«

»Hole ich dir sofort«, und er eilt los.

»Mein Gott, du zitterst ja«, meint er, als er mich zudeckt.

»Ja, hier ist es auch so kalt drin.«

»Nein, eigentlich nicht. Soll ich dir noch die Heizdecke holen?«

Ich nicke, und er staffiert mich auch noch damit aus.

»Besser?«

»Noch nicht«, klappere ich mittlerweile mit den Zähnen. Minutenlang versuche ich, gegen das Zittern anzukommen, aber ich habe keine Chance.

»Ich lege mich oben ins Bett. Mir tut jeder Knochen weh«, sage ich und versuche, die Treppen hochzusteigen. Hier erst merke ich, was für unglaubliche Schmerzen ich am ganzen Körper habe und dass ich von oben bis unten zittere. Mit letzter Kraft schaffe ich es ins Bett und schlafe ein paar Minuten später ein.

»Maus«, weckt mich mein Mann. »Maus, wir müssen Fieber messen.«

Fieber? Ich bin ein Eisklotz, ich kann unmöglich Fieber haben. Aber gut, messen wir halt. Ich kann mich eh nicht wehren, zittere noch zu sehr und mir tut alles weh. Den Kopf kann ich vor Schmerzen gar nicht mehr bewegen und irgendwie denke ich an eine Hirnhautentzündung.

»Maus, du hast 39,2 Fieber. Wir müssen ins Krankenhaus, ich habe schon mit denen telefoniert.« Ich bekomme eigentlich gar nicht mehr so viel mit. Mein Mann fragt unsere Nachbarn, ob sie auf die schlafenden Kinder aufpassen können, und wir fahren los. Mein Zittern wird immer schlimmer, und jetzt setzt auch noch heftige Übelkeit ein. Angst steigt in mir hoch. Was ist das denn? Wirklich eine Hirnhautentzündung?

»Hase«, flüstere ich, »du passt mir immer gut auf die Kinder auf, ja?«

»Erzähl nicht so einen Mist!«

»Ich habe Angst«, sage ich, weil ich nicht weiß, wohin mit meiner Angst.

»Wir sind gleich da!«

Im Krankenhaus kommen eine Schwester und die diensthabende Ärztin zu uns. Das Fieber ist laut Schwester bei 39,6 und die Ärztin beginnt, mich zu untersuchen.

»Fieber unter der Chemo kommt sehr häufig vor. Wir nehmen Ihnen Blut ab und müssen zunächst den Thorax röntgen, um eine Lungenentzündung auszuschließen«, erklärt sie uns.

»Eimer!«, schaffe ich es gerade noch zu rufen. Dem Himmel sei Dank ist ein Mülleimer in greifbarer Nähe, in den ich mich schwallartig übergeben kann.

»Ach, Sie Arme, es geht Ihnen richtig dreckig«, die Ärztin leidet mit.

»Muss ich mir Sorgen machen?«, ist das Einzige, was mich interessiert.

»Nein. Es wird Ihnen gleich besser gehen. Sie haben bestimmt einen Infekt. Wir checken jetzt die Entzündungswerte und dann wissen wir mehr. Ich warne Sie nur schon mal vor: Wenn wir mit einer Antibiose starten, dann müssen Sie sieben Tage hier bleiben«, erklärt sie mir, während sie mir einen Zugang legt, um mir Paracetamol zu verabreichen.

Während ich von meinem Mann zum Röntgen geschoben werde, merke ich, wie ich langsam wieder zu mir komme. Intravenös wirken die Medikamente fast sofort. Da es mitten in der Nacht ist, müssen wir nicht warten, und alles geht sehr schnell. Danach werde ich in mein Zimmer gefahren und darf mich endlich in ein Bett legen. Ich bin müde und unglaublich schwach.

»Hase, fahr nach Hause und kümmere dich um die Kinder. Wir telefonieren morgen früh!«

Ich sehe ihm an, wie schwer es ihm fällt, mich hier allein zu lassen. Ich denke mit Schrecken an den nächsten Morgen, wenn die Kinder merken werden, dass ich nicht da bin.

»Frau Staudinger«, flüstert die Ärztin mir noch in der Nacht zu, »Ihre Werte sind absolut in Ordnung. Wir geben noch kein Antibiotikum und sehen morgen weiter.«

Ein Erwachsener steckt einen solchen Fieberschub nicht so leicht weg. Am nächsten Morgen fühle ich mich, als hätte ich eine

Woche durchgefeiert. Die Ärzte kommen recht früh zur Visite und machen keinen Hehl daraus, dass sie keine Ahnung haben, woher das Fieber kam. Die Röntgenaufnahme war ebenso wie das Blut ohne Befund, und daher entscheiden wir gemeinsam, dass ich noch mindestens einen Tag bleiben soll, um die Entzündungswerte im Blick zu halten.

»Okay, Maus, dann machen wir das. Da gehen wir doch kein Risiko ein«, meint mein Mann am Telefon zu mir.

»Was haben die Kinder heute Morgen gesagt?«, möchte ich gern wissen.

»Das war wirklich nicht schlimm. Ich habe es ihnen erklärt und dann war es gut.«

Ich werde nie erfahren, ob er die Wahrheit sagt.

Meine Eltern und unsere Freunde bieten natürlich die volle Unterstützung an, was es mir leichter macht, mich ein wenig zu entspannen. Die Ruhe hier im Krankenhaus tut mir tatsächlich gut. Ich komme sehr schnell wieder zu Kräften und nerve auf meine liebevolle und zurückhaltende Art das Krankenhauspersonal.

»Sagen Sie«, frage ich die Schwester, die das Mittagessen wieder abräumt, »was genau soll das heute Mittag gewesen sein?«

»Oh, das weiß ich gar nicht«, antwortet sie mir.

»Warten Sie, ich zeige es Ihnen, vielleicht erraten wir es gemeinsam.«

Ich hebe den Schutzdeckel vom »Essen«, und zeige ihr die undefinierbare Masse.

»Gute Frage«, rät sie mit mir, »vielleicht Wirsing?«

»Ja, dachte ich am Anfang auch. Aber der Geruch passt nicht. Vielleicht Spinat oder Rosenkohl?«

»Mmmhh ... Kohl glaube ich nicht, das ist ja sehr blähend. Und Spinat, so ohne Beilage? Haben Sie es mal probiert?«, möchte sie wissen.

»Ich habe Krebs! Ich brauche nicht noch Gelbsucht!«

»Da haben Sie auch wieder recht! Ich werde also ausrichten, dass es wieder vorzüglich geschmeckt hat!«

»Ja, richten Sie das aus. Es hat so gut geschmeckt, dass ich meine Portion morgen anderen überlassen möchte«, lächele ich sie an. Sie kann ja nichts dafür, sie serviert das Zeug ja nur.

»Wir haben Ihre Blutwerte von heute Morgen«, sagt später die diensthabende Ärztin, die mir zwei Stunden zuvor Blut abgenommen hatte, »die Entzündungswerte sind leicht gestiegen. Noch nicht so hoch, dass wir Antibiotika geben, aber zu hoch, um Sie morgen gehen zu lassen.«

Na prima! Wieder einmal nicht Fisch, nicht Fleisch, aber dafür noch mindestens eine Nacht länger im Krankenhaus.

Nach drei Tagen darf ich es dann wieder verlassen. Die Blutwerte geben nach wie vor keinen Anlass für eine Antibiotika-Therapie, und die Ärzte sind sich ziemlich sicher, dass dies eine einmalige Reaktion und ein weiterer Fieberschub sehr unwahrscheinlich sei.

»Das kann doch nicht wahr sein, Hase. Die Kacke geht schon wieder los«, maule ich ihn an und ziehe mir die Decke bis unter den Hals. Fünf Stunden zuvor war ich von der Chemo nach Hause gekommen, und jetzt kündigt sich, wie auch in der Vorwoche, der Schüttelfrost an.

»Dann frage ich schon mal die Nachbarn, ob sie eben rüberkommen können. Dieses Mal fahren wir früher ins Krankenhaus und warten nicht wieder, bis das Fieber so hoch ist.«

Ich kann ihm schon nicht mehr antworten, meine Zähne klappern ohne Ende.

»Ach, Frau Staudinger, das darf doch nicht wahr sein«, begrüßt mich die Nachtschwester im Krankenhaus.

»Kommen Sie, wir messen direkt«, sagt sie und steckt mir schon das Thermometer ins Ohr.

»39,2, ich rufe die Stationsärztin.«

»Darf ich noch einen Eimer haben?«, flehe ich sie an, denn die Übelkeit ist auch schon wieder da. Die Prozedur ist haargenau die gleiche wie in der Woche zuvor, dieses Mal aber sparen wir uns das Röntgen. Es wird wieder Blut abgenommen, und wieder sind alle Werte in Ordnung.

»Wenn Sie heute fieberfrei sind, dann dürfen Sie morgen wieder heim«, meint die Chefärztin, die sich jetzt meiner angenommen hat, zu mir am nächsten Morgen.

»Aber das liegt doch bestimmt am Carboplatin. Sollen wir das nicht lieber absetzen?«, frage ich sie hoffnungsvoll. Denn die Fieberschübe sind die eine Sache, die unglaublichen Gliederschmerzen, die ein paar Tage später einsetzen, die andere.

»Nein, das ist keine Indikation zum Absetzen, Frau Staudinger. Im Gegenteil, wenn Sie mich fragen, Ihr Körper reagiert und das ist kein schlechtes Zeichen.«

»Och menno! Aber gut, es sind ja nur noch vier Sitzungen. Das Ende ist in Sicht.«

»Sie sind sehr tapfer«, lächelt sie mich freundlich an und ich fühle mich sehr geschmeichelt.

Ich bin nicht allein im Krankenzimmer. Neben mir liegt eine feine, ältere Dame, die sich in erster Linie dadurch auszeichnet, dass sie ziemlich still ist. Dieses Mal bin ich gar nicht böse drum, denn mir ist nicht wirklich nach reden, das Fieber hat mich wieder sehr geschwächt.

Doch ihr Gatte ist dafür umso gesprächiger. Er zeichnet sich anscheinend durch ein umfassendes medizinisches Fachwissen aus. Erlangt hat er es wahrscheinlich durch häufige Lektüre der *Apotheken Umschau* sowie durch zahlreiche Gespräche im Bekanntenkreis.

Das schon betagtere Ehepaar sitzt also bei mir im Zimmer, sie erzählt ihm kurz, warum ich hier bin, und dann tauschen sie sich aus.

»Schatz, wie gut, dass es dich nicht so schwer erwischt hat wie die junge Frau«, fachsimpelt er in einer Laustärke, die für mich gut vernehmbar ist.

»Ja, da bin ich auch froh«, meint sie dankbar zu ihm, denn sie muss »nur« bestrahlt werden. Hat also längst nicht so einen »gemeinen Krebs« wie ich, glauben sie zumindest.

»So eine Chemo wirkt ja nicht wirklich, die zerstört ja den ganzen Körper. Und bei einem kann man sich ganz, ganz sicher sein: Hast du das erst mal im Körper, dann kommt das wieder. Da kann man nix machen!«

»Ja, das kommt wieder. Da kann man nix machen«, stimmt sie mit ein und wirft mir einen sehr mitleidigen Blick zu.

Ich lausche diesem medizinischen Klein-Kongress aufmerksam und bin im ersten Moment erschrocken. Erschrocken darüber, dass sie das einfach so vor mir sagen, aber auch darüber, dass sie vielleicht recht haben könnten. Na klar kann es wiederkommen. Das kann passieren. Vielleicht werde ich aber auch morgen vom Bus überfahren. Oder die beiden werden vom Bus überfahren ... Wer weiß das schon?

Fakt ist, dass ich nicht beeinflussen kann, was andere Menschen zu mir oder über mich sagen. Ich kann aber beeinflussen, was es für eine Konsequenz für mich hat und welchen Worten ich Gehör und Glauben schenken will. Und diesen Menschen möchte ich gar nichts schenken, außer vielleicht einen blöden Spruch, den ich mir wirklich nicht verkneifen kann.

»Ich habe ja letztens gehört, dass sie bei Damen in Ihrem Alter gar keine Chemo mehr machen, weil es sich nicht lohnt und zu teuer ist. Die hoffnungslosen Fälle bekommen dann nur noch die Bestrahlung. Aber das muss bei Ihnen natürlich nicht der Fall sein ...«, lächle ich sie mitfühlend an. Daraufhin gehen sie in die Cafeteria, um sich dort weiter zu unterhalten.

»Du brauchst nicht zu kommen, Mama, ich darf gleich wieder nach Hause«, informiere ich meine Mutter am Telefon. Sie ist schon am Kochen und hatte vor, mir etwas Essbares zu bringen, um mich vor den Köstlichkeiten der Krankenhausküche zu bewahren.

»Das ist ja super. Gibt es denn irgendetwas Neues? Haben sie eine Ahnung, woher das Fieber kommt?«

»Nicht wirklich. Aber ich richte mich jetzt jede Woche darauf ein.«

Und so passiert es dann auch. Wieder pünktlich fünf Stunden nach der Chemo – es ist dann mittlerweile die zehnte von insgesamt zwölf – setzt das Fieber ein. Mit der Nachtschwester bin ich mittlerweile per Du und das Bett ist im Prinzip schon vorgewärmt. Wieder wird Blut abgenommen, wieder ohne Befund, und wieder geht das Fieber mit Paracetamol zurück.

»Sie können ruhig sagen, wenn Sie Sehnsucht nach uns haben«, witzelt die Chefärztin am nächsten Morgen.

»Ja! Jetzt haben Sie es herausgefunden. Ich bin so ungern zu Hause, wissen Sie, und das Essen hier ist ja nahe an der Sterneküche.«

»Wir glauben, dass es vielleicht am Port liegt. Vielleicht haben Sie da Bakterien drin. Sie haben noch zwei Zyklen vor sich, richtig?«

»Ja, stimmt.«

»Die nächste bekommen Sie über die Vene. Und wenn dann nichts passiert, die letzte auch noch. Bei zwei Zyklen kann man das machen.«

»Okay, probieren wir es. Aber angenommen, es kommt doch wieder Fieber, darf ich dann zu Hause das Paracetamol nehmen? Ich meine, mehr passiert hier ja auch nicht.«

»Ja, das können wir machen. Sie müssen mir aber versprechen: Sollten Sie noch andere Beschwerden bekommen, müssen Sie sofort zu uns kommen.«

Endspurt

»Wie geht's dir denn?«

Das ist wohl der Satz, den ich in den letzten Monaten am häufigsten gehört habe. Er ist völlig legitim, und ich freue mich, wenn Menschen wissen wollen, wie es mir geht. Doch nach fünf Monaten Chemotherapie kann ich ihn nun wirklich nicht mehr hören. Schließlich sieht man ja, wie es mir geht! Ich bin an meinen Grenzen. Besser gesagt, ich bin etwa 15 Kilometer hinter meinen Grenzen. Es erfordert schon meine gesamten Kräfte, die Kinder morgens in Kita und Schule zu bringen. An Walking ist nur noch einmal die Woche zu denken, wenn überhaupt. Wegen des Carboplatins wurde die Cortison-Dosis so stark angehoben, dass mein Gesicht nicht mehr wiederzuerkennen ist. Manchmal denke ich beim Anblick in den Spiegel, ich sei der Mann im Mond, oder besser gesagt der Mond selber. Ich habe Wassereinlagerungen wie bei beiden Schwangerschaften zusammen und bewege mich dadurch auch sehr behäbig. Ich bin einfach durch. Durch mit allem und durch mit der Frage, wie es mir denn wohl gehen mag.

»Naaa? Was glaubst du denn, wie es mir geht?«, frage ich eine Mutter aus der Kita ziemlich grantig zurück. »Wie du siehst, scheint mir die Sonne aus dem Allerwertesten. Gerade heute Morgen habe ich erneut meine Haare verloren und fand es prima! Aber ich weiß, was jetzt von dir kommt. Du wirst mir gleich sagen, wie stark ich bin und wie viel Kraft ich habe, was ich alles schon geschafft habe und dass ich nur noch Geduld brauche.

Und dass mir eine Glatze ja so unglaublich gut steht. Und jetzt sage ich dir mal was. Ich habe fünf Monate einen Horror hinter mir, von dem du noch nicht mal die Spur einer Ahnung hast. Ich wünsche es dir auch nicht. Aber ich mag dieses ›Wie geht's dir denn?‹ nicht mehr hören, denn es geht mir beschissen! Schönen Tag noch!«

Die arme Frau steht mit offenem Mund da und bekommt unverschuldet ziemlich viel Frust ab, aber wenn man schon jemanden fragt, wie es ihm geht, dann muss man auch mit der Antwort leben.

Der erneute Haarverlust gibt mir den absoluten Rest. Obwohl das ja gänzlich unwahrscheinlich war, laufe ich dann jetzt mal wieder ohne Haare herum.

Es sind nur noch ein paar Wochen, aber die ziehen sich wie Kaugummi. Meine Stimmung ist am Tiefpunkt, und alle Versuche, mich aufzuheitern, scheitern kläglich.

Dann aber sagt mein Mann zu mir: »Weißt du, was wir jetzt machen? Wir dekorieren Weihnachten!«

»Hase, echt?«

Das ist wirklich kaum zu glauben, denn seit Jahren ist es nicht ganz stressfrei, wenn ich ihn bitte, mit mir das Haus zu schmücken. Er weiß, wie sehr ich das liebe, und dieses Jahr hat Weihachten eine ganz besondere Bedeutung für uns. Vor fünf Monaten war es mein größter Wunsch, dass mein Vater und ich gesund unter dem Baum sitzen. Und dieser Wunsch geht wohl in Erfüllung. Daher muntert es mich tatsächlich auf, Weihnachten schon etwas früher ins Haus zu holen.

»Mäuse guckt mal, wie weit wir schon auf unserer Zeitleiste sind«, sitze ich mittags mit den Kindern zusammen, »nicht mehr lange, und die Mama ist wieder ganz gesund!«

»Boah, Mama, echt, wir sind fast am Ende!«, ruft Max erfreut.

Die Kinder haben einen Ehrenpreis verdient. Sie waren die ganze Zeit über so unglaublich lieb und geduldig mit mir, dass ich sehr stolz auf sie bin. Und Max hat recht, wir sind fast am Ende des Weges, zumindest mit der Chemo.

»Und, Mama, so schlimm war es doch gar nicht, oder?«

»Nein, da hast du recht, aber nur weil ich die allerbeste Medizin von allen habe.«

»Was denn?«

»Na, euch!«

»Wie groß hätten Sie die denn gern?«

Ein paar Tage vor der nächsten Chemo muss ich ins Brustzentrum, um die bevorstehende Operation zu besprechen. Exakt drei Wochen nach der allerletzten Chemo sollen mir beide Brüste abgenommen werden. Diese Maßnahme passiert rein prophylaktisch und auf meinen Wunsch hin. Als Trägerin des mutierten BRCA2-Gens kann ich mich frei für eine solche Möglichkeit entscheiden, ebenso wie für die schnelle Entfernung der Eierstöcke. Diese OP wäre eigentlich in meinen jungen Jahren noch nicht nötig, die Ärzte empfehlen einem den Eingriff mit ca. 40 Jahren. Aber unsere Familienplanung ist abgeschlossen, und da ich keine nähere Beziehung zu meinen Eierstöcken habe, würde ich dies im Anschluss an die Behandlung planen.

Ich habe mir bisher über die Operation wenig Gedanken gemacht, denn ich bin gedanklich noch mitten in der Chemo und bei den Fieberschüben.

Die stellvertretende Chefärztin erklärt mir jeden Schritt. Die Haut bleibt stehen und die Ärzte entnehmen das gesamte Drüsengewebe. Als Platzhalter wird dann ein Expander eingesetzt, der genauso aussieht wie ein Silikonimplantat, aber Kochsalz enthält. Dies ist wichtig für die dann noch folgende Bestrahlung. Warum ich allerdings nach der Entnahme des Brustgewebes überhaupt noch bestrahlt werden muss, habe ich noch nicht so recht verstanden. Ein paar Monate danach kommt dann das Silikon zum Austausch rein.

Ich könnte mir dann auch Eigengewebe aus dem Bauch verpflanzen lassen, ich hätte locker genug für zehn Frauen, und die Vorstellung an eine straffe Bauchdecke reizt mich doch sehr, aber diese Operation ist mir dann doch eine Nummer zu groß.

»Das müssen Sie nicht jetzt entscheiden, bis dahin haben Sie noch sechs Monate Zeit. Die Gefahr, dass Ihr Körper die Implantate nach der Bestrahlung abstößt, ist nicht unerheblich. Dann wäre Ihr Bauch Ihr Joker.«

»Könnte ich diesen Satz bitte schriftlich haben?«

Das ist doch mal eine Aussage: Mein Bauch als Joker – super!

Frau Dr. Schneider schaut sich meine Brust sehr genau an.

»Wir groß hätten Sie sie denn gern?«

»Sie meinen wohl eher wie klein. Denn ich will sie auf jeden Fall kleiner!«

»Ja, das werden sie auch. Was möchten Sie denn? B, C oder D?«

Ich kann mein Glück kaum fassen. Wie toll ist das denn? Ich bin ja doch bei *Wünsch Dir was*.

»Ach, so ein schönes D-Körbchen. Ich habe jetzt H wie Heinrich.«

»Ja, ich denke auch, dass D gut ist.«

Seit Jahren denke ich über eine Brustverkleinerung nach und jetzt bekomme ich sie auf Kosten der Krankenkasse. Kleine, straffe Brüste – ich könnte weinen vor Glück.

Zum Schluss untersucht mich Frau Dr. Schneider noch per Ultraschall und stellt nach wie vor fest, dass Karl Arsch verschwunden ist.

»Wir schauen uns bei der Operation das Gewebe natürlich sehr genau an, falls da vielleicht noch etwas übrig ist.«

Mir wird es heiß und kalt. Da habe ich nicht dran gedacht. Zwar hatte ich schon davon gehört, dass es Frauen gibt, deren

Ultraschall zwar ohne Befund war, bei denen aber dann in der Pathologie noch was gefunden wurde. Frau Dr. Schneider sieht die Panik in meinem Gesicht.

»Es ist sehr unwahrscheinlich, dass wir noch was finden«, versucht sie, mich zu beruhigen, ohne zu wissen, dass dieser Satz für mich nichts mehr wert ist.

»Frau Staudinger, es handelt sich um eine große Operation und wir müssen und werden gut auf Sie aufpassen. Sie werden viel Blut verlieren und auch starke Schmerzen haben. Sie werden später kein Gefühl mehr in den Brüsten haben und die Implantate auch als Fremdkörper spüren. Ich will nur, dass Sie wissen, worauf Sie sich einlassen.«

Komischerweise macht mir dieser Gedanke keine Angst. Ich merke immer mehr, wie wenig meine Identität an Äußerlichkeiten oder an den sogenannten weiblichen Attributen hängt. Ich möchte nur leben und das so lange wie möglich.

»Ja, vielen Dank. Diese Sachen machen mir keine Angst. Ich will nur nie wieder Besuch von Karl Arsch bekommen.«

Rückblick vor dem Ausblick

Morgen ist meine letzte Chemo. Die vorletzte Dosis war bereits über die Vene eingelaufen, um eine Infektion über den Port auszuschließen, und siehe da, das Fieber blieb tatsächlich aus. Ironischerweise wären wir dieses Mal allerdings darauf vorbereitet gewesen. Das Paracetamol lag neben der Übelkeitstablette und die Heizdecke lief schon heiß. Mein Mann und ich saßen am Abend auf der Couch, wie bestellt und nicht abgeholt, und nichts passierte.

Fast auf den Tag genau vor fünf Monaten war meine erste Sitzung. Damals dachte ich, dass diese Zeit nicht vorbeigeht. Begonnen habe ich im Hochsommer. Heute ist der zweite Advent. Die Gedanken, die mir durch den Kopf gehen, könnten schizophrener nicht sein. Ich bin glücklich, ohne Ende glücklich. Gleichzeitig empfinde ich tatsächlich eine Art Abschiedsschmerz. Und Stolz. Stolz darauf, wie wir alle das geschafft haben. Nicht nur ich, sondern auch die Menschen, die mit mir da durchgegangen sind.

Ich sehe all dies als Bild vor mir: Ich gehe einen sehr langen, sehr steinigen Weg. Ich hatte ihn mir nicht ausgesucht, aber jetzt, wo er da ist, ziehe ich feste Schuhe und gute Kleidung an und starte diesen Weg. Schritt für Schritt. Mal ist er eben und leicht zu gehen, mal ist er steil und steinig, mal sind da ganz tiefe Löcher, in die ich falle, und mal laufe ich auch locker bergab. Manchmal laufe ich gar nicht, sondern krieche. Dann wieder muss ich pausieren, weil ich glaube, es nicht zu schaffen. Manchmal scheint die Sonne vom Himmel und manchmal hagelt es aus Eimern. Mal will ich weglaufen, einen anderen, leichteren Weg gehen. Aber das geht nicht, denn dieser Weg hier ist für mich bestimmt. Ich muss ihn gehen. Ich habe keine andere Wahl. Auf meinem Rücken trage ich einen Rucksack. Er ist schwer und festgewachsen. Diesen Rucksack muss ich allein tragen. Aber den Weg, den muss ich nicht allein gehen. Rechts und links von mir bin ich untergehakt von meiner Mutter und meinem Mann. Beide stützen mich und weichen keine Sekunde von meiner Seite. Hinter uns gehen mein Vater, meine Kinder, Freunde, Leidensgenossinnen, meine Ärzte und die Krankenschwestern. Sie schieben und drücken von hinten oder warten am Wegrand, reichen Wasser oder rufen mir kraftgebende Worte zu.

Sie stehen an den oft recht tiefen Löchern und ziehen mich von oben mit heraus, während mein Mann von unten schiebt. (Der Arme!) Meine Gefährten sind optimal ausgestattet, so wie es sich für gute Reisebegleiter gehört. Viele haben Liebe im Gepäck, andere tiefe Freundschaft und wieder andere fundiertes, respekteinflößendes Wissen. Sie alle haben eine Jahresration Taschentücher dabei, die sie zu zücken nie müde werden. Nicht jeder muss den gesamten Weg mitgehen, einige tauchen an bestimmten Punkten immer wieder auf und reichen ihre Hand. Andere fragen regelmäßig, ob sie mich ablösen können, ob sie mir ein Stück aus dem schweren Rucksack abnehmen können. Aber das geht nicht. Den Rucksack, den nimmt mir keiner ab. Ich würde das auch nicht zulassen, denn das will ich niemandem zumuten. Ich bin froh, dass ich ihn tragen muss und nicht die Menschen, die ich liebe. Für diesen schweren Rucksack muss ich mir meine eigenen Techniken überlegen, damit ich unter seinem Gewicht nicht zusammenbreche. Ich entscheide mich für eine gute Haltung und einen aufrechten Gang, dann lässt er sich leichter tragen. Zwischendurch schaffe ich es, dass ich seine

Last kaum noch spüre, und manchmal glaube ich, dass sie mich erdrückt. Gleichzeitig bekomme ich durch sein Gewicht einen starken Rücken. Ich hätte nicht gedacht, dass ich so schwer tragen und dabei den Menschen am Wegrand sogar noch so häufig zulächeln kann.

Doch ohne diese Menschen wäre mir der Weg zu steil gewesen. Ich glaube, ohne sie wäre ich heute nicht hier.

Das ist es, was mir einen Tag vor der letzten Chemo durch den Kopf geht. Was war das für eine Zeit? Die letzten Monate saß ich jede Woche etwa fünf Stunden in jenem Raum, mit diesen vier Frauen, die mir so sehr ans Herz gewachsen sind, saß ich an der Nadel.

Ich telefoniere mit meiner Mutter und sie sagt: »Eines war es bestimmt nicht: eine verlorene Zeit.«

Und damit trifft sie den Nagel auf den Kopf. Es war sogar eine sehr wertvolle Zeit, voller neuer Erfahrungen und Begegnungen. Um diese Erfahrungen bin ich unendlich dankbar und möchte sie nicht missen. Ich weiß jetzt, dass es Ärzte wie diese gibt, die mit Leib und Seele Frauen wie mich heilen. Und dabei gehen sie jedes Mal vor, als ob sie es das erste Mal machen würden. Ich weiß jetzt auch, dass es Menschen gibt, denen man sich sofort verbunden fühlt, ohne dass man sie Jahre kennen muss. Und ich weiß, dass es unter Frauen eine solche Solidarität und Tiefgründigkeit gibt, die einen sprachlos macht. Ich habe Gespräche in Wartezimmern geführt, die ich mit Freunden nach 20 Jahren nicht führen konnte.

Ich weiß auch, wie es ist, schwer krank zu sein und aller Voraussicht nach wieder gesund werden zu dürfen. Dieses Wissen erfüllt mich mit Dankbarkeit, Respekt und Ehrfurcht.

Möchte ich diese Zeit missen? Nein, ein ganz klares Nein. Wie gesagt, ich hätte mir weder den Weg noch den Rucksack ausgesucht, wenn ich die Wahl gehabt hätte. Aber wann hat man im Leben denn schon mal die Wahl? Wer fragt uns denn nach unserem eigenen Schicksal? Niemand. Wir müssen es so hinnehmen, annehmen, verarbeiten und es uns ins rechte Licht rücken. Oder wir werden verrückt und griesgrämig.

Werde ich die Zeit vermissen? Hier müsste ich ja jetzt mit einem ganz klaren Nein antworten, aber ich kann es nicht. Die Nebenwirkungen werde ich ganz sicher nicht vermissen. Erst heute Morgen waren die Gliederschmerzen so schlimm, dass ich noch ein paar Tränchen verdrückt habe. Aber die Zeit in der ACT, ja, die werde ich vermissen. Das ist aber nicht der Situation, sondern den Menschen vor Ort geschuldet. Die Stimmung, die dort herrscht, ist so rührend und auf denkwürdige Art und Weise heimelig, dass ich fast immer gern dort hingegangen bin. Dazu kommt, dass ich mich dort so sicher fühle. Dort bekomme ich Medikamente, die verhindern, dass der Krebs sich bei mir breitmacht. Das gibt mir ganz viel Sicherheit. Dort sind die Ärzte, die mich immer im Blick haben und alles dafür tun, dass es mir gut geht. Wie werde ich in Zukunft ohne diese Sicherheit leben können? Werde ich in ständiger Angst sein, dass neuer Krebs wächst? Ich weiß es nicht. Heute habe ich keine Angst, heute sagt mir mein Bauch, dass ich mit Karl Arsch fertig bin. Aber was ist morgen? Ohne die ACT?

Diese letzten fünf Monate, von denen ich dachte, dass es die schlimmsten meines Lebens werden würden, werde ich nie vergessen. Abgesehen davon, dass sie nicht so schlimm waren, wie ich gedacht hätte, haben sie auch viel Gutes gebracht. Ich habe viel über mich selbst gelernt und glaube, dass mich so schnell nichts mehr schockieren kann. Ich habe eine spezielle Art, mit Problemen umzugehen, die für andere vielleicht befremdlich ist. Ich kann wenig mit mir selbst im Kämmerlein ausmachen, ich brauche Gesprächspartner, Ventile und frische Luft. Meinen Humor wird mir kein Karl Arsch der Welt zu keiner

Zeit nehmen und die Lust am Leben auch nicht. So viel steht fest. Vom Hängenlassen halte ich ebenso wenig wie vom Jammern und ganz nebenbei bemerkt ist ein Schnupfen auch mit Krebs noch Mist. Das heißt im Umkehrschluss aber definitiv nicht, dass ich nicht jeder anderen Frau ihren eigenen Weg des Verarbeitens zugestehen würde. Nur weil ich so grenzwertig bekloppt bin, heißt das nicht, dass das jetzt das Universalrezept für das »Wie-gehe-ich-um-mit-Brustkrebs«-Handbuch sein muss. Ganz im Gegenteil. Jede von uns hat ihren eigenen Weg und ihre eigenen Rucksäcke. Jede empfindet die Chemotherapie anders und für die ein oder andere ist es vielleicht der schwerste Gang ihres Lebens.

Das Brustzentrum mit der ACT habe ich oft als Parallelwelt empfunden. Diese Welt gibt es schon lange. Für mich wurde sie vor einem halben Jahr geöffnet und ich wurde herzlichst aufgenommen. Jetzt schließen sich diese Tore langsam wieder und ich muss allein zurechtkommen. Was folgt, sind noch drei Operationen und eine Strahlentherapie. Der Rucksack ist leichter und der Weg ist, nach der morgigen Sitzung, ein gutes Stück kürzer.

Ein letztes Mal

Heute Morgen besteige ich ein letztes Mal das Taxi, das mich seit Monaten zum Krankenhaus fährt. Noch habe ich das nicht realisiert. Es ist zu sehr Teil meines Alltags geworden. Der Mensch gewöhnt sich in einer erschreckend kurzen Zeit an so viele Dinge. Jetzt heißt es, sich wieder umzugewöhnen.

Die Begrüßung in der ACT ist herzlich wie immer, dieses Mal vielleicht noch ein bisschen vertrauter. Natürlich ist auch meine Mutter, wie in den vorangegangenen 15 Sitzungen, wieder dabei, diesmal hat sie Kartoffelsalat gemacht, Frikadellen gebraten und für den Nachtisch Nussecken gebacken. Von den Schwestern gibt es einen Schluck Prosecco und die Stimmung könnte besser nicht sein. Mein Wunsch nach Karnevalsmusik wird allerdings einstimmig abgelehnt. Schade eigentlich ...

»Ein letztes Mal: Nicole Staudinger, 15.06.82, richtig?«, vergleicht die Schwester die Daten auf dem Infusionsbeutel mit der Person, die sie da vor sich sitzen hat.

»Ein letztes Mal: Ja, das ist richtig«, strahle ich sie an.

Und da läuft sie, die hoffentlich allerletzte Dröhnung meines Lebens. In diesem Moment schicke ich ein Stoßgebet an meinen Körper. Er hat das toll gemacht. Bis auf eine kleine Pause von einer Woche aufgrund zu niedriger Leukozyten und drei Fieberschüben hat er nicht gemuckt. Die letzten Monate haben er und ich das gnadenlos durchgezogen, und das ist nicht selbstverständlich, wie ich bei meinen Leidensgenossinnen leider zu oft sehen musste.

Sicherlich liegt es auch an meinem jungen Alter, dass es mir so gut ergangen ist. Die meisten Frauen sind mindestens zehn, oft auch zwanzig Jahre älter als ich. Das macht bestimmt viel aus bei einer Chemotherapie. Allerdings glaube ich auch, dass meine regelmäßigen Walking-Runden das ihrige dazu beigetragen haben. Beim Laufen ging es mir nie darum, den Körper an seine Belastungsgrenze zu bringen, da war er durch die Medikamente schon von ganz allein. Mir ging es um die Bewegung an der frischen Luft. Die hat mir immer neue Energie gegeben und danach fühlte ich mich immer besser und lebendiger. Außerdem habe ich jetzt den großen Vorteil, dass ich nach der Therapie nicht wieder bei null anfangen muss, sondern doch noch recht gut trainiert bin.

Dass unser Körper so funktioniert, wie er funktioniert, sollten wir nie als selbstverständlich nehmen. Ich empfinde ihm gegenüber auf jeden Fall eine große Dankbarkeit und habe das Gefühl, ihm nach dieser Tortur etwas Gutes tun zu müssen. Ich denke da an extrem gute Ernährung, viel Flüssigkeit, vielleicht ein bisschen Wellness und Sport. Ich möchte mich bei ihm bedanken.

Die optische Bestandsaufnahme meines Körpers fällt allerdings nach fünf Monaten doch eher ernüchternd aus. Es sind sechs Kilogramm mehr, die ich leider nicht nur allein auf das Cortison schieben kann: Jedes Pfündchen geht durchs Mündchen. Natürlich sind da auch die Wassereinlagerungen. Kein Ring passt mehr und die Schuhe sind auch zu eng. Das allein aber wäre nicht so dramatisch, wäre da nicht eben dieses kugelrunde Mondgesicht mit dem klassischen Stiernacken, den man eben nicht mit Haaren kaschieren kann. Ich sehe aus wie ein behaarter Kugelfisch. Mit Verabreichen des Carboplatin wurde die Cortison-Menge höher dosiert und mein Mondgesicht finde ich wirklich schlimm. Bisher hatte ich mit meinem Gesicht eigentlich keine Probleme, auch ohne Haare nicht. Doch das, was sich da jetzt im Spiegel zeigt, darf man streng genommen nicht mehr Gesicht nennen. Es ist aufgedunsen und kugelrund.

Aber gut, diese Woche werde ich das letzte Mal Cortison nehmen müssen, und dann hoffe ich, dass sich das schnell wieder von allein regeneriert.

Und so vergeht die fünfstündige Sitzung sehr entspannt bei leckerem Essen und netten Gesprächen. Elke und ich haben heute mehr beratende Funktion, denn mit uns sitzen noch zwei Frauen, die erst bei der vierten EC sind und noch ein langes Stück des Weges vor sich haben. Wir versuchen, sie aufzubauen, ohne dabei unrealistisch zu klingen. Überhaupt sind heute sehr viele neue Frauen hier. Das Publikum wechselt. Klar, unsere Zeit hier ist um, wir machen Platz für die schier unendliche Anzahl an Neu-Erkrankten. Diese »Neuen« erkennt man natürlich zunächst mal an den Haaren auf dem Kopf, aber auch an ihrem Gesichtsausdruck. Sie sehen ängstlich und noch völlig ungläubig aus. Ich kann mich noch sehr gut an meine eigenen Gefühle erinnern. Ich möchte diese Frauen so gern in den Arm nehmen und sagen: Alles wird gut! Du schaffst das! Manchmal habe ich das mit Worten gemacht, vielen Frauen hat es geholfen und das wiederum hat mir gutgetan.

»Elke, du bist durch«, strahle ich meine Chemo-Freundin an. Sie ist immer eine Stunde vor mir fertig, mein Carboplatin braucht etwas länger. »Stimmt«, lächelt sie mich an. Sie wartet aber auf mich und in dem Moment kommt auch Andrea durch die Tür. Sie hatte heute im Brustzentrum eine Untersuchung und kommt natürlich noch zu uns hinunter und isst ganz nebenbei auch leckeren Kartoffelsalat. Meine letzte Stunde vergeht wie im Flug, weil wir viel lachen und uns viel zu erzählen haben. Dann kommt die Schwester und befreit mich von meinem Zugang. Das war's. Ende im Gelände.

Wir vier verlassen den Raum, in dem wir so viel besprochen, gequatscht, gelacht und geweint haben. Wir haben uns ausgetauscht, gestützt, von unseren Diagnosen erzählt. Aber wir haben auch über Alltägliches, Familiäres und Banales geredet. Es war ein großes Glück für mich, diese Frauen kennenlernen zu dürfen, und für nächste Woche sind wir schon zum gemeinsamen Mittagessen verabredet. Wenn diese Sache hier für etwas gut war, dann dafür, dass diese Frauen in mein Leben getreten sind.

Oh du fröhliche

Mein Plan war eigentlich Folgender: Ich bekomme montags die letzte Chemo, habe dann vielleicht noch bis freitags mit Gliederschmerzen zu tun – das Fieber habe ich schon komplett vergessen – und spätestens ab dem Montag danach bin ich wieder fit! Ich habe mir nämlich viel vorgenommen. Das Haus bedarf dringend einer Grundreinigung. Meine Haushaltshilfe kommt zwar einmal die Woche und sorgt dafür, dass wir nicht gänzlich untergehen, aber meine Fenster haben jetzt schon seit sechs Monaten keinen Wischer mehr gesehen. Weihnachten steht kurz vor der Tür und bis dahin will ich noch alles zum Blitzen und Blinken bringen. Außerdem will ich gern wieder mehr Sport treiben, um den Chemo-Kilos auf den Leib zu rücken. In den letzten zwei Wochen konnte ich tatsächlich nur noch dreimal walken gehen und das ist mir definitiv zu wenig. Dann will ich mit den Kindern basteln, backen, singen, hüpfen, toben, spielen ... eben all das machen, was ich die letzten Wochen nicht mehr konnte.

Aber wie so oft in den letzten Monaten gilt auch jetzt das Motto: Der Mensch denkt, und Gott lenkt. Natürlich bin ich nach einer Woche nicht wieder fit. Ganz im Gegenteil. Die Gliederschmerzen erreichen eine ganz neue Dimension, denn ich durfte das Cortison absetzen und merke erst jetzt, wie schmerzstillend seine Wirkung war. So gesehen, war das Cortison ein Segen, was die Wassereinlagerungen betrifft dann doch eher ein Fluch. Nur mit Entwässerungstabletten, die mein Hausarzt mir verschrieben hat, bin ich dem Platzen entkommen. Ich kann also weder putzen, waschen, kochen, bügeln, noch basteln, hüpfen oder singen. Ich liege auf der Couch oder im Bett und ein simpler Gang in den Keller führt mich an meine körperlichen Grenzen.

»Maus, was hast du denn gedacht? Du hast fünf Monate lang eine heftige Chemo bekommen und erwartest nun, dass das nach einer Woche aus deinem Körper raus ist?«, fragt meine Mutter mich mitfühlend.

»Ja«, gestehe ich, »vielleicht nicht nach einer, aber nach zwei Wochen schon.«

»Ich glaube, da brauchst du etwas mehr Geduld.«

»Soll ich dir mal was verraten? Die habe ich jetzt nicht mehr! Ich will meinen Körper zurück! Ich will alles machen können, was ich will, und nicht mehr wie eine uralte Frau hier rumliegen.«

Ich habe viel geschafft, ich weiß. Aber Geduld habe ich jetzt keine mehr. Ich bin verärgert und ich will das auch mitteilen.

»Und weißt du, was ich noch möchte?«

»Sag!«

»Ich möchte mal wieder meine Haare bürsten!«

Auf meinem Kopf tut sich leider immer noch nichts, und als ob das nicht schlimm genug wäre, sind jetzt, ganz zum Schluss, auch noch Wimpern und Augenbrauen ausgefallen. Das erste Mal seit der Diagnose sehe ich nun so richtig krank aus.

»Maus, du bist immer noch schön«, mischt sich mein Mann ein.

»Und das ist so was von gelogen! Guck mich doch an! Ich bekomme meine Augen ja kaum noch auf, so dick ist mein Gesicht.«

Jetzt werde ich richtig böse, denn mit »schön« hat mein Aussehen nun wirklich gar nichts mehr zu tun. Aber in den Augen meines Mannes erkenne ich, dass er es tatsächlich ernst meint. Liebe macht blind. Dafür liebe ich ihn in diesem Moment umso mehr.

Drei Tage vor Weihnachten bin ich dann aber wenigstens wieder fit genug, um an unserer lieb gewonnenen, kleinen Familientradition teilnehmen zu können. Wir fahren mit den Kindern unseren Weihnachtsbaum schlagen, denn das ist für die beiden Jungs ein absolutes Highlight. Mit dem Traktor geht es in die Schonung und hier dürfen sich die beiden einen Weihnachtsbaum aussuchen. Wir müssen uns schon anstrengen, sie davon zu überzeugen, dass wir keine 20 Meter hohe Halle zur Verfügung haben und die von ihnen gewählten Bäume höchstens Platz in einer Kirche finden würden.

Auf dem Heimweg singen wir gemeinsam Weihnachts- und Karnevalslieder. Der Übergang ist da fließend, was aber in einer Stadt wie Köln keine wirkliche Seltenheit ist. Für uns bedeutet das, dass wir unser Leben ohne Chemotherapie genießen und so unbeschwert sind, wie es nur irgend geht.

Heiligabend ist für mich eine Bewährungsprobe für die Tränendrüsen. Den ganzen Tag schon bin ich rührselig und habe allzu nah am Wasser gebaut. In der Kirche singen dann alle Kinder »Ihr Kinderlein kommet« und ich verliere vollends die Beherrschung. Leise fließen meine Tränen und finden kein Ende. Eine Freundin schaut zu mir herüber, sieht mich und fängt mit an zu weinen. Wie ein Domino-Effekt zieht es sich durch die ganze Kirche und bald hört man von überall her Schnäuzen und Schniefen. Es tut gut zu sehen, wie viele Menschen uns die Daumen gedrückt haben und sichtlich gerührt sind.

»Wie schön, dass du da bist!«

Zwar werden diese Worte nicht ausgesprochen, aber ich spüre sie hier in diesem Moment, als hätte jeder Einzelne sie tatsächlich gesagt. Vor allem die Frauen. Keine hier kann eine gewisse Angst vor Brustkrebs von sich weisen, und jetzt hat dieses Damoklesschwert genau hier, mitten unter uns, zugeschlagen. Und das auch noch bei der Jüngsten von uns, denn die meisten meiner

Bekannten und Freundinnen sind in etwa zehn Jahre älter als ich. Jede hier weiß, dass sie morgen die Nächste sein könnte. Es berührt und beruhigt sie also zu sehen, dass die Sache bei mir bis hierhin gut verlaufen ist.

Kurz bevor wir gehen, verabschieden wir uns noch von Constantins Erzieherinnen, die ja bis vor einem halben Jahr auch für Max zuständig waren und für uns so viel mehr als nur Erzieherinnen sind. Wir drücken uns still und innig und lassen den Tränen freien Lauf. Mehr muss an dieser Stelle nicht gesagt werden. Sie waren maßgeblich daran beteiligt, dass meine Kinder dieses Jahr so gut überstanden haben.

Als wäre mein Gesicht nicht schon aufgequollen genug, sehe ich nach diesem verheulten Kirchgang nun auch noch aus wie nach einem Boxkampf. Es ist nur gut, dass wenigstens keine Wimperntusche verlaufen konnte.

Das Christkind bringt dieses Jahr ausschließlich Geschenke für die Kinder. Wir Erwachsenen haben uns mit dem schönsten aller Geschenke beglückt, das man nirgendwo kaufen kann: Wir sind alle zusammen!

»Papa, mehr wollten wir nicht, oder?«

»Nein, das haben wir vor sechs Monaten gesagt: Wenn du und ich gesund unter dem Weihnachtsbaum sitzen, dann ist das alles, was wir uns wünschen«, meint mein Vater liebevoll zu mir. Er ist wieder richtig auf dem Damm und geht seit ein paar Wochen sogar wieder arbeiten.

Und dann bekomme ich pünktlich zu den Festtagen doch noch ein Geschenk: meinen Geschmackssinn! Ich genieße Fleisch, Rotkohl, Klöße und guten Wein in vollen Zügen; die Chemo-Kilos müssen wohl noch ein bisschen zusammenrücken, auch Genuss-Kilos brauchen Platz. Denn jetzt ist garantiert nicht der richtige Zeitpunkt für eine Diät.

»Hase, ich komme mir vor, als würde ich tief Luft holen.«

»Wie meinst du das?«

»Einerseits atme ich vor Erleichterung ganz tief durch und andererseits hole ich auch nochmal tief Luft vor der OP.«

Die Operation wird zwei Tage vor Silvester durchgeführt, und somit ist klar, dass ich zum Jahreswechsel im Krankenhaus sein werde. Im Gegensatz zu meiner Familie habe ich damit auch wirklich kein großes Problem. Auf meinen Wunsch hin werden meine Eltern und mein Mann mit den Kindern Silvester zusammen verbringen, damit es für alle so »normal« wie möglich ist.

»Hast du schon Angst?«, will mein Mann wissen.

»Ich denke einfach noch nicht dran«, antworte ich ehrlich. Ich habe gelernt, die Dinge zu nehmen, wenn sie kommen, und nicht schon eine Woche früher.

»Angst ist außerdem der falsche Begriff. Respekt habe ich, ja. Aber ich freue mich auch auf neue Brüste! Wovor ich viel mehr Angst habe, ist vor dem pathologischen Ergebnis.«

»Aber du hast doch die Ärztin gehört. Selbst wenn die noch was finden, macht das keinen Unterschied«, versucht mein Mann, mich zu beruhigen. So hatte es uns die Ärztin erklärt. Selbst wenn man noch einen Restbefund finden würde, die Brust wird ja ohnehin entfernt und daher kann mir auch kein Restbefund mehr gefährlich werden.

»Für mich macht das einen Unterschied. Ich muss wissen, dass die Chemo alles plattgemacht hat. Ich muss wissen, für was ich die letzten fünf Monate gelitten habe.«

Die Operation

Für die geplante beidseitige Brustentfernung – im Fachjargon hautsparende Mastektomie – werden etwa drei Stunden angesetzt. Mit OP-Vorbereitung und der anschließenden Zeit im Aufwachraum sollen wir uns auf ungefähr fünf Stunden einstellen.

Keinem meiner Lieben will ich zumuten, diese schier unglaublich lange Zeit im Krankenhaus zu warten. Meine Mutter würde während dieser Zeit einen Herzinfarkt erleiden und mein Mann gedanklich Amok laufen. Wir einigen uns also darauf, dass alle erst mal zu Hause bleiben, damit so viel Alltag wie möglich erhalten bleibt. Meine Freundin Geri wird mich früh am Morgen ins Krankenhaus fahren, während alle anderen ganz normal zur Arbeit gehen und erst am frühen Nachmittag an den Ort des Geschehens kommen sollen. Im besten Fall habe ich dann schon alles hinter mir.

Ich bin merkwürdig ruhig. Für mich ist diese Operation tatsächlich der »Schlüssel zur Gesundheit«. So wurde es mir ja auch im Geninstitut – offensichtlich erfolgreich – vermittelt. Die erste Operation zu Beginn der Diagnose war für mich viel schlimmer. Hier wusste ich noch nicht, was auf mich zukommen und wie es danach weitergehen würde. Der jetzige Eingriff soll, so Gott will, der Abschluss sein.

»Was wird heute Morgen noch gemacht?«, fragt mich Geri im Auto.

»Nicht mehr viel. Die Aufklärung hatte ich ja schon am Freitag. Heute wird die Stelle noch mit einem Draht markiert. Da ich ja viel Brustgewebe habe, will man es dem Pathologen einfacher machen, die Clipmarkierungen zu finden«, versuche ich, es ihr so zu erklären, wie ich es verstanden habe.

»Aua, das klingt nach Schmerzen«, ruft Geri erschrocken aus.

»Na ja, das werden bestimmt nicht die schlimmsten sein, die ich zu erwarten habe.«

»Hast du Angst?«

»Noch nicht. Die kommt aber schon noch. Jetzt freue ich mich erst mal auf die Happy-Pille«, gestehe ich.

Im Krankenhaus ist mal wieder alles gut organisiert. Es ist noch sehr früh am Tag, gerade sieben Uhr morgens, aber hier herrscht schon geschäftiges Treiben.

Mein Zimmer ist groß und hell, und da wir zwischen den Jahren sind und kaum geplante Operationen stattfinden, bin ich allein untergebracht.

»Guten Morgen, Frau Staudinger. Na, alles gut?«, begrüßt mich die Schwester in fröhlichem Ton.

»Aber sicher. Ich bekomme heute schöne, straffe Brüste. Der Tag könnte doch nicht besser sein«, antworte ich ihr.

»Wunderbar. Die Chefärztin erwartet sie in einer halben Stunde zum Anmalen und danach geht es noch zur Mammographie für die Drahtmarkierung.«

Mist! Ich hatte gehofft, die Markierung würde mittels Ultraschall gemacht werden und nicht unter der Mammographie. Und das nicht nur, weil ich eine Mammographie wirklich als unangenehm empfinde, sondern weil sie mir Angst macht. Angst davor, dass man doch noch etwas Neues finden würde. Damit wäre meine ganze Hoffnung auf Genesung wieder dahin.

Das Anmalen bei der Chefärztin dagegen ist eine Kleinigkeit, auch wenn ich danach aussehe wie ein wandelnder Picasso.

»Hatten Sie schöne Feiertage?«, frage ich etwas scheinheilig. Denn in Wirklichkeit will ich nur wissen, ob sie gut ausgeruht und fit ist.

»Ja, wunderbar. Ich hatte auch insgesamt zwei Wochen Urlaub«, strahlt sie mich an.

»Ach, wie schön. Dann sind Sie ja gut erholt«, strahle ich zurück.

»Absolut!« Sie lächelt mich an und hat mich natürlich durchschaut. Aber diese Frau nimmt mir meine Frage nicht übel. Sie weiß, dass ich nicht an ihren Fähigkeiten zweifle, sondern nur die Angst aus mir spricht.

»Wir sehen uns gleich im OP, Frau Staudinger«, verabschiedet sie mich, und ich gehe von dort aus zur Mammographie. Geri ist die ganze Zeit bei mir und dafür bin ich ihr unendlich dankbar.

»Machen Sie sich bitte oben herum frei«, bittet mich die Radiologin.

Dann also jetzt die Mammographie – schön ist das nicht. Dieses Gequetsche und Gezerre an der eigenen Brust ist nicht nur sehr schmerzhaft, sondern irgendwie auch entwürdigend. Doch noch nicht mal damit ist es heute genug. Denn heute bekomme ich zusätzlich noch zu hören: »So, ich führe jetzt die Nadel ein. Bitte ganz still bleiben.«

Ich müsste lügen, wenn ich sagen würde, dass es sonderlich schmerzvoll ist. Aber die Vorstellung allein reicht.

»Gucken Sie am besten gar nicht hin!«, rät mir die Assistentin, leider ungefähr zwei Sekunden zu spät. Aus meiner Brust ragt ein sehr, sehr, sehr langer Draht, der jetzt an der Brust festgeklebt wird, damit ich nirgendwo hängen bleibe. Ich kann nichts dafür, aber ich muss plötzlich an einen Mettigel denken.

»Sagen Sie«, frage ich die Radiologin, »was können Sie auf den Aufnahmen sonst noch sehen?« Mein Puls schlägt mir schon wieder bis zum Hals.

»Nichts. Gar nichts.«

Wunderbar! Erste Hürde geschafft!

Von jetzt an geht alles sehr schnell. Kaum bin ich wieder zurück auf meinem Zimmer, reicht mir die Schwester die lang ersehnte Happy-Pille, und kaum, dass ich sie geschluckt habe, werde ich auch schon zum OP gefahren.

»Geri, verdammt, die wirkt noch gar nicht«, sage ich, während sie neben mir herläuft, »das geht doch nicht. Ich habe doch solche Angst«, gestehe ich.

Geri schießen die Tränen in die Augen. »Meine Liebe, du schaffst das! In ein paar Stunden ist alles vorbei und dann brauchst du nie mehr einen BH«, versucht sie, mich aufzumuntern.

»Wenn irgendwas passiert, sag meiner Familie, dass ich sie ohne Ende liebe, ja?«

Wir sind jetzt mit den Schwestern vor dem OP-Bereich angelangt.

»Ab hier dürfen Sie leider nicht mehr mit«, sagt die Schwester zu Geri.

»Es wird nichts passieren. Gleich wirkt die Pille und dann merkst du nichts mehr!«, waren die letzten Worte, die ich von Geri vernehme.

Und tatsächlich ... von diesem Moment an habe ich keine Erinnerungen mehr, denn die Wirkung der Pille nimmt ihren Lauf.

Dann plötzlich höre ich mehrere Menschen schluchzen.

»Oh, mein Gott! Was haben die mit meinem Kind gemacht?«, höre ich dumpf die Stimme meiner Mutter. Ich höre auch meinen Mann und Evelyn schniefen. Und ich höre Sätze wie »Sie braucht noch Sauerstoff« und »großer Blutverlust«. Gleichzeitig merke ich, wie ich meine Hand hebe und mit dem Daumen nach oben zeige, in die Richtung, aus der ich die Stimmen wahrnehme. Dann wird es wieder dunkel.

»Ich bin da Schatz«, höre ich meinen Vater.

»Mmmh.«

»Sie kommt ja gar nicht mehr zu sich«, meine Mutter.

»Es war ein wirklich großer Eingriff«, vermutlich eine Krankenschwester.

Wieder Ruhe.

»Hase?«, das ist meine eigene undeutliche Stimme.

»Ich bin hier«, sofort spüre ich seine Hand.

»Geh zu Kindern«, murmele ich.

Wieder Ruhe.

Aus Erzählungen weiß ich, dass dieser Wach-Schlaf-Zustand den ganzen Tag anhält. Die Narkose und die starken Schmerzmedikamente knocken mich komplett aus. Ich weiß nur eines: Irgendwie will ich nicht, dass meine Familie hier die ganze Zeit untätig bei mir sitzt. Am späten Nachmittag fährt mein Mann dann tatsächlich zu den Kindern, die diesen bei Astrid verbrachten.

»Maus«, flüstert meine Mutter mir zu, »wir lassen dich jetzt schlafen.« Sie streichelt mir sanft über die Wange, und ich kann spüren, dass es ihr das Herz zerreißt, mich in diesem Zustand zu sehen.

»Ja«, kann ich schon recht deutlich sagen, aber meine Augen sind nach wie vor geschlossen.

»Ich komme morgen früh wieder«, verspricht sie mir, und ich weiß in diesem Moment genau, dass sie die Nacht über kein Auge zumachen wird. Und jetzt, selbst in diesem Dämmerzustand, bin ich diejenige, der es das Herz zerreißt.

»Mama?«, flüstere ich noch, »mir geht es gut.«

»Ja, Maus, das sehe ich«, lügt sie zurück.

Den Übergang zwischen Tag und Nacht bekomme ich nicht wirklich mit. Die Schwestern schauen in regelmäßigen Abständen nach mir, hängen neue Infusionsbeutel an und ab und wollen wissen, ob sie etwas für mich tun können. Noch bin ich zu keinem klaren Gedanken fähig und dämmere die ganze Zeit bis zum nächsten Morgen vor mich hin.

»Möchten Sie Frühstück?«

»Mmhm«, bejahe ich die an sich überflüssige Frage. Warum sollte ich kein Frühstück wollen? Ich habe doch nichts am Magen.

In leicht aufgesetzter Haltung lasse ich mir Kaffee und Brötchen schmecken. Ich fühle mich relativ wach und klar und wage eine erste zaghafte Bestandsaufnahme. Es tut weh. Der gesamte Brustkorb schmerzt, aber es ist auszuhalten - noch. Wenn ich mich ganz ruhig verhalte, sind die Schmerzen erträglich.

Von dem Ergebnis selbst sehe ich nicht viel. Ein dicker Verband umwickelt mich. Was ich aber sehen kann, ist auf jeden Fall kleiner.

In diesem Moment kommt die Chefärztin zur Visite.

»Guten Morgen. Wie geht es Ihnen?«

»Um ehrlich zu sein, ich hatte schon bessere Tage.«

»Ja, das glaube ich Ihnen. Es lief aber von unserer Sicht aus alles glatt. Sie haben relativ viel Blut verloren, aber sie brauchten keine Transfusion. Es war eine Herausforderung, denn es war wirklich sehr viel Gewebe, doch ich bin mit dem Ergebnis sehr zufrieden.«

Während sie zu mir spricht, lösen sie und eine weitere Ärztin die Verbände.

»Das sieht alles sehr gut aus. Die Drainagen fördern auch gut. Im Moment haben Sie noch vier, wir schauen mal, wann wir sie nach und nach befreien können. Was machen die Schmerzen?«

»Solange ich mich ganz ruhig halte, ist es auszuhalten.«

»Aber Sie sind noch nicht schmerzfrei?«

»Leider nicht.«

»Dann bekommen Sie noch was. Sie müssen keine Schmerzen haben. Sie dürfen normal aufstehen und auch vorsichtig spazieren gehen. Gleich bekommen Sie ein spezielles Bustier, das Sie ungefähr drei Monate tragen müssen.«

»Frau Doktor, haben Sie noch was gefunden?«

»Nein. Das sah alles gut aus. Aber wir müssen auf die Pathologie warten. Das kann sich wegen Silvester etwas verzögern.«

Das sind recht viele Informationen für den doch recht frühen Morgen. Und so bin ich nach Visite und Frühstück auch schon wieder zu einem Schläfchen bereit.

Über den Tag verteilt kommen meine Lieben. Nur die Kinder will ich noch nicht hier haben. Sie sollen mich so mitgenommen noch nicht sehen.

»Maus, heute siehst du ja schon um Welten besser aus«, sagt mein Mann zu mir. »Gestern warst du so arg blass, da haben wir Angst bekommen. Hast du eigentlich gemerkt, dass ich bei dir im Aufwachraum war?«

»Nein, da kann ich mich nicht dran erinnern.«

»Komisch, denn du hast mit mir gesprochen. Du hast mir gesagt ›Geh' zu Mama! Ich komme zurecht‹.«

»Ehrlich? Nee, daran kann ich mich nicht erinnern.« Ich finde es unglaublich, zu welchen Taten unser Unterbewusstsein fähig ist. Die Sorge um meine Lieben begleitet mich bis tief in die Narkose hinein.

Was mich leider auch den ganzen Tag in zunehmendem Maße begleitet, sind die Schmerzen. Jeder Atemzug tut weh und die Drainagen tun ihr Übriges.

Am Abend, als ich wieder allein bin, werden die Schmerzen unerträglich.

»Gut, dann bekommen Sie jetzt was ganz Hartes«, sagt die Schwester entschlossen, denn sie sieht, wie ich leide. Man hängt mir eine Infusion an und nach cin paar Minutcn kann ich zumindest wieder einigermaßen Luft holen.

»Ich bin eigentlich nicht wehleidig«, entschuldige ich mich am Tag darauf bei der Schwester für mein Gejammer.

»Das hat nichts mit wehleidig zu tun. Diese Operation ist nicht ohne«, antwortet die Schwester mir. Sie ist ungefähr in meinem Alter und wir halten hier und da schon mal ein Schwätzchen.

»Wie können Frauen sich denn freiwillig so was antun? Also, ich meine als Schönheitsoperation?«

»Das können Sie doch nicht vergleichen. Ihnen hat man das gesamte Gewebe samt Brustwarzen entnommen. Bei einer kosmetischen Vergrößerung kommen ja ›nur‹ die Implantate rein.«

Ach, stimmt. Das habe ich nicht bedacht. Ich habe so vieles nicht bedacht, mir das alles so viel leichter vorgestellt und vor allem nicht so schmerzhaft.

Mittlerweile ist es Tag zwei nach der OP, doch die Schmerzen werden nur langsam besser. Was mich aufheitert, ist die Tatsache, dass heute Morgen die erste Drainage gezogen wurde, und das war längst nicht so schlimm wie damals in Düsseldorf.

»Du bewegst dich aber doch schon ganz flott«, meint meine Mutter zu mir, nachdem ich binnen zehn Minuten aus dem Bett gekommen bin.

»Wie der Blitz«, grinse ich sie an.

»Ach, du bist blöd. Aber das geht doch schon alles gut. Hast du sie eigentlich mal gesehen?«

Mit ›sie‹ meint sie meine zwei neuen Weggefährten.

»Ja, habe ich.«

»Und?«

»Hammer!«

»Echt?«

»Damit hätte ich nicht gerechnet«, und das ist nicht gelogen. Denn das Ergebnis ist wirklich super. Zwei kleine, straffe Brüste zieren jetzt meinen Oberkörper – ein für mich ganz neues Lebensgefühl. Aber, zugegeben, der Preis, den ich zu zahlen hatte, war auch ein sehr hoher. Was für einen Weg musste ich dafür gehen? Ich finde, da habe ich wenigstens schöne Brüste verdient.

»Ich mag dich nicht allein lassen«, mein Mann guckt mich traurig an.

»Das macht mir wirklich nichts aus! Außerdem haben sich noch die Mädels zum Besuch angekündigt«, tröste ich ihn. Heute ist Silvester, und es ist das erste Mal, dass wir dieses getrennt feiern. Natürlich habe ich ein flaues Gefühl im Magen und natürlich wäre ich lieber bei meiner Familie. Aber es hilft ja nichts. Ich versuche, es ganz nüchtern zu betrachten. Es ist ja nur der eine Abend, denn für den nächsten Mittag haben sich alle zum gemeinsamen Mittagessen angekündigt. Meine Mutter kocht für uns alle und wir wollen gemeinsam hier bei mir im Krankenhaus essen.

»Ja, ich weiß. Aber ich bin trotzdem traurig.«

»Ich doch auch, Hase.«

Uns beiden schießen wieder einmal die Tränen in die Augen – zum ich weiß nicht wie vielten Mal. Manchmal frage ich mich, ob das jemals aufhören wird.

»Morgen früh sehen wir uns wieder und 2015 – das wird unser Jahr!«

Ich verschlafe den Jahreswechsel dank einer guten Schlaftablette und bin nicht wirklich böse drum.

Der Krankenhausalltag ist aus Patientensicht relativ öde, erst recht, wenn man keine Zimmergenossin hat. Für das tägliche Waschen benötige ich ungefähr eine Stunde, davon sind gute zehn Minuten schon dem Weg ins Badezimmer geschuldet, denn dieses ist immerhin ganze drei Meter vom Bett entfernt. Und auch wenn ich normalerweise ohne Handtasche nirgendwo hingehe, gehen mir die drei kleinen Beutel, die ich noch mit mir rumtragen muss (hier sind die Drainagen verstaut), schwer auf die Nerven. Mit drei Schläuchen und einer operierten Oberweite bewegt es sich sehr langsam und vor allem eingeschränkt. Die Arme kann ich kaum heben und die simpelste Körperpflege wird zur sportlichen Herausforderung. Meist bin ich danach so fertig, dass ich wieder ein Ründchen schlafen muss. Aber ansonsten gibt es eigentlich nichts zu tun.

Doch ich bekomme viel Besuch und er lenkt mich sehr gut ab.

»Warum isst du denn nichts?«, fragt mich Evelyn besorgt. Sie hat mich in über 18 Jahren noch nie nicht hungrig gesehen und demzufolge eine besondere Ration an frischem Obst und Schokolade mitgebracht.

»Ich mag einfach nicht.«

»Ist irgendwas? Ich meine, außer den Schmerzen?«

»Morgen soll das pathologische Ergebnis kommen.«

»Oh, ich verstehe.«

Evelyn hat nun auch keinen Hunger mehr. Und der Rest des Tages zieht sich wie Kaugummi.

Bei der Visite am Morgen entfernt die Chefärztin eine weitere Drainage und es bleiben nur noch zwei.

»Haben Sie schon was aus der Pathologie?«, frage ich sie ängstlich.

»Nein, leider noch nicht. Mit ganz viel Glück kommt es noch heute Nachmittag, sonst leider erst am Montag.«

Der Gedanke, noch zwei weitere Tage zittern zu müssen, lässt mich fast durchdrehen.

Am Nachmittag kommt Astrid zu Besuch und merkt augenblicklich, dass etwas mit mir nicht stimmt. Wir trinken einen Kaffee, und sie versucht, mich abzulenken, so gut es geht.

»Waren die Kids schon da?«

»Oh ja! Gestern und vorgestern. Es war so schön, sie zu sehen. Aber es ist halt auch langweilig für sie im Krankenhaus.«

»Wann kommst du denn raus?«

»Die würden mich am liebsten so lange hier behalten, bis die Dinger«, ich zeige auf die Beutel, »rauskommen. Aber das ist mir zu lang. Ich hoffe, ich kann am Montag gehen.«

»Hast du die OP so erwartet?«

»Nie und nimmer. Dass es solche Schmerzen sind, hätte ich nicht gedacht«, noch immer nehme ich starke Medikamente und so ganz schmerzfrei bin ich nach wie vor nicht. Durch meine verkrampfte Schonhaltung sind nun auch noch Rücken- und Nackenschmerzen hinzugekommen.

»Mensch, du Arme, aber jetzt hast du es geschafft. Ab jetzt geht es jeden Tag bergauf. Haben die Ärzte sich schon wegen der Bestrahlung geäußert?«

»Mein Fall wird die Tage nochmal in der Tumorkonferenz besprochen. Ich weiß es nicht genau, aber ich vermute, das pathologische Ergebnis ist auch noch wichtig dafür. Apropos, ich glaube, das wird heute nicht mehr kommen. Es ist ja schon halb sechs. Meine Ärztin hat bestimmt schon Feierabend. Weißt du, Astrid«, versuche ich ihr zu erklären »ich habe so eine Angst vor dem Ergebnis. Und gleichzeitig sehe ich vor meinem inneren Auge die Ärztin hier vor mir stehen, wie sie sagt ›alles okay‹.«

Kaum habe ich den Satz ausgesprochen, klopft es an die Tür. In der festen Überzeugung, dass dies das köstliche Krankenhaus-Abendbrot sei, rufe ich: »Ja, bitte!« Die Tür öffnet sich einen Spalt, und ich sehe einen Daumen, der nach oben zeigt. Dem Daumen folgt das mir mittlerweile gut bekannte Gesicht der Chefärztin, die mich schon durch den Türspalt anstrahlt. Im ersten Moment glaube ich, einer Halluzination erlegen zu sein – bei den Medikamenten ganz sicher keine Seltenheit. Doch Frau Doktor stellt sich vor mein Bett und meint nur: »Alles okay!« »Astrid, siehst du sie auch?«, frage ich meine Freundin. Ich muss sicher sein, dass ich nicht träume.

»Ja«, Astrid hat Tränen in den Augen.

Ich schlage die Hände vors Gesicht und lasse einen spitzen Schrei los.

»Alles in Ordnung?«, frage ich nochmal ungläubig.

»Ja, es war alles gesundes Gewebe«, sie kommt auf mich zu und drückt mich von ganzem Herzen.

In mir löst sich alles. Ich weine und lache und schluchze vor Erleichterung.

»Ich darf leben! Ich habe es geschafft! Astrid, hast du das gehört?«

Die Ärztin verabschiedet sich dezent und jetzt liegen wir beide uns in den Armen. Was bin ich froh, dass ich in diesem Moment nicht allein bin.

Wir weinen beide und freuen uns gleichzeitig über die beste Nachricht seit sechs Monaten.

Frohes neues Jahr!

Besser kann das neue Jahr nun wirklich nicht anfangen. Exakt eine Woche nach der Operation darf ich das Krankenhaus, beflügelt von der Nachricht der Komplettremission, wieder verlassen.

Ich packe meine Sachen, was immer noch sehr anstrengend für mich ist, und setze mir dabei meine Kopfhörer auf, um Musik zu hören. Ich möchte feiern und glücklich sein, weiß aber, dass das hier noch nicht der richtige Ort ist. Auf der Station herrscht enorme Unruhe. Ich war zwischen den Feiertagen hier und die senologische Abteilung war während der gesamten Woche fast leer. Heute aber, am ersten Arbeitstag im neuen Jahr, läuft alles wieder auf Hochtouren. Ich bringe meine leeren Getränkeflaschen in den Aufenthaltsraum und sehe hier sehr viele Frauen vor Formularen sitzen. Sie sind die Neuen, die neuen betroffenen Frauen. Aus ihren Gesichtern kann ich lesen, dass ihre Diagnosen noch sehr frisch sind. Wahrscheinlich haben sie die Nachricht kurz vor Weihnachten erhalten, haben die Feiertage in Angst und Schrecken verbracht und stellen sich jetzt ihrer neuen Herausforderung. Sie tun mir alle leid.

Wie gern würde ich ihnen allen sagen: »Kopf hoch, Mädels! Ihr schafft das auch!«

Doch das will ich mir nicht anmaßen. Gleichzeitig bin ich dankbar und glücklich, dass ich das alles hinter mir habe.

»Mamaaaa«, reißt mich mein kleiner Sonnenschein aus meinen Gedanken. Mein Mann und die Kinder sind da, um mich abzuholen. Meine neuen Brüste, zwei Drainagen und ich dürfen jetzt endlich nach Hause.

Im Krankenhaus fällt einem gar nicht so sehr auf, wie eingeschränkt man nach so einem Eingriff ist. Denn bis auf das bisschen Waschen, die kurzen Spaziergänge und die Schwätzchen hier und da hat man nicht wirklich viel zu tun. Zuhause aber falle ich, wie auch nach der ersten Wächterknoten-Operation, unsanft auf den harten Boden der Tatsachen. Ich weiß nicht, wo ich mich lassen soll. Die Drainagen hängen rechts und links von mir und müssen wegen eines neuen Vakuumsystems auch immer nach unten hängen. Und das heißt, ich kann nur auf einem Stuhl sitzen. Die Couch ist viel zu tief für mich, die Stühle viel zu unbequem und ins Bett will ich nicht.

Mein Mann hat die rettende Idee. Er stellt einen Gartenstuhl mit weicher Auflage ins Wohnzimmer. Ich kann ihn in der Rückenlehne verstellen und es so einigermaßen gut aushalten. So sitze ich also wie Queen Mum den ganzen Tag in diesem Stuhl. Ich komme mir vor wie Opa Hoppenstedt, der mit seinem Stock alle dirigiert.

»Hase, das ist doch kein Zustand hier«, maule ich ihn an.

»Warum denn nicht Maus? Hauptsache, du bist da«, versucht er, mich zu beschwichtigen.

»Ich komme mir vor wie ein Statist.«

»Das würde ich so nicht sagen. Statisten sind ja meist zurückhaltend und still«, grinst er mich an.

Die ersten Wochen muss ich jeden zweiten Tag zur Wundkontrolle ins Krankenhaus. Relativ schnell nach der Entlassung wird mir auch die letzte Drainage gezogen, was ebenfalls völlig schmerzfrei ist.

»So, heute füllen wir dann mal die Expander auf. Wir werden sie jetzt regelmäßig mit Kochsalz aufspritzen, bis die gewünschte Brustgröße erreicht ist.«

Sehr praktisch, denke ich. Dann aber sehe ich das Instrument, mit dem aufgespritzt werden soll. Ich sehe eine sehr große Spritze in der Hand der Krankenschwester. Spontan würde ich diese auf etwa einen halben Meter schätzen.

»Äh, was haben Sie denn damit vor?«, frage ich ungläubig.

»Ja, ich weiß, die sieht witzig aus, ne? Wie aus einem übertriebenen Comic«, lacht die Ärztin und weist auf die Monsterspritze.

»Na ja, aus Ihrer Sicht mag die ja lustig aussehen. Aus meiner nicht so wirklich«, gestehe ich, da ich bereits wehrlos auf der Liege liege. Tatsächlich aber merke ich von dem Einstich gar nichts, da die Brüste ja noch komplett taub sind.

Die Chefärztin ist von der Wundheilung völlig begeistert. Na ja, ich sehe das etwas anders. Schließlich hat sie ja auch nicht meine Schmerzen, die immer noch recht stark sind.

»Was nimmst du denn noch an Schmerzmedikamenten?«, fragt mich meine Mutter.

»Nichts mehr.«

»Wie, nichts mehr?«

»Ja, ich habe alles abgesetzt. Sooo schlimm sind die Schmerzen ja nicht mehr. Und immerhin ist die Operation zwei Wochen her.«

»Nee, das sehe ich, dass es nicht mehr sooo schlimm ist. Du kannst dich doch kaum bewegen. Das geht nicht. Du musst was nehmen. Komm morgen in die Praxis, mein Chef wird dir erklären, warum es so wichtig ist, ohne Schmerzen zu sein.«

Und weil ich ja ein gehorsames Kind bin, sitze ich am nächsten Morgen bei meinem Hausarzt, und er erläutert mir sehr plausibel, warum ein Leben mit Schmerzen unzumutbar ist. Es fallen Worte wie Schmerzgedächtnis und Schwächung des Immunsystems. Er stellt mir einen Plan auf und weist darauf hin, wie wichtig es ist, dass die Tabletten einen Spiegel aufbauen und ich diese nach Uhrzeit und nicht nach Bedarf nehme.

»Ich fand einfach, ich hätte in den letzten Monaten genügend Medikamente zu mir genommen«, erkläre ich ihm meine Abscheu vor weiteren Medikamenten.

»Da haben Sie auch recht, aber die schaden Ihnen jetzt nicht und Sie sollen sie ja auch nicht für Monate nehmen. Aber schauen Sie sich mal an, wie schmerzverzerrt Sie aussehen.«

Ich nehme den Medikamentenplan mit nach Hause, richte mich nach ihm, und schon einen Tag später um die gleiche Zeit, nach nur drei Tabletten, starte ich in ein schönes, schmerzfreies Leben. Ein Hoch auf die moderne Medizin!

Strahlendes Alaaf!

Die Übergänge im Leben sind ja oft fließend. Morgens ist es hell, abends dunkel. Gestern Seminar, am nächsten Tag schon Krebs. Oder aber: Heute noch frisch operiert und morgen schon Karneval. Tatsächlich habe ich gehofft, Karneval wieder so fit zu sein, dass ich wenigstens ein bisschen feiern kann.

Die Schmerzen sind jetzt, ungefähr drei Wochen nach dem Eingriff, ganz weg. Nur die Beweglichkeit ist noch nicht wieder die alte. Zum Kölsch-Trinken wird es aber sicherlich reichen.

»Darfst du denn während der Bestrahlung Alkohol trinken?«, will Astrid wissen.

»Ja, ab und an mal, hat er gesagt.«

Er, das ist der Radiologe, mit dem ich in der Woche zuvor einen Termin hatte. Meine Hoffnung, mir die Bestrahlung ersparen zu können, hatte sich relativ schnell zerschlagen.

»Man geht nie vom Restbefund, sondern immer vom Anfangsbefund aus und der lässt keinen Raum für Zweifel offen«, erklärte mir Dr. Meier einige Tage zuvor. Also nehme ich natürlich auch noch die Bestrahlung mit. So kann ich wenigstens komplett mitreden.

Das Aufklärungsgespräch war längst nicht so schlimm, wie ich es erwartet hätte, denn die Nebenwirkungen, mit denen ich zu rechnen habe, sind im Gegensatz zur Chemo wirklich ein Kinderspiel.

»Aber ich muss mal ganz doof fragen. Was wird denn bei mir noch bestrahlt? Immerhin ist ja kein Gewebe mehr da«, fragte ich den Arzt.

»In Ihrem Fall bestrahlen wir die Thoraxwand, damit auch die allerletzte Zelle keine Chance mehr hat.«

»Fängst du doch noch vor Karneval an?«, will Astrid wissen.

»Ja, leider. Gestern war das Planungs-CT, Ende der Woche muss ich wieder hin und nächste Woche startet dann die erste von 28 Bestrahlungen.«

»Musst du jeden Tag hin?«

»Ja, die Sitzungen sind täglich, außer an den Wochenenden. Dauern aber immer nur ein paar Minuten.«

»Auch Weiberfastnacht?«, fragt Astrid leicht panisch.

»Alles hat seine Grenzen! Natürlich nicht!«, lache ich sie an. Tatsächlich kann man sich in Ausnahmefällen einen Tag »frei nehmen«, so lange man auf mindestens vier Sitzungen die Woche kommt. Und natürlich habe ich mir Karneval frei genommen.

Heute sind wir Mädels aber erst mal zu einer Damensitzung unterwegs und wir freuen uns darauf wie kleine Kinder. Da mein Haarwuchs leider immer noch sehr zu wünschen übrig lässt, habe ich mich entschieden, einem längst vergessenen Stück eine neue Chance zu geben. Ich hole die Perücke wieder aus ihrem Versteck. Dazu ein gekonntes Make-up mit aufgemalten Augenbrauen und gut geschminkten Augen (die Wimpern sind leider noch zu kurz) und: Tada!

Die blonde Perücke sieht tatsächlich fantastisch aus. Niemand wird jetzt eine Krebsbehandlung bei mir vermuten, denn ich sehe wahrhaftig genau so aus wie früher. Und das so sehr, dass sogar meine Freundinnen die Perücke im ersten Moment gar nicht wahrnehmen.

»Du siehst ja klasse aus!«

»Ja, echt. Wahnsinn, wie du aussiehst. Irgendwas ist anders«, rätseln die Mädels.

»Ja, das stimmt. Aber was ist es wohl? Mmh ...«, steige ich mit ein.

»Ach ja! Die Haare«, fällt es ihnen schließlich auf.

»Das ist ja krass. Du siehst genauso aus wie früher!«

»Ihr seid ja süß. Aber in Wirklichkeit bin ich ein kompletter Fake. Perücke, aufgemalte Augenbrauen, unechte Titten! An mir ist alles falsch«, gestehe ich.

»Das ist doch piepegal! Wir gehen jetzt Karneval feiern. Da ist eh alles gefaked«, strahlen meine Freundinnen mich an.

Es wird ein wundervoller Abend, mit echt guter Musik, echt gutem Kölsch und der echt guten Erkenntnis, dass ich das Feiern noch nicht verlernt habe.

Let it shine!

Morgen ist der erste Tag der letzten Etappe, denn morgen startet meine erste von 28 Bestrahlungen. Irgendwie habe ich das bis jetzt verdrängt, und auch heute meine ich noch, dass das alles nichts mit mir zu tun hat. Wie der gesamte Krebs eigentlich nie etwas mit mir zu tun hatte.

Nachdem das Aufklärungsgespräch so friedlich und ohne Kopfkino verlaufen ist, habe ich eigentlich auch keine Angst mehr.

Damit Physiker und Ärzte die genaue Dosis für mich berechnen konnten, wurde noch ein sogenanntes Planungs-CT von mir gemacht. Auch das war kurz, schmerzlos und irgendwie unpersönlich.

Mittlerweile liegt die Operation vier Wochen zurück und ich kann mich jeden Tag etwas besser bewegen. Da die Wundheilung aber noch immer nicht abgeschlossen ist, darf ich seit vier Wochen nicht richtig duschen, geschweige denn baden.

Ein paar Tage nach dem Eingriff sagte ich noch scherzhaft zu der Chefärztin: »Oh je, wenn ich also Pech habe, dann darf ich vor der Bestrahlung genau einmal duschen, bevor es dann wieder verboten ist.« Doch sie lächelte damals nur.

Unter der Bestrahlung, so hatte ich gehört, darf man auch nicht duschen, damit die Filzstift-Markierungen, die auf die Brust gemalt werden, nicht verschwinden.

Heute, so hoffe ich, wird man mir sagen, dass alle Wunden gut verheilt sind und ich eine fünfstündige Dusche nehmen dürfte, wenigstens einmal, bevor die Bestrahlung beginnt.

»Na, das sieht doch alles perfekt aus«, meint meine Ärztin zu mir. »Da würde ich sagen, steht einer ausführlichen Dusche doch nichts mehr im Wege.»

»Oh wie fein. Das ist gut, denn ab morgen ist das ja auch wieder vorbei.«

»Aber soweit ich weiß, kann man sich doch kurz duschen, auch mit den Bemalungen, oder?«

»Ja, kurz geht. Aber soll ich Ihnen was sagen. Ich will nicht mehr kurz. Denn kurz duschen mache ich seit Wochen. Mit Aussparungen. Ich will lang – ganz lang duschen. Mit Peeling und einseifen und mit Wasser von oben.« Die letzten Wochen ging das nämlich alles nicht, weil ich den gesamten Brustkorb aussparen musste.

»Das verstehe ich. Dann wünsche ich Ihnen jetzt viel Spaß beim Duschen«, verabschiedet sie mich.

»Danke, aber erst muss ich noch schnell ins Strahleninstitut, die wollen das Planungs-CT besprechen.«

Ein bisschen nervös bin ich schon. Immerhin wurde ja ein CT gemacht, und ich hatte mal wieder Angst, dass irgendwas gefunden wurde.

»Oh nein, dieses CT ist gar nicht dazu geeignet, irgendwas zu finden«, beruhigt mich die Ärztin sehr schnell. Gott sei Dank!

»Nein, heute stellen wir das Gerät schon auf Sie ein. Und wir malen Sie jetzt auch schon an. Das bedeutet natürlich, dass Sie ab heute nicht mehr duschen dürfen!«

»Das ist nicht Ihr Ernst«, frage ich erschrocken. Im ersten Moment vermute ich eine versteckte Kamera irgendwo.

»Ich habe seit vier Wochen nicht geduscht. Heute wäre meine letzte Chance gewesen.«

»Oh, das tut mir leid«, sagt die Ärztin leicht amüsiert.

»Mir auch«, entgegne ich weniger belustigt.

Zielgerade

Im Gegensatz zur Chemotherapie ist die Bestrahlung für mich tatsächlich ein Spaziergang. Ein nerviger und langer Spaziergang. Die Zeit, die diese Prozedur täglich mit Beschlag belegt, ist sehr lang. Allein der Fahrweg beträgt gute eineinhalb Stunden und die Wartezeit vor Ort liegt an schlimmen Tagen bei etwa zwei Stunden, manchmal auch mehr.

Natürlich ist hier alles viel unpersönlicher als bei der Chemotherapie. Beim Betreten des Strahleninstituts stecke ich meine Patientenkarte in eine Halterung an der Wand und nehme danach im Wartezimmer Platz. Hier sitzen Patienten mit den unterschiedlichsten Krankheiten, oft sehr kranke und alte Menschen.

»Sie müssen sich vom Wartezimmer ein bisschen abschotten«, erklärte mir der Radiologe schon im Aufklärungsgespräch, und ich weiß jetzt, was er meinte. Man kommt, anders als im Brustzentrum, nur selten ins Gespräch, und ich entscheide mich nach ein paar Sitzungen, mir stets ein gutes Buch mitzunehmen.

Über einen Lautsprecher werde ich täglich aufgerufen, und ich begebe mich in eine Kabine, in der ich mich oben herum ausziehen muss. Hier habe ich meist noch ein paar Minuten Zeit, meine neue Oberweite genau im Spiegel zu betrachten. Und jeden Tag erfreue ich mich an dem Ergebnis. Obwohl es eine so große Operation war, ist von den Narben kaum noch was zu erkennen. Die Brüste sind beide schön gleichmäßig und natürlich geformt und gehörten vom ersten Moment an zu mir. Und das Beste daran: Sie bleiben stehen, auch ohne BH. Während es früher nach dem Lüften zweimal »plopp plopp« machte, bleiben sie jetzt an Ort und Stelle, auch ohne Halterung. Irre! Die Operation hat meiner Weiblichkeit keinen Abbruch getan und mein Mann ist auch ein großer Fan meiner neuen Accessoires. Dass sie kein Gefühl mehr haben, nehme ich tatsächlich nur am Rande wahr und es stört mich nicht wirklich. Viel mehr überwiegt das erleichternde Gefühl, alles getan zu haben, was in meiner Macht steht.

Von der Kabine aus geht es dann in den Strahlenraum. Hier muss ich mich auf eine Liege legen, den rechten Arm auf eine Halterung hinter mir ablegen und schon geht es los. Das Gerät fährt um mich herum und sucht die verschiedenen Punkte ab, bevor es dann ein gleichmäßiges, kurzes Surren von sich gibt. Nach gut zwei Minuten ist alles vorbei und ich fahre wieder heim. Völlig unspektakulär.

Während ich die ersten Tage eine Art »Strahlenkater« hatte, der sich durch extreme Müdigkeit und latente Übelkeit bemerkbar machte, bin ich nach einer guten Woche beschwerdefrei. Meine Haut pudere ich regelmäßig ein und komme so mit nur leichten Rötungen davon. Keine Selbstverständlichkeit, wie ich von mehreren Leidensgenossinnen höre.

»Mama, wo fährst du hin?«, fragt mich Max an einem Samstagmorgen. (Ab und an kommt es mal zu technischen Störungen und dann fällt eine Sitzung aus, die samstags nachgeholt wird.)

»Zur Bestrahlung, mein Schatz«, erkläre ich ihm. Ich hatte ihm schon zu Beginn versucht zu erklären, was da jetzt gemacht wird.

»Ach ja. Tut das weh?«

»Nein, mein Schatz.«

»Also nicht so schlimm wie die Medikamente?«

»Nein. Ich bekomme das schon seit vier Wochen. Normalerweise bekommt ihr das nicht mit, weil ihr ja vormittags in Schule und Kindergarten seid. Oder hast du schon mal gemerkt, dass es mir nicht gut ging?«

»Nee, Mama. Voll krass! Ich habe nix gemerkt!«

»Siehst du, mein Engel. So soll es sein.«

Und tatsächlich beeinträchtigt mich die Bestrahlung nicht in meinem Alltag und dafür bin ich sehr dankbar. Ich kann die Kinder betreuen, mit ihnen spielen und toben und auch schon wieder langsame Runden walken.

Überhaupt habe ich das Gefühl, dass alles zu mir zurückkommt. Die Haare fangen an zu wachsen, auch an Körperteilen, wo man es sich nicht wünscht. Wimpern und Augenbrauen sind knapp drei Monate nach der letzten Chemo wieder in ihrer vollen Blüte da, das Cortison-Mondgesicht ist auch verschwunden, mit anderen Worten: Ich werde wieder ich.

»Frau Staudinger, man sieht Ihren Blutwerten nichts mehr an. Alle Werte sind voll im Normbereich«, teilt mein Hausarzt mir freudig mit.

»Ach, wie toll ist das denn? Das heißt, ich bin wieder hergestellt?«

»Ja, hergestellt und gesund. Das ist wirklich großartig«, freut er sich mit mir.

Man nimmt seinen Körper immer für selbstverständlich. Man erwartet von ihm, dass er jeden Morgen fit ist und einfach funktioniert. Obwohl wir ihm manchmal Sachen zumuten, von denen wir wissen, dass sie schädlich sind. Und dann geht man mit ihm sechs Monate durch die Hölle, verlangt ihm Höchstleistungen ab und drei Monate später ist er wieder hergestellt. Das ist ein Wunder.

»Wie geht es dir, Maus?«, fragt mich meine Mutter am Telefon.

»Gut. Warum?«, frage ich leicht irritiert.

»Na ja, du bist noch in der Bestrahlung, und irgendwie ist das für mich noch nicht selbstverständlich, dass es dir wieder gut geht«, versucht sie, mir zu erklären.

»Da hast du recht, Mama, das ist auch für mich nicht selbstverständlich. Es ist für mich jeden Tag ein Geschenk. Mann, ich war schwer krank und heute, so schnell nach Karl Arsch, ist es mir so, als ob nie was gewesen wäre.«

»Du merkst gar nichts mehr, oder?«

»Nichts mehr. Ich bin so fit wie eh und je. Nur die Chemokilos wollen nicht runtergehen.«

»Das ist doch piepegal!«

»Nee, ist es nicht. Zu so schönen Brüsten passt kein dicker Hintern«, und gleichzeitig weiß ich natürlich, dass es wirklich piepegal ist.

Und während ich mir mein Leben wieder zu eigen mache, vergehen die 28 Sitzungen schließlich wie im Flug.

Zur Belohnung fahre ich nach der letzten Sitzung nicht nach Hause, sondern in ein wunderschönes Dessousgeschäft. Ab morgen brauche ich das Oma-Bustier, das ich jetzt drei Monate lang tragen musste, nicht mehr, und ich bin bereit für sagenhaft schöne neue BHs.

»Kann ich Ihnen helfen?«, kommt die Verkäuferin auf mich zu.

»Ja, das können Sie! Ich habe neue Brüste und ich brauche eine neue Ausstattung.«

Ihr Blick ist freudig, irgendwie wenig irritiert.

»Dann kommen Sie mit, ich messe Sie mal aus.«

In der Kabine sieht sie mich dann oben ohne und jetzt ist ihr Blick doch leicht irritiert.

»Das war keine Schönheits-OP, oder?«, fragt sie nicht neugierig, nur mitfühlend.

»Nein«, gebe ich zurück. Wir kommen ins Gespräch, und natürlich kennt auch sie zahlreiche Frauen, die schon einmal Besuch von Karl Arsch hatten.

»Aber ganz im Ernst, das Ergebnis kann sich doch sehen lassen. Ich hole Ihnen ein paar Modelle. Das Schöne ist, die BHs müssen ja nichts mehr können. Sie stehen ja von allein«, lächelt sie mich an und hat völlig recht.

Gute zwei Stunden und zwei Einkaufstüten später fahre ich glücklich heim.

Heim zu meinen Lieben. Heim in ein neues Leben. Mit viel Gesundheit, vielen Erfahrungen und viel erfahrener Liebe.

Und nun?

Neun Monate lang war Karl Arsch jetzt Thema in meinem Leben. Mal mehr, mal weniger. Und er bewegte nicht nur mein Leben, sondern auch das der Menschen, die mich lieben.

Und nun? Karl Arsch ist weg. Was mache ich jetzt? Wo fange ich wieder an? Da, wo ich aufgehört habe? Geht das überhaupt? Die letzten neun Monate haben mich verändert. Was haben sie mit mir gemacht?

Diese Frage stellt sich wohl jede Frau in meiner Situation. Was hat der Krebs mit uns gemacht? Was wollte er uns sagen? Uns warnen? Uns ärgern? Ich weiß es nicht. Ich weiß allerdings, dass ich mich recht früh entschlossen habe, die ganze Sache mit offenen Augen durchzustehen. Zu Beginn der Diagnose haben mir die Ärzte Angsthemmer verschreiben wollen. Ein verlockendes Angebot, zugegeben. Und dennoch habe ich es ausgeschlagen. Ich wollte erst einmal schauen, was ich selbst an Kraft und Methoden in mir trage, um mit einer solchen Situation umzugehen. Ich wollte wissen, was für eine Herausforderung auf mich zukommt und wie ich sie meistern werde.

Die größte von allen Herausforderungen war die Angst. Angst hemmt. Angst lähmt. Angst lässt einen keinen klaren Gedanken fassen. Sie nimmt uns die Luft zum Atmen, und wenn Angst da ist, ist die Panik nicht mehr weit. Die Angst war schlimmer als alle Nebenwirkungen der Chemotherapie zusammen. Leider ist diese Angst nicht mit Karl Arsch gegangen. Sie bleibt. Wahrscheinlich mein Leben lang. Vielleicht wird es besser. Nach drei Jahren, nach fünf Jahren – wer weiß das schon. Also, muss ich mir eine Taktik überlegen, wie ich sie in mein Leben mit einbauen kann, denn sie wird immer ein Teil von mir sein. Aber sie darf mein Leben nicht beherrschen, es nicht dominieren, denn das würde ihm jegliche Qualität rauben.

Ich für meinen Teil versuche, der Angst wegzulaufen. Joggen oder Walken ist eine gute Methode, den Kopf freizubekommen und sich lebendig zu fühlen.

Was aber noch viel wichtiger ist, ist die Tatsache, dass ich die meisten Dinge nicht beeinflussen kann. Ich habe es letztlich nicht in der Hand, ob der Krebs zurückkehren wird. Die Dinge, die ich beeinflussen kann, habe ich gemacht und werde sie auch in Zukunft machen.

Ansonsten kann ich nur hoffen – und das Leben genießen. Denn schlimme Dinge passieren leider nicht seltener, nur weil wir uns Sorgen machen. Und sie passieren auch nicht, weil wir glücklich sind. Ich versuche, das Leben zu genießen und setze mich dann mit Problemen auseinander, wenn sie da sind, und nicht, weil sie vielleicht in fünf Jahren kommen könnten. Denn vielleicht ist morgen schon alles vorbei. Vielleicht werde ich morgen vom Bus überfahren. Das weiß ich nicht, das weiß niemand. Heute geht es mir gut und mit Morgen setze ich mich morgen auseinander und keine Sekunde früher.

Das hat mich Karl Arsch gelehrt. Ich besteige die Berge so, wie sie kommen, und solange der Weg gerade ist, laufe ich locker, um Kraft zu sammeln. Es ist der Augenblick, der zählt, und nichts anderes.

Im Moment komme ich mir noch so vor, als würde ich vor einem sehr großen Schreibtisch mit einem ebenso großen Stapel Papier sitzen. Ich muss diesen Stapel sortieren. Auf jedem Blatt steht eine Erfahrung der letzten Monate, und ich muss sehen, was ich damit mache und wie ich es in mir wegsortiere. Wer weiß, wofür es in Zukunft gut sein wird. Für irgendwas bestimmt. Wenn man mit offenen Augen durch eine so schwierige Zeit geht, kann man die Erfahrungen besser verarbeiten und für sich ins rechte Licht rücken.

Was mir Karl Arsch auch gezeigt hat, ist, dass ich wegen der Krankheit keine schlechte Mutter bin. Wie oft habe ich nachts wach gelegen und mich gequält mit dem Gedanken, womit die Kinder eine kranke Mutter verdient haben und was ich ihnen damit antue. Heute weiß ich, dass mich Karl Arsch nicht zur Rabenmutter gemacht hat. Natürlich hätte ich den Kindern gern den Anblick einer glatzköpfigen Mutter erspart. Und natürlich hat es mich zerrissen, als der Kleine mich nach der schweren Operation nicht drücken durfte und stattdessen fragte: »Mama aua?« Das ist schlimm. Auch für die Kinder. Andererseits sehen die Kinder auch, wie man mit schwierigen Situationen umgehen kann und dass man sich nicht verstecken muss. Ich habe einmal mitbekommen, wie Max in der Schule von einem Freund gefragt wurde »Warum hat deine Mama keine Haare mehr?«

»Na, weil sie krank ist«, antwortete er vollkommen selbstverständlich. Das hat mich stolz gemacht. Krankheit gehört leider zum Leben und leider kann man seine Kinder nicht vor allem beschützen.

Wir sind zusammen durch die wohl härteste Prüfung gegangen und haben sie gemeistert. Das gilt auch für meinen Mann und mich. Das Versprechen »in guten und in schlechten Zeiten« ist immer schnell gegeben. Wir haben es mit Inhalt gefüllt und bewiesen. Was mein Mann – sein Name ist übrigens Patrick – in den letzten Monaten geleistet hat, macht ihm so schnell keiner nach. Ich kann mich auf ihn verlassen und er sich auf mich. Das zu wissen gibt mir unglaublich viel Kraft für die Zukunft.

Aber, leider hat mir Karl Arsch auch etwas genommen. Etwas, von dem ich hoffte, es noch ein paar Jahre behalten zu können: die Unbeschwertheit. Ich musste mich mit 32 Jahren mit meiner eigenen Sterblichkeit befassen. Das ist nicht schön. Meist müssen Menschen in meinem Alter sich mit der Tatsache anfreunden, dass die eigenen Eltern von einem gehen. Das ist schon schlimm genug. Aber seltsamerweise ist die Sterblichkeit der Eltern leichter zu ertragen, wenn man selbst Kinder hat. Aber ich hätte doch gehofft, noch einige Jahre Aufschub zu haben, bis ich mir um den eigenen Tod Gedanken machen muss. Natürlich ist dadurch der Blick in die Zukunft ein bisschen getrübt. Während Gleichaltrige bei einem Zwicken an nichts Schlimmes denken, kommen mir Metastasen in den Kopf. Damit wären wir dann wieder beim Thema Angst. Sie gehört eben von nun an dazu.

Was hat Karl Arsch mit mir als Frau gemacht? Nicht viel. Und das ist doch etwas überraschend. Ich fühle mich auch mit künstlichen Brüsten und bald entfernten Eierstöcken nicht weniger weiblich. Ganz im Gegenteil. Die Erfahrungen der letzten Monate haben mich reifer gemacht und mir gezeigt, wo meine Stärken sind. Sicher, ich kann keine Kinder bekommen. Aber ich habe ja schon die besten Jungs der Welt und konzentriere mich auf das, was ich habe, und nicht auf das, was mir fehlt. Weiblichkeit kommt aus dem Inneren und hat mit Äußerlichkeiten oder Organen nichts zu tun.

Zurück also zu der Frage: Was nun?

Ja, was nun? Ich mache da weiter, wo ich vor neun Monaten aufgehört habe. Ich hatte meine Prioritäten schon vor der Krankheit neu gesetzt und werde da wieder ansetzen. Ich bin in erster Linie Mutter für meine zwei Jungs. Und ich versuche jetzt, eine behaarte, nicht mehr ganz so komplizierte Ehefrau und Tochter zu sein. Ich werde auf mich achten, das Leben genießen und

Fehler machen. Ich werde lachen und weinen, werde jeden Tag als eine neue Chance sehen und weiter den Papierstapel vor mir innerlich wegsortieren.

Ich werde mir irgendwann wieder die Haare föhnen. Ich werde tanzen, feiern, mich streiten und wieder versöhnen. Ich werde auch dunkle Tage haben, die von Angst geprägt sind, beispielsweise vor jeder Nachsorgeuntersuchung.

Ich werde das Leben in allen seinen Facetten genießen und versuchen, dieses Kapitel abzuschließen, ohne es wegzuschließen, denn es gehört zu mir. Mit anderen Worten: Macht Platz da – denn hier komme ich! Die alte, neue und vor allem gesunde Nicole.

Nachwort

Wenn Sie es bis zum Nachwort geschafft haben, sehe ich das als Kompliment, dass Sie sich nicht allzu sehr gelangweilt haben.

Leider ist dieses Buch keine Erfindung. Leider ist alles genau so passiert. Zum Schutz der Personen, die ich erwähne, wurden aber viele Namen und Orte geändert. Aber existieren tun sie alle.

Warum habe ich dieses Buch geschrieben?

Das ist eine gute Frage. Zunächst einmal wollte ich die ganze Geschichte selbst verarbeiten. Und dafür ist das Schreiben ein hervorragendes Instrument.

Außerdem habe ich die Hoffnung, den schier endlos vielen betroffenen Frauen damit vielleicht helfen zu können. An einer Stelle schreibe ich »Ich würde sie so gern alle trösten. Sie in den Arm nehmen und sagen: Du schaffst das!« Genauso ist dieses Buch gemeint. Fühlen Sie sich bitte aus der Ferne von mir in den Arm genommen und getröstet, wenn dieses Buch Sie in der wohl schwierigsten Zeit Ihres Lebens erreicht.

Ich will mit diesem Buch aber auf gar keinen Fall belehren. Es soll kein erhobener Zeigefinger sein, der Sie – liebe betroffene Frau – zu irgendwas ermahnen soll. Nur weil ich viel Sport während der Chemo getrieben habe, muss das für Sie nicht der richtige Weg sein.

Ebenso ist dieses Buch kein medizinischer Berater. Ich habe die medizinischen Details so wiedergegeben, wie ich sie verstanden habe. Und da ich kein Arzt bin, kann ich nicht dafür garantieren, dass ich das ein oder andere auch falsch verstanden habe. Es ist nach bestem Wissen und Gewissen geschrieben. So gibt es beispielsweise viele neue Erkenntnisse und Studien zu Carboplatin, die ich selbst mit Spannung verfolge.

Ich hoffe, ich konnte Ihnen einen Einblick in meine ganz persönliche Wahrnehmung geben, und auch, dass Sie hier und da mal gelacht haben. Auch das war gewollt.

So, und jetzt kommt auch schon die Stelle, an der ich mich bei all den Menschen bedanken muss, die letztlich mit für dieses Buch verantwortlich sind.

Mein Held aus dem Brustzentrum in Düsseldorf war der Mann in der Not! Ohne Sie hätte ich sehr alt ausgesehen! Sie haben die Situation von Anfang an richtig eingeschätzt und die Behandlung in die richtigen Bahnen gelenkt. Leider weiß ich von vielen Leidensgenossinnen, dass das nicht normal ist. Ihnen verdanke ich mein Leben!

Das gesamte Ärzte- und Pflegeteam aus dem Kölner Brustzentrum verdient nicht weniger Dank. Ihnen verdanke ich nicht nur unglaublich schöne Brüste, sondern vor allem die Erfahrung, dass es tatsächlich Halbgötter in Weiß gibt.

Außerdem gilt mein Dank allen weiteren Weggefährten: meinem Hausarzt, Radiologen und den vielen verschiedenen Schwestern, Betreuern und Fachleuten, die mir über den Weg gelaufen sind.

An einen nicht unbekannten Professor aus Berlin, dessen Video ich mir ungefähr 4 Millionen Mal im Internet angeschaut habe und der mich – ohne es zu wissen – aus so manchem dunklem Loch geholt hat.

Der erste Arzt, den ich in Begleitung von Karl Arsch aufsuchte und der sich mit so unglaublich klingenden Sätzen wie »Ach ja, da ist ein Tumor« und »In Ihrer Haut möchte ich jetzt nicht stecken« bei mir beliebt gemacht hat, sollte sich eigentlich bei mir bedanken, dass ich seine Identität nicht preisgebe. Aber: Sie und ich wissen wer gemeint ist. Mir genügt das.

Und selbstverständlich bedanke ich mich bei meiner Familie: »Hase« und meine Mutter an aller erster Stelle. Ohne euch wäre ich nichts. Ohne euch wäre die Geschichte anders ausgegangen. Ihr wart immer da, wenn ich euch brauchte, habt mich in meinen schwersten Stunden ertragen und mir nie das Gefühl gegeben, ich sei euch zu viel. Auch wenn ich es euch bestimmt nicht immer leicht gemacht habe.

Meinen beiden wunderbaren Söhnen, die das Buch erst in ein paar Jahren in die Hände bekommen, sei an dieser Stelle schon gesagt: Ihr seid die Besten und ich liebe euch über alles!

Meinem Vater, der erst jetzt erfahren wird, dass die Zeit doch nicht so leicht für mich war, wie ich vorgegeben habe. Verzeih mir Papa, es war nur, um dich zu schützen.

Dank an meine besten Freundinnen, die ihr schon vor der Erkrankung da wart und mir alle geblieben seid. Ich musste den Freundeskreis nicht aussortieren wie viele andere Mitbetroffene.

Und tatsächlich auch an das wohl bekannteste soziale Netzwerk der Welt. Dank diesem habe ich Frauen wie Nicole (irgendwie scheint es am Namen zu liegen), Jules, Silvia, Nadine und viele andere kennen und lieben gelernt! An all die vielen Menschen, die mir auf diese Weise auch unbekannterweise die Daumen gedrückt haben. Mir hat das viel Kraft gegeben.

Ich bedanke mich auch bei all den Menschen, die mir unpassende Kommentare an den Kopf geworfen haben. Ihr habt mir jede Menge Inhalte für meine neuen Schlagfertigkeitsseminare geliefert.

Ich entschuldige mich bei der Dame, die bei meinem haarlosen Anblick über die Mülltonne gefallen ist. Das tut mir leid, aber nur ein bisschen.

Und last, but not least: Mein Dank geht an den wohl besten Verlag der Welt. Es war irgendwie Liebe auf den ersten Blick! Und außerdem an ein super Lektorat, das das Buch von Anfang an richtig verstanden und ihm den letzten Schliff gegeben hat.

Der Vollständigkeit halber sei gesagt, dass der Port kurz nach der letzten Chemo entfernt wurde und frei von Bakterien war. Eine Woche nach der Bestrahlung wurden mir noch die Eierstöcke entfernt, was tatsächlich ein Spaziergang war und völlig komplikationslos verlaufen ist.

Später wird noch Silikon für die Expander eingesetzt. Ich hoffe, dass ich diesen Eingriff ohne große Schwierigkeiten überstehen werde, sonst schreibe ich ein neues Buch und nerve Sie, liebe Leserin und lieber Leser, erneut. Mit meinen beiden Jungs plane ich außerdem eine dreiwöchige Kur, um die ganze Geschichte abzuschließen.

In diesem Sinne, bleiben Sie gesund!

Nicole Staudinger
Brüste umständehalber abzugeben
Mein Leben zwischen Kindern, Karriere und Krebs

6. Auflage der ungekürzten Taschenbuchausgabe 2026

ISBN: 978-3-95910-164-6
Redaktionsanschrift:
Eden Books, Edel Verlagsgruppe GmbH,
Kaiserstraße 14b, 80801 München
www.edenbooks.de | www.edel.com
www.edelverlagsgruppe.de/kontakt

Einige der Personen im Text sind aus Gründen des Persönlichkeitsschutzes anonymisiert.

Projektkoordination: Judith Haentjes
Lektorat: Annette Mader und Christoph Eiden
Umschlaggestaltung: Rosanna Motz
Umschlagillustration: © Traudl/Shutterstock.com
Layout und Satz: Datagrafix GmbH, Berlin | www.datagrafix.com
Druck und Bindung: Azymut, Lodz

Printed in Poland

Dieses Buch ist auch als E-Book erhältlich.

EDEL
VERLAGSGRUPPE